$24.

DE LOS DESECHOS A LAS MERCANCÍAS

MdP
abril 2010

Pablo Schamber

DE LOS DESECHOS A LAS MERCANCÍAS

UNA ETNOGRAFÍA DE LOS CARTONEROS

SERIE ANTROPOLOGÍA SOCIOCULTURAL

PARADIGMA INDICIAL

sb

Schamber, Pablo Javier
  De los desechos a las mercancías : una etnografía de los cartoneros / Pablo Javier
  Schamber ; seleccionado por Guillermo Wilde - 1a ed. - Buenos Aires : SB, 2008.
  320 p. ; 23x16 cm. (Paradigma indicial. Antropología sociocultural; 5 dirigida por Guillermo Wilde)

  ISBN 978-987-1256-25-9

  1. Sociología de la Cultura. I. Wilde, Guillermo, selec. II. Título
  CDD 306

Título de la obra: *De los desechos a las mercancías. Una etnografía de los cartoneros*
Autor: Pablo J. Schamber

© 2008, SB
ISBN: 978-987-1256-25-9
1º edición, Buenos Aires, julio de 2008

Director editorial: Andrés C. Telesca
Directora de arte: Cecilia Ricci
Corrección: María Victoria Tonelli

Impreso en Talleres Mitre & Salvay, Heredia 2952, Sarandí, Buenos Aires, Argentina

Editorial SB
Yapeyú 283 - C1202ACE - Ciudad Autónoma de Buenos Aires
Tel/Fax: (++54) (11) 4981-1912 y líneas rotativas
E-mail: ventas@editorialsb.com.ar
Empresa asociada a la Cámara Argentina del Libro

ÍNDICE

PRÓLOGOS

La basura es un buen indicador de cuántos somos, cómo vivimos, etc. y de hecho la usan los arqueólogos y los detectives, entre otros. Pero además, la basura es un "objeto" de trabajo y el medio de sustento de mucha gente. En nuestro país este hecho salió a la luz con la crisis del 2001-2, cuando masas de nuevos marginados encontraron una salida en la recolección y procesamiento de la basura. Este fenómeno dio visibilidad y presencia política a la figura del "cartonero", quien se convirtió en un actor social que atrajo la atención de los científicos sociales. Inclusive, baste señalar que la sobrina de Bush, una antropóloga norteamericana, viajó a nuestro país para estudiar a los cartoneros.

La aparición o la visibilización de un nuevo actor social es un hecho suficientemente importante como para justificar el interés de los científicos sociales, pero más allá del interés "científico" del caso, nos encontramos ante un complejo entramado de vidas, sueños, sufrimientos, etc., que de alguna manera justifica el famoso acerto de Eric Wolf, "los pobres urbanos son los cazadores y recolectores de la selva de cemento."

Schamber encara el estudio holístico de este tramado a través del cual la "basura" se convierte en "mercancía" y, en ese proceso, crea el sustento para un gran grupo social en Buenos Aires y su hinterland. Este proceso, que a la vez mueve millones de pesos, genera un "campo social" que tiene contenidos multidimensionales y resulta apto para distintos abordajes. Su enfoque parte del problema general del reciclado de la basura metropolitana, para terminar analizando el caso de una cooperativa de cartoneros y de un cartonero individual. De esta manera, a partir del nivel estructural su análisis de va "densificando" –en el sentido de Geertz– y asumiendo la carne de un individuo.

Quizás sería exagerado decir que ésta es una obra pionera en el país, pero ciertamente es una de un escaso puñado de obras que han comenzado a tratar este tema desde el punto de vista de las ciencias sociales y, especialmente, desde la antropología social. Por ello no vacilo en afirmar que Pablo es uno de los líderes de la antropología argentina y que me llena de orgullo haber sido su profesor y director de tesis.

LEOPOLDO JOSÉ BARTOLOMÉ
Antropólogo

El 24 de julio de 1989 salí por primera vez a cirujear. Armé el primer carrito de mano que circulaba con ruedas de automotor para no hacer ruido en la calle. Salía de noche. Mientras, iba armando un carro a caballo y cuando lo tuve listo comencé a salir de día. Me diferenciaba adornando mi carro, usaba sombrero salteño, poncho, un cencerro cantarín (por el sonido). Me hice gran cantidad de clientes, talleres, almacenes, supermercados, verdulerías, bares, boliches y casas de familia. Cargaba bien pero padecía las estafas de los depositeros, llevás 100 kg. y la balanza con suerte marca 70 kg. Y el precio ni hablar, tomalo o dejalo. Continuamente recordaba los consejos de aquella maestra de la primaria que nos enseñaba prácticas colectivas. Comencé a difundir entre mis colegas cirujas la necesidad de juntarnos. Lo hice durante ocho años mientras seguía con mi recorrido, con mis clientes. Así hasta septiembre del 2000. Aquella prédica posibilitó constituir la Cooperativa de Cartoneros Nuevo Rumbo de Lomas de Zamora, Provincia de Buenos Aires. Cada uno de los que logré involucrar hizo más que yo en la construcción de Nuevo Rumbo. Asumir un desafío que demanda bronca, trabajo, sacrificio, tiempo, esto a los pobres nos sobra. Puedo asegurar que somos un formidable negocio los pobres. Pero falta educación y capacitación asociativa, jamás se accede a capital semilla. Nos llevó casi una década conformar el núcleo asociativo, fue difícil sortear nuestra indiferencia. Nos insertamos en un marco productivo y ambiental. Lentamente andamos el camino que en más de un asado, en más de una curda soñamos, lo que soñaba cuando venía viajando. Este libro busca retratar nuestra experiencia.

PEPE CEFERINO CÓRDOBA
Fundador de la Cooperativa de Cartoneros
y Botelleros *Nuevo Rumbo,* Lomas de Zamora

INTRODUCCIÓN

Sobre el objeto y la coyuntura

Empecé a pensar en el circuito informal del reciclaje una tarde de octubre de 1997. Desde la ventana del colectivo con el que atravesaba el Puente Alsina,[1] advertí por primera vez a los cirujas, y para recordar aquella experiencia anoté en mi agenda, con mayúsculas y entre comillas: "EL CIRUJEO", y a un costado: "*a la tarde van los carros a caballo hacia la Capital.*[2] *Estudiar el circuito*". Desde hacía pocos días buscaba un (mi) tema-problema de investigación, ya que mi inserción laboral en la Universidad Nacional de Lanús (UNLa) había estimulado mi interés por completar estudios de doctorado.[3] En esos momentos, cuando mi propósito era encontrar un tema de indagación antropológica, aparecieron los cirujas.

Fascinado con el hallazgo, dibujé inmediatamente "imágenes mentales" del trabajo en el campo: acompañaba a un ciruja en su carro para aprender detalles de su oficio mientras, imperceptiblemente, grandes com-

1. Es el nombre popular del Puente Uriburu.
2. Se refiere a la Ciudad Autónoma de Buenos Aires (Capital Federal).
3. En ese entonces, la sede de la UNLa estaba ubicada en Valentín Alsina, a pocos pasos del Puente Uriburu, uno de los pocos nexos que unen el sur de la Ciudad Autónoma de Buenos Aires (Capital Federal) y el conurbano bonaerense.

plejos industriales consumían como materias primas materiales provenientes de esta marginal tarea de recolección. El precio del kilo de cartón que mi "informante" vendía en un ignoto depósito del conurbano bonaerense, y más aún, su decisión de juntarlo, estaban influidos por el resultado de tensas negociaciones acerca de *commodities* en las bolsas financieras de Tokio o Nueva York. Por otra parte, más cerca en el mapa pero igualmente distantes, profundas transformaciones de su vida cotidiana eran pautadas por los cambios que planificaban los gestores de una política pública más amiga del reciclaje de los residuos que de su entierro indiscriminado.

Con esas imágenes de aproximaciones simultáneamente microscópicas y contextuales, la Capital Federal se me presentó como una involuntaria fuente de detritus apetecidos por los pobres del conurbano, y éstos, como iniciadores de una desconocida y millonaria cadena económica de dimensiones inexploradas. El concepto "sector informal" surgió rápidamente en mi mente. También la idea de un fuerte contraste: la ciudad más avanzada y rica del país, en vísperas a ingresar en el posmoderno siglo XXI, daba lugar a una masa de población que vivía detrás de la actividad de recolección de los desechos como tiempo antes (o como ahora, pero en remotos contextos) las comunidades nómades vivían de la recolección de los frutos. La coexistencia de una ciudad con autopistas y automóviles cada vez más sofisticados en el mismo escenario donde desfilan recolectores de residuos con carros a caballos –representación nimia pero palpable de un mundo urbano y civilizado que no logra imponerse completamente sobre otro rural y arcaico– fue la imagen mental que habilitó ese otro clásico sentimiento antropológico de urgente rescate de aquellas formas de vida que, con el correr de los años, irían desapareciendo, y cuyo registro no había sido realizado hasta ese momento.

No me resultó difícil suponer que, en el marco de una crisis de empleo inédita en la historia de la Argentina, la actividad de los recolectores informales pronto podría comenzar a recibir más voluntades, desplazadas de otros empleos o imposibilitadas de acceder a ellos. Y llegué a preguntarme si yo mismo, ante la potencial desesperación por la falta de trabajo e ingresos, sería capaz de recolectar residuos.

Entusiasmado por una antropología aplicada, imaginé que establecía las pautas de una política estatal interventiva que, mediante un mínimo de organización y financiamiento, mejoraba las condiciones en que se ejercía tanto ésta como otras tareas informales que se transforman en refugio para los períodos de desempleo o en actividad constante cuando éste se vuelve permanente. ¿Por qué no proponer organizar estos refugios como parte de la tesis? En este caso en particular, el límite estaría dado por la disponibilidad de residuos reciclables y por la existencia de un circuito industrial que los demande como materia prima.

Mientras planteaba estas perspectivas y cuestiones, reparé que aquella tarde de octubre no era la primera vez que veía cirujas; de hecho, la denominación misma no me resultaba extraña. No obstante, advertí que, hasta entonces, habían permanecido invisibilizados por el paisaje urbano y no habían captado mi atención. Hasta esa tarde no había pensado en ellos y mucho menos reflexionado sobre la actividad que realizan. Tampoco tuve el propósito ni la perspectiva de considerarlos como objeto de un estudio propio. Incluso, como tiempo después voy a recordarlo, la expresión "cirujas" había sido utilizada por los oleros de mi tesis de grado con un sentido –que yo compartía– completamente diferente al que yo le daba esa tarde, y que contribuía a volverlos invisibles: los oleros[4] habían empleado el término "cirujas" para distinguir (y diferenciarse) de quienes no realizaban práctica laboral alguna y vivían de la mendicidad.[5]

Con estas y otras ideas diseñé un proyecto de investigación basado en la intención de caracterizar a los actores intervinientes en el circuito informal del reciclaje, especialmente a aquellos que lo iniciaban (los cirujas). Dos cuestiones me sorprenden cada vez que releo aquel proyecto: la primera se refiere a la manera empleada para mencionarlos –siempre como cirujas–; no había advertido la polisémica carga axiológica comprendida en este término ni su pronto reemplazo social por el aparentemente más neutral de "cartoneros". En muy poco tiempo, los sujetos protagónicos de mi estudio mutaron hasta de nombre. En este libro utilizaré habitualmente la denominación de *recolectores* o *recuperadores* para dar cuenta de los sujetos que constituyen el primer eslabón del reciclaje informal. La preferencia descansa en el hecho de que es ésa la actividad que fundamentalmente practican. Esto no implica abandonar el uso de las otras referencias cuando se considere que resultan más apropiadas al contexto, tal como se ha empleado el término "cirujas" hasta ahora.

La segunda cuestión se basa en los criterios empleados para la delimitación espacial. En este sentido, el proyecto original delimitaba geográficamente el estudio al municipio de Lanús, y obedecía a la intención de

4. Denominación con la que se conoce en la provincia de Misiones a los fabricantes de ladrillos comunes.
5. En el trabajo de campo para mi tesis de grado había notado que los oleros incluían a los cirujas al identificar a aquellos que, *sin trabajar,* podían acceder al beneficio de una vivienda, relocalizados por la Entidad Binacional Yacyretá (Véase Schamber, Pablo, *Los oleros del Zaimán. Una etnografía socio-ocupacional.* EDUNAM, Serie Los tesistas, Posadas, 1999: 108).

vincular la investigación con la Universidad para la cual trabajaba. No pensaba en ese momento que las estrategias de acceso al campo que posteriormente fueron surgiendo me vincularían con otros espacios ni tampoco (y lo que es más importante) que las fronteras político-administrativas de un distrito municipal responden a criterios que no necesariamente tienen en cuenta quienes integran los distintos eslabones de la cadena del reciclaje. Poco después de iniciar la investigación, pude darme cuenta de que la delimitación sujeta a la jurisdicción administrativo-política de un municipio es un recorte inadecuado para una problemática totalmente permeable a estas fronteras, puesto que los recolectores cruzan las fronteras de un municipio a otro si en éste existen más posibilidades de encontrar materiales valiosos. Así sucede con los que llegan a la Ciudad Autónoma de Buenos Aires oriundos de Moreno, Lomas de Zamora, José C. Paz y otros distritos bonaerenses. Asimismo, esos materiales son vendidos en el depósito que se considera más conveniente, independientemente del municipio donde se encuentre ubicado. Por otra parte, al estar regionalmente integrados en el mismo tipo de sistema de gestión de los residuos urbanos que administra la Coordinación Ecológica Área Metropolitana Sociedad del Estado (CEAMSE), los municipios no presentan diferencias sustanciales respecto de la problemática vinculada al reciclaje.

Lo anterior no excluye algunas distinciones y ciertas particularidades que resulta pertinente observar, como por ejemplo, las diferencias en la calidad y tipo de residuos, el mayor uso de carros a caballo entre los recolectores que trabajan en los centros comerciales de los municipios del conurbano que los que lo hacen en Capital Federal, la preponderante localización en aquel espacio de las industrias que reciclan o la perdurable presencia de los depósitos de la Ciudad de Buenos Aires en los barrios del sur, donde antiguamente se procedía a la disposición y quema de las basuras porteñas. No obstante, como podrá observarse, son diferenciaciones que consideran zonas o áreas regionales extensas donde el encadenamiento productivo del que son objeto los residuos reciclados incluye relaciones que involucran diferentes administraciones municipales. Son esas relaciones las que resultan esenciales al circuito y no cada una de esas administraciones. Por lo tanto, excepto la mención al conurbano bonaerense (incluida la Capital Federal), no hay un *"locus"* específico con límites jurisdiccionales precisos que recorten el área de referencia del presente estudio. En todo caso, conviene señalar que la estrategia de investigación a través de la cual se delimitó el objeto de análisis ha sido, por un lado, acompañar el peregrino recorrido de los cartoneros en su tarea de recolección (seguir a la gente) y, por el otro, rastrear el itinerario de los materiales recolectados en el proceso valorativo que transforma desechos en mercancías (seguir a las cosas). Se adoptará, entonces, la alusión al conurbano como criterio espacial general cada vez que se considere que no existen particularidades atribuibles especialmente a alguno de los municipios que lo componen.

En el momento en que comencé a pensar en los cirujas como objeto de investigación, no constituían un problema público, al menos en la dimensión en que lo serían a partir de los años siguientes. Su presencia no era evidenciada por la prensa, no había reclamos de vecinos pidiendo la intervención de la autoridad municipal para aventarlos o contenerlos, no estaban mencionados en ninguna propuesta de los candidatos que aspiraban a ocupar cargos en las siguientes elecciones y ni siquiera eran un actor considerado por los planificadores de políticas públicas relacionadas con la gestión de los residuos.

Incluso algunos colegas con los que comencé a compartir los seminarios de doctorado u otros eventuales interlocutores, como familiares y amigos, me comentaban que sólo después de haber conocido mi interés por el tema habían notado la presencia de cirujas en las calles. Al comprobar la evidencia, sus reacciones variaban desde la admiración por mi interés en un tema tan poco común e intrascendente, hasta la curiosidad por descubrir qué interés antropológico podían tener los cirujas que ameritara que alguien dedicara esfuerzos a su estudio, acompañado por cierto temor y cuidado a la contaminación, expresado en frases como "vas a terminar siendo un ciruja en la basura" o "es mejor que hagas el trabajo de campo ahora, antes que nazca tu bebé, porque si no le podés transmitir enfermedades cuando vuelvas a tu casa".[6] Aún hoy, cuando me cruzo con esos mismos colegas, me reconocen como un mérito propio haber visto "el problema" antes de que lo fuera.

En efecto, como involuntarios testigos del tránsito del país por una de las crisis más profundas de su historia, los cirujas fueron incrementando su presencia en el ámbito urbano y lograron ser advertidos desde con-

---

6. Gracias a la antropóloga norteamericana Robin Nagle, que en esos momentos se encontraba dictando un curso de posgrado denominado "Garbage in Gothan" en la New York University, supe que varios años antes y en otra geografía, Thompson registró inquietudes semejantes. Cito a continuación una frase que me reconfortó bastante: "El científico social que desea estudiar la basura debe, finalmente, «pararse» en ella. ¿Puede «salir limpio» como sus compañeros? ¿Cómo puede seguir siendo un miembro de la comunidad científica social si para estudiar la basura tiene que abandonar la forma del discurso que es el criterio definido de esa comunidad? ¿Cómo puede revolcarse en la inmundicia en las calles de Edenborougb a lo largo de la mañana y contribuir con los seminarios de Posgrado en la Universidad de Edimburgo por la tarde? Este revulsivo y aparentemente imposible e indignante curso de acción es la característica definida de un tipo de científico social: el antropólogo" (Thompson, 1979: 5, mi traducción).

figuraciones ideológicas diversas. Sirva como muestra de este crecimiento su tratamiento como tema central en las páginas de los principales diarios del país durante el período:[7]

Cantidad de notas en las que los cirujas fueron tema central

Años	Diarios	
	Clarín	La Nación
1998	1	0
1999	0	1
2000	0	0
2001	3	8
2002	21	14
2003	4	5
2004	2	2

Fuente: elaboración propia

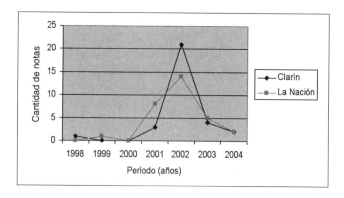

Durante los primeros años del nuevo siglo, en la Ciudad Autónoma de Buenos Aires y en otros grandes centros urbanos de Argentina, los recolectores informales de materiales reciclables se volvieron una de las expresiones socialmente reconocidas del desempleo y la exclusión. Esta

7. La selección de noticias abarca todas las secciones, suplementos y revistas (excepto "cartas de lectores") donde los cirujas o cartoneros fueron tema central. Esto significa haber dejando de lado el importante número de aquellas que, aun refiriéndose a la gestión de los residuos, pudieran haberlos mencionado indirectamente. Para más información sobre la relación cartoneros / medios, véase Adisi (s/f), Andrada (2005) y Sanjurjo y Trufó (2004).

mayor visibilidad está íntimamente relacionada con el progresivo incremento de su número, en primer lugar, por la persistencia de la falta de oferta de trabajo y, en segundo lugar, como efecto de la aguda recesión que agotó la posibilidad de los sectores de bajos ingresos de hallar refugio en las *changas* propias de épocas mejores (venta ambulante, industria de la construcción, esporádicas tareas para la clase media, etc.). A partir de la debacle financiera, económica y política de diciembre de 2001, también debe incluirse en el análisis el formidable aumento de los precios de los materiales recolectados como consecuencia de la devaluación y la abrupta caída de las importaciones de esos elementos, lo que significó una suerte de estímulo para la incorporación a esta actividad de nuevos desocupados y excluidos.

Pueden considerarse como indicadores de la progresiva inscripción de la problemática en la agenda, una serie de encuentros organizados desde diversos ámbitos a partir del año 2001 y fundamentalmente durante el 2002, en los que los cirujas fueron el principal objeto del debate. A fines del último año mencionado, la Legislatura de la Ciudad de Buenos Aires sancionó la Ley 992, que reconoce a los cartoneros como parte integrante de la gestión de los residuos y deroga las ordenanzas vigentes desde la última dictadura militar que los consideraba autores de un delito. Como consecuencia de la sanción de esa ley, el gobierno local creó, en mayo de 2003, una oficina para regular su actividad: el Programa de Recuperadores Urbanos (PRU).

Sin embargo, desde mediados del año 2005, el cirujeo como fenómeno súbitamente tan difundido y cercano aparenta estabilizarse. Paulatinamente se reducen sus dimensiones, los precios de los materiales se estabilizan y el tema deja de ameritar la atención de la prensa y del gobierno local. Ojalá que esta publicación contribuya a no perder de vista a quienes, con su esfuerzo, contribuyen a transformar desechos en mercancías.

Antecedentes

Antecedentes principales

Dentro de un libro cuya autoría comparte con Guillermo Quirós, el antropólogo Gonzalo Saraví publicó en 1994 un trabajo titulado "Detrás de la basura: cirujas. Notas sobre el sector informal urbano".

Uno de los principales hallazgos de Saraví consiste en reconocer la serie de actividades que forman parte de la práctica del cirujeo, pero que a la vista de un lego pasan desapercibidas. Tanto previa como posteriormente a la tarea de recolección propiamente dicha, los cirujas realizan un conjunto de labores que merecen ser consideradas también como partes esenciales de su práctica. Precisamente, esa secuencia previa y posterior es la que el autor tiene en cuenta como estrategia narrativa para organizar su discurso expositivo. En este sentido, comienza dando cuenta de los diferentes tipos de carros (manuales o con caballo), de los mecanismos para obtenerlos (fabricarlo, comprarlo, alquilarlo o recibirlo en préstamo), de las características de las viviendas y del terreno donde habitan los cirujas. Luego describe cómo estos recolectores trazan sus recorridos por diferentes zonas de la ciudad, los códigos presentes en las relaciones con los "clientes" y colegas, y ciertas habilidades y distinciones existentes en torno al tipo de material que habitualmente recolectan (cartones o botellas). Por último, en una suerte de paralelismo con las tareas de clasificación y preparación de los materiales recolectados que los cirujas realizan en sus viviendas antes de la venta, Saraví ordena los elementos reunidos durante su trabajo de campo y los contrasta con algunas de las nociones reconocidas como propias de la economía informal.

Así, por ejemplo, la participación laboral de los miembros de la familia y el predominio de objetivos vinculados a garantizar la subsistencia, más que a maximizar ganancias, como lógica que guía la obtención de ingresos, son rasgos que, aun soslayando ciertas particularidades del cirujeo, para Saraví resultan comunes al conjunto de las actividades informales. Por el contrario, la necesidad de contar con algunos medios de trabajo y ciertos conocimientos y habilidades iniciales como requisitos indispensables para empezar a ejercer el oficio, y la existencia de un importante número de relaciones comerciales y transacciones no mediadas por el dinero serían aspectos específicos que el cirujeo no comparte con el resto de la informalidad.

Asimismo, el trabajo de Saraví tiene el mérito de ser, quizás en estas latitudes, el primer tratamiento sistemático dado por un antropólogo al tema. Lo tuve especialmente en cuenta como guía para comparar continuidades y rupturas de estos aspectos con los resultados de mi investigación, e intenté complementarlo, puntualizando otros ejes desde los que resulta posible pensar la heterogeneidad de los cirujas y analizar las interrelaciones entre esta actividad inicial y los otros eslabones presentes en el encadenamiento productivo del reciclaje.

Precisamente sobre este último punto, el trabajo titulado "Actores sociales de la gestión de residuos sólidos de los Municipios de Malvinas Argentinas y José C. Paz" de otro antropólogo argentino, Francisco Suárez, constituye a su vez un insoslayable y original antecedente.

Suárez organiza su exposición en dos partes: en la primera se refiere a la gestión pública local y regional de los residuos y, en la segunda, a los circuitos de recuperación y reciclado. Es importante notar que, con respecto a la disposición final de los residuos, esta gestión se caracteriza por una modalidad que privilegia exclusivamente su entierro en rellenos sanitarios.[8] En este sentido, los circuitos de recuperación y reciclaje se desenvuelven al margen de esta gestión e incluso al margen de la legislación vigente. Esta separación real se advierte en la falta de articulación entre las dos partes del trabajo, pero es salvada cuando el autor destaca los porcentajes de toneladas recuperadas que la gestión local evita enterrar y, por lo tanto, se ahorra de pagar (entre el veinte y el treinta por ciento en cada uno de los municipios retratados), y cuando advierte que en ambos ámbitos –el público del entierro y el privado del reciclaje– ocurren semejantes procesos de concentración empresarial a costa de situaciones de vulnerabilidad / debilidad social y deterioro en la calidad de vida de los sectores populares (para lo cual utiliza el concepto de "expoliación urbana").

En el capítulo referido a los "recolectores informales", Suárez continúa y profundiza los lineamientos esbozados por Saraví con respecto a la organización del trabajo e incorpora nuevos elementos de análisis vinculados, entre otros, con la estructuración de su vida cotidiana, autodefiniciones, visiones de la realidad socioeconómica y relación con otros actores. Un interesante acierto en este sentido es la distinción de los recolectores de acuerdo a la manera como ocurrió su ingreso a la actividad: por *oficio* –esto es, aprendida en el seno familiar y con la facilidad dada por la posesión de recursos (carritos, clientes)– o por *caída* –es decir, producto de haber sido expulsados previamente de otros empleos mejores–. El propio Suárez comenta que el hecho de que esta distinción no hubiera sido observada por Saraví (quien señalaba el predominio de cirujas desempeñándose en la actividad desde hacía más de cinco años como parte del ciclo de reproducción doméstica de los sectores pauperizados) puede atribuirse a la exhibición más evidente en 1999 que en 1992 (años en los que cada antropólogo realizó su respectivo trabajo de campo) de las consecuencias y efectos de la aplicación de ciertas políticas macroeconómicas del primer lustro de los noventa, cuyas consecuencias serán palmariamente evidenciadas con la recesión, la desocupación y la emergencia de

8. Se denomina *relleno sanitario* al método de disposición final de residuos que consiste en su confinamiento y aislamiento en el suelo, con compactación, cobertura diaria de tierra, control de gases, de lixiviados (líquido producto de la humedad del relleno más la filtración del agua de lluvia) y cobertura final.

una nueva pobreza al finalizar esa década. Ahora estamos en condiciones de complementar la distinción de Suárez, identificando una nueva categoría conformada por integrantes que, sin contar con antecedentes en su respectivo seno familiar, encuentran en ésta su primera actividad laboral regular generadora de ingresos. Se trata principalmente de jóvenes, adolescentes, niños y mujeres que ingresaron en el cirujeo a partir del año 2001 y 2002, a quienes la recuperación económica post devaluación y la demanda de otro tipo de empleos tarda más en convocar.

Otros antecedentes

En el área metropolitana bonaerense

• *Testimoniales*

El trabajo del escritor y periodista Eduardo Anguita (2003) y del estudiante avanzado de historia Javier Perini (2003) son valiosos materiales que registran trayectorias e historias de vida de distintos varones y mujeres cartoneros. En el primer caso, se presentan las historias de Francisco, Carlos, Daniel y Sara. Los cuatro se dedican a la recolección de reciclables en distintos municipios del conurbano bonaerense, los dos primeros con carros a caballo y los últimos con carros a pie. Sus testimonios, que Anguita intercala con narración propia, dan cuenta de sus trayectorias laborales y familiares, sus inicios en la actividad, las experiencias del oficio y sus respectivas perspectivas. Al final de cada historia de vida, el libro expone fragmentos de entrevistas realizadas en distintas oportunidades por Anguita y un grupo de colaboradores a investigadores, funcionarios, periodistas y a otros cartoneros.

En el caso de Perini, su autor es estudiante avanzado de la carrera de Historia de la Facultad de Filosofía y Letras de la UBA, y se desenvuelve como docente y coordinador de la Pastoral Juvenil en el Instituto La Salle Florida, desde donde desarrolla trabajo voluntario en lugares carenciados. A fines del año 2002 se vinculó con la guardería nocturna que alberga a los hijos de los cartoneros que viajan en el Tren Blanco,[9] un ser-

9. [El Tren Blanco ha dejado de funcionar, con disgusto de los cartoneros. En su lugar, la empresa ferroviaria ha puesto camiones. De todos modos, se decidió mantener los verbos en tiempo presente (N. del E.)]. La guardería se encuentra ubicada a pocos metros del ingreso al barrio Cárcova en el municipio de José C. Paz y está destinada a los hijos de los cartoneros que viajan en el Tren Blanco y que, mayoritariamente, viven en el mencionado barrio. Durante una visita realizada en noviembre de 2004, pude apreciar la asistencia de alrededor de cincuenta chicos, cuyas edades oscilaban entre los siete meses y los ocho años.

vicio que diariamente los traslada desde José León Suárez (San Martín, Provincia de Buenos Aires) para que realicen su tarea en la Capital Federal. Allí, Perini reunió vivencias e historias de vida de cartoneros y ex cartoneros que comparten el viaje. También es un libro de neto carácter testimonial en el que se presentan cuatro breves historias de vida y se exponen varias fotografías de sus protagonistas. En primer lugar aparece la historia de Hugo, un chico de diez años que alterna la permanencia en la guardería con el acompañamiento a su madre a cartonear. Le sigue la de Julia, quien con treinta años, varios de ellos ejerciendo la recolección informal, acaba de conseguir ser beneficiaria de un *Plan Jefas y Jefes de Hogar*[10] a cambio del cual realiza tareas en la cocina de la guardería. A continuación asistimos a la historia de Daniel Palacios y su familia, también recreada en el libro de Anguita. Palacios es un ex chofer de colectivos que se vio en la inimaginada necesidad de emprender el oficio de cartonero tiempo después de que se declarara en quiebra la empresa de transporte para la cual trabajaba. A través de su testimonio, el más extenso de los cuatro, se evidencian con más claridad ciertas características propias de la práctica de la actividad, como la relación con los colegas, los clientes y los depósitos, la capacidad de carga de los carros y la rutina de los recorridos. El hecho de que Palacios sea uno de los delegados del Tren, le confiere a su testimonio información sobre ciertos aspectos organizativos de este medio de transporte. La cuarta historia es la de El Chino, un adolescente de diecisiete años que cría un hijo de dos años, mientras su mujer está embarazada de otro. El autor del libro comparte el viaje en Tren y un recorrido por las calles de Palermo con El Chino, y lo ayuda a juntar materiales reciclables entre los residuos.

Hay una última historia que se diferencia de las otras, porque está expuesta en forma de entrevista (preguntas y respuestas). En este caso, la protagonista es Raquel Bustamente, designada por el Municipio como coordinadora de la Guardería.

Intercaladas a estas historias, el autor incluye algunas pequeñas *grietas*, denominación que utiliza para las secciones donde expone sus opiniones y reseña cierta información contextual, como las noticias sobre los cartoneros aparecidas en los medios gráficos durante el período de su trabajo.

• *Cooperativas*

Hacia fines de la década del noventa, varios representantes de incipientes organizaciones cooperativas de cartoneros comenzaron a nuclearse

10. Programas estatales de asistencia.

en torno al Instituto Movilizador de Fondos Cooperativos (IMFC) ligado al Banco Credicoop.[11] Tal es el caso de Cristina Lescano de la cooperativa El Ceibo y de Pepe Córdoba de la cooperativa Nuevo Rumbo, quienes junto a Lidia Quintero del Tren Blanco (y al igual que F. Suárez y yo), se transformaron rápidamente en referencia obligada de las cada vez más habituales crónicas periodísticas –locales y extranjeras– que abordaban la problemática, y fueron también considerados interlocutores legítimos por distintos organismos públicos municipales, provinciales y nacionales.

Aunque debe reconocerse que la recolección de reciclables en la vía pública es una actividad que se realiza en forma autónoma e independiente por individuos o familias sin adscripción a una organización formal, fueron presentados ante INAES más de treinta solicitudes para obtener la matriculación como *cooperativas de cartoneros*. A pesar de que la mayoría de ellas han sido efectivamente habilitadas o se encuentran aún tramitando el reconocimiento público buscado, ello no implica que, en los hechos, los distintos grupos hayan empezado a funcionar como tales ni que los que lo hayan hecho adopten una modalidad de trabajo cooperativo.

En relación con estas organizaciones se han publicado dos trabajos: el de Gabriel Fajn (publicado por el IMFC en 2002) y el de Verónica Paiva (2004). El primero presenta avances de una investigación sobre las cooperativas de recicladores de residuos, principalmente sobre la cooperativa El Ceibo, de Capital Federal. El autor ubica a los cirujas en una situación generalizada de marginalidad a la que arribaron como consecuencia de un doble proceso: por un lado, el *desenganche* de las relaciones formales de trabajo y, por el otro, el fuerte aislamiento social producto de carencias de inserciones relacionales. En este sentido, en la primer parte de su informe describe las variables estructurales que han contribuido a generar tal situación, señalando las transformaciones de la estructura social y productiva del país durante la última década, que desembocaron en un

11. El IMFC es una federación de carácter privado destinada a organizar y brindar servicios exclusivamente para sus cooperativas asociadas. Hacia fines de la década del noventa, y atendiendo tempranas consultas de personas interesadas en organizar cooperativas de cartoneros, el Instituto generó un espacio para su asesoramiento y promoción. Inicialmente, la entidad se dedicó a realizar los trámites para obtener el reconocimiento jurídico como cooperativas ante el organismo oficial correspondiente (Instituto Nacional de Asociativismo y Empresa Social / INAES) como paso previo al otorgamiento de créditos. Desde el año 2004, el IMFC ha coordinado un Centro de Acopio en Munro para la red de cooperativas nucleadas en torno suyo. Dicho Centro cerró durante 2006.

nivel de desocupación alarmante, una pobreza generalizada y un deterioro permanente de la calidad de vida de la mayoría de la población.

No obstante ese contexto, Fajn también señala el fuerte impulso que en ese período tuvo la creación de nuevas organizaciones cooperativas como estrategia jurídico productiva para la conservación de empresas en crisis y la preservación de las fuentes de trabajo. Según el autor, la conformación de cooperativas de recicladores de residuos en la bisagra del cambio de siglo constituye un original espacio de acción colectivo que posibilita, entre otros beneficios no menores, la reposición de la trama relacional y la paulatina formalización del trabajo de aquellos que lo han perdido. Asimismo, el autor destaca el importante rol aglutinador de distintas organizaciones cooperativas de recicladores que cumple el IMFC, las cuales han constituido una red dinámica, flexible y horizontal a partir de la cual se potencian sus capacidades individuales.

Para Fajn, el desarrollo de las cooperativas que desempeñan un destacado papel en el sistema de gestión municipal de residuos tendrá como consecuencia la superación de los intermediarios que participan actualmente del negocio de la basura y que se caracterizan por integrar violentas redes mafiosas. Por este motivo, este proceso de crecimiento e integración requiere del decidido apoyo que las agencias del Estado y las organizaciones de la sociedad civil puedan ejercer.

El trabajo de Verónica Paiva analiza las características principales de las cooperativas constituidas entre 1999 y 2002 en el contexto del conurbano bonaerense, y aunque también vincula –al igual que Fajn– su emergencia con la expansión del cooperativismo producida durante la década del noventa, la asocia a otra serie de factores más propios del sector, como el aumento de la demanda de materiales reciclables para el consumo industrial y ciertas falencias de la normativa que regula la gestión de los residuos en toda el área metropolitana.

Paiva refiere a los casos de El Ceibo (Capital Federal), Reconquista (Tres de Febrero), El Orejano (San Martín), Renaser (La Matanza), Nuevo Rumbo (Lomas de Zamora), Mujeres para la Dignidad (Lavallol), Reciclado Sur (Lanús), Villa Malaver y La Perla (San Pedro). Si bien todas estas cooperativas comparten la circunstancia de haber encontrado en el IMFC asesoramiento para la obtención de las matriculaciones y expectativas de financiamiento, esta autora destaca que presentan diferencias referidas a la extracción socioeconómica de sus miembros, orígenes, formas organizativas y perspectivas.

En el interior del país

Una de las pocas publicaciones encontradas basadas en estudios ubicados en el interior del país es aquella que, financiadas por las Agencias de Cooperación Diakonia y Desarrollo y Paz, llevaron a cabo los miembros de la organización no gubernamental Servicio a la Acción Popular (Se.A.P.) sobre los cirujas del barrio Villa Urquiza de la ciudad de Córdoba, durante los años 1992 y 1994 (Parisi Alberto, et. al.: 1996).[12] Se trata de un estudio en el que se exponen los resultados obtenidos a partir de encuestas realizadas a cuarenta y siete familias cuya actividad productiva central es el cirujeo, definido como la recolección, clasificación y venta de residuos reciclables. Esta centralidad no implica que la actividad sea desarrollada por todos los integrantes de la familia (de hecho los casos donde la realiza todo el grupo familiar son siete, mientras que aquellos donde la ejerce sólo el padre son quince), ni tampoco que el cirujeo sea la única actividad generadora de ingresos, ya que treinta y un casos manifestaron tener otras actividades permanentes u ocasionales.

Los resultados de la aplicación de esta técnica permiten obtener una caracterización de las familias: su organización doméstica, la situación de la vivienda, el modo como se desarrolla esta actividad productiva, el nivel de instrucción alcanzado así como consideraciones sobre la salud, recreación, consumo de medios de comunicación masivos y sobre el mundo de lo público (acotando la referencia a las prácticas religiosas, la política y los sindicatos). Las encuestas se complementan con historias de vidas de algunos casos. Éstas se ilustran con citas textuales generadas durante las entrevistas, y con comentarios y referencias generales realizadas por los investigadores.

Otro trabajo realizado en el interior del país es una tesis de grado llevada a cabo por Matilde Malicia para la Licenciatura en Trabajo Social de Facultad de Filosofía y Letras de la Universidad Nacional de Tucumán, finalizada en octubre de 2003. Su trabajo busca caracterizar la actividad que realizan los cartoneros de la Ciudad de San Miguel de Tucumán y aproximarse a sus representaciones. En este sentido, la autora cita textualmente ciertas frases empleadas por sus informantes durante las entrevistas mantenidas y desarrolla cada una en función de sus observaciones y análisis.

---

12. También basado en un barrio de la periferia de capital cordobesa, se detectó un proyecto de tesis de maestría en antropología que está desarrollando Natalia Bermúdez, en la Universidad Nacional de Córdoba.

Malicia encuentra que los cartoneros de Tucumán pertenecen a familias de escasos recursos en las que algunos miembros complementan los ingresos generados por la recolección con otras actividades o "changas" (pintura, albañilería, venta ambulante). En general, habitan en barrios periféricos sobre terrenos fiscales, y en los hogares donde viven menores, éstos son alentados por los padres a permanecer y continuar en el sistema de escolarización formal con la expectativa de que esta instrucción mejore sus oportunidades para obtener, en el futuro, un trabajo calificado.

En relación con la antigüedad en el oficio, la autora encuentra situaciones bastante heterogéneas que incluyen tanto a una mayoría de personas dedicadas a la actividad "de toda la vida" como a una minoría que la practica desde hace menos de un año. En todos los casos, el ingreso se produce bajo la guía de otros, familiares o conocidos, con mayor experiencia. Los recolectores recientemente iniciados perciben el ejercicio de la actividad como algo temporario, como un refugio mientras esperan la aparición de un *verdadero* trabajo. Esta apreciación no impide que se valore la tarea como manifestación de un esfuerzo digno y honrado por la sobrevivencia, y hasta que se considere que, dependiendo de la aplicación y la voluntad individual, puedan obtenerse mejoras en las condiciones de vida.

Malicia observa la existencia de *contratos verbales* entre los recolectores y propietarios de pequeños comercios, encargados de edificios y vecinos en general, quienes les proveen regularmente de los materiales que descartan. Asimismo, señala que los motivos de la elección de los depósitos donde venden no residen exclusivamente en la cotización que alcanzan los materiales, sino en la cercanía al hogar y el *lazo de confianza* entre el recolector y el depositero.

En cuanto a modificaciones o cambios ocurridos en los últimos años, los recolectores entrevistados aprecian una mayor presencia de colegas en la actividad y una disminución de materiales disponibles en las calles.

Este trabajo de tesis plantea que los profesionales del Trabajo Social deben re-significar y dar un contenido ético-político a su práctica. Por este motivo, la autora finaliza su exposición enumerando algunas alternativas que, desde su perspectiva, implicarían una mejora en las condiciones en que se desenvuelve la actividad de los recolectores. Entre otras, fortalecer las asociaciones de cartoneros existentes, elaborar una ordenanza municipal que respalde su labor, realizar campañas de vacunación entre la población cartonera, y concientizar a la ciudadanía de que se trata de una tarea digna y medioambientalmente favorable para todos.

En otros países

Héctor Castillo Berthier [(1983) 1990] desarrolló, durante los primeros años de la década del ochenta, un estudio que tuvo como objeto el análisis de las relaciones políticas y económicas que protagonizan los concesionarios municipales de los basurales a cielo abierto del Distrito Federal de México, a quienes el autor identifica como *caciques urbanos*. Estos caciques, legitimados por el Estado mediante una concesión de los basurales aprobada por las autoridades de la ciudad, controlan una estructura jerárquica de liderazgos interna al predio (capataces y ayudantes) a través de la cual se supervisa el trabajo de miles de *pepenadores*, como se denomina en ese país a los recolectores de residuos reciclables. La explotación extensiva del trabajo de estos pepenadores, de quienes el cacique es el único comprador de los materiales reciclables que seleccionan dentro del basural, permite a los concesionarios operar económicamente de manera privada con las industrias qué demandan estos materiales como materias primas y obtener importantes márgenes de ganancias.

El control de los basurales por parte del gobierno municipal es prácticamente nulo, hecho que permite a los caciques una manipulación absoluta de la vida y destinos de los pepenadores. De hecho, son estos caciques quienes se constituyen en líderes de las organizaciones de los pepenadores, estableciendo así un doble juego que potencia los beneficios económicos y políticos que obtienen: por un lado, aparecen como representación popular ante el Estado y, al mismo tiempo, como representante estatal ante los pepenadores.

Asimismo, Berthier analiza la doble función que tienen los caciques: abastecedores directos de las empresas que reciclan y líderes de organizaciones populares que respaldan al partido en el gobierno, participando en actos y hasta formando parte del mismo gobierno a nivel local.

Otro antecedente, basado en una investigación de campo realizada en México, es la tesis doctoral de Martín Medina Martínez, presentada en la Universidad de Yale, en 1997. Se trata de un estudio sobre el sistema informal de reciclaje que tiene lugar en "Los dos Laredos", zona de frontera entre Estados Unidos y México delimitada por el Río Grande y comprendida por los municipios de Laredo (USA) y Nuevo Laredo (México). Esta región geográfica se caracteriza por el contraste entre las condiciones socioeconómicas muy diferentes de estos dos municipios que, sin embargo, comparten un intenso sistema de reciclaje fronterizo, en el que los residentes mexicanos recolectan los materiales reciclables generados por los americanos.

Medina intenta superar algunas limitaciones de los estudios existentes, basados exclusivamente en aproximaciones cualitativas de trabajo de campo que considera poco confiables (*reliability*), ya que sus conclusiones están apoyadas en los pocos individuos entrevistados que no son representativos del universo de los recolectores. En su estudio, emplea en forma combinada técnicas cuantitativas y cualitativas, y a partir de los resultados obtenidos con el uso de estos instrumentos, revisa ciertas nociones acerca de la naturaleza del sector informal y la vinculación de esta actividad con el sector formal de la economía.

Realiza una caracterización social, económica, ambiental y cultural de la región involucrada, y describe los rasgos sobresalientes de los diferentes sistemas de gestión pública de los residuos conocidos a nivel mundial, principalmente los que existen en los dos Laredos. Incluye en esta primera parte una revisión general de la literatura basada en trabajos empíricos sobre el sistema informal del reciclaje, realizados en distintas partes del mundo. Esta revisión, sostenida en el marco del debate sobre la naturaleza del sector informal y su articulación con el sector formal de la economía, le permite introducir una discusión teórica acerca de la inclusión o no del reciclaje informal como parte del modo de producción capitalista, que luego retoma en las conclusiones, después de exponer los resultados de su propio trabajo.

También presenta con detenimiento los resultados concretos de su trabajo de campo en los dos Laredos. De la encuesta aplicada a cien casos, emerge el perfil de una ocupación que realizan mayoritariamente varones adultos con una instrucción formal básica que les permite leer y escribir. En cuanto a los rasgos predominantes en la actividad, ésta se ejerce durante seis días a la semana, al cabo de los cuales se obtienen, aproximadamente, veinte dólares americanos. Estos datos generales son descompuestos posteriormente en función del nivel de dedicación a la actividad entre los recolectores: el 60% se dedica exclusivamente a esta ocupación, mientras que el resto sólo la practica parcialmente, porque alterna con otras actividades, ya sea de manera permanente o estacionaria.

En cuanto a la articulación con el sector formal, Medina encuentra que los cartones que los recolectores juntan en Laredo (USA) y venden en los depósitos de Nuevo Laredo (México) son consumidos posteriormente por una industria papelera de Monterrey (Smurfit), la que a su vez es subsidiaria de una de las corporaciones multinacionales productoras de pepel más grandes del mundo. La existencia de este circuito, que también se presenta en el caso de otros materiales, le permite advertir fuertes lazos de comunicación entre el reciclaje informal y la organización económica formal, cuyas características centrales se encuentran condicionadas tanto por factores domésticos como por variables de escala internacional. Con estas evidencias, Medina sostiene que los recolectores no operan en los márgenes de la sociedad y, por lo tanto, no deberían ser considerados como marginales. En cierta medida, comparte la postura desarrollada a mediados de los setenta por Chris Birkbeck, quien en su investigación sobre los recolectores de Cali (Colombia), había mostrado que los recolectores trabajaban para las fábricas como proveedores de materias primas, aunque no fueran empleados de éstas.

PRIMERA PARTE

Arqueología del cirujeo.

Entre la gestión pública de los residuos
y el circuito del reciclaje

La masiva anexión de miembros en los últimos años podría hacer suponer que el cirujeo constituye una estrategia novedosa para lograr el sustento por parte de los sectores que han sido desplazados de otras actividades laborales previas. Sin embargo, si bien es cierto que en la actualidad tienen lugar una serie de manifestaciones originales y exclusivamente contemporáneas –como el traslado en trenes con vagones especiales para cartoneros o la conformación de cooperativas– la tarea de recolectar materiales que fueron considerados precedentemente como desechos tiene una larga historia. Precisamente, el propósito de esta primera parte del libro es recorrer esa historia articulando las características que fue asumiendo la manera en que la ciudad de Buenos Aires dispuso de sus detritus y las estrategias que se han desplegado para recuperarlos. Se podrá observar que, aunque el mecanismo oficial previsto para el tratamiento de los residuos fuera su disposición en huecos, vaciaderos, basurales a cielo abierto, usinas o rellenos sanitarios, ya sea como empresarios de la basura o peones de éstos, como rebuscadores de residuos, *chiffoniers* (como les dicen en Francia), cirujas o cartoneros, y más recientemente como recuperadores reconocidos por una legislación habilitante, la tarea vinculada a la recuperación de materiales reciclables tiene en el itinerario de la gestión pública de los residuos, tanto fuertes intentos por excluirla como tímidas propuestas por integrarla.

Tomando como base extractos de documentos oficiales, informes de comisiones interdisciplinarias de expertos constituidas para evaluar la problemática, crónicas periodísticas, fotos de distintas épocas y trabajo de campo propio, se presenta un derrotero que arranca a mediados del siglo XIX y se extiende hasta la actualidad.[13] En él se distinguen tanto los procedimientos empleados por el Estado para eliminar los residuos como las actividades desenvueltas por distintos tipos de sujetos que buscaron reaprovecharlos.

13. El texto del historiador Ángel Prignano (1998) fue una guía indispensable para su construcción. Lo mismo puede afirmarse del trabajo de Francisco Suárez (1998).

CAPÍTULO 1

DE LA QUEMA A LA INCINERACIÓN (1860-1890).
RECICLAJE Y UTILIDADES VS.
ESTÉTICA Y SALUD PÚBLICA

La policía, que desde 1821 había absorbido muchas de las funciones de los Cabildos, fue una de las primeras reparticiones públicas que le encontró un uso práctico a la acumulación de los residuos, al emplearlos para nivelar las calles de la ciudad de Buenos Aires.

> "En el marco de una manía pavimentadora que asaltó a las autoridades municipales y a las juntas vecinales... se emparejaba un poco de tierra, nivelándola a ojo de buen cubero con la basura recolectada en la ciudad, y encima desfilaban piedras desparejas, traídas de Martín García, mal recortadas y casi en bruto. La calle quedaba pavimentada pero era mejor no transitar por ella... Allí abajo, en verano, la basura fermentaba en gran escala y dejaba sentir su presencia, despidiendo una sinfonía de olores mefíticos por las juntas del pavimento" (Scenna, 1974: 86).

Esta nivelación de las calles se realizaba en el centro de la ciudad con la basura que recogían los carros municipales. Sin embargo, los habitantes de los barrios periféricos no contaban con este servicio y arrojaban los sobrantes en los baldíos o "huecos" –nombre dado en la época colonial y en los comienzos del siglo XIX a los terrenos baldíos de la ciudad– de las inmediaciones de sus viviendas o directamente frente a ellas.[14]

---

14. "Algunos de esos huecos llegaron a ser espléndidos basurales durante muchos años, como el de las Cabecitas (plaza Vicente López) o el de la Yegua, que corresponde a la manzana de Venezuela, Belgrano, Sarandí y Pozos" (Scenna, 1974: 150).

Paralelamente a su utilización como relleno en la pavimentación de las calles céntricas y terrenos anegadizos, o bien a su simple disposición en los mencionados huecos y baldíos, el municipio ensayaba distintos procedimientos buscando un adecuado tratamiento para la basura.[15] Hacia 1861 se produjo un cambio de paradigma, y la basura pública fue privatizada. En realidad, el gobierno municipal empezó a conceder a quien denominaba *empresario de la basura*, el derecho a extraer de ella los desechos considerados útiles a cambio de quemar diariamente y a su costo el resto, y de que la Municipalidad pudiera utilizar las cenizas resultantes para emplearlas en los rellenos. La Memoria Municipal de 1861 muestra que la venta de los residuos fue divulgada como un importante negocio que permitía reducir (si no anular) el elevado gasto municipal por la recolección y la quema con personal propio:

> "El Presupuesto de la Municipalidad consignaba una fuerte suma para el servicio de la quema... Hoy aún este gasto ha desaparecido, y lejos de eso, las basuras producen a la Corporación 30.000 pesos anuales, por seis años, pues han sido vendidas por ese tiempo" (*Memoria Municipal* de 1861).

A partir de ese momento, sucesivos contratistas tuvieron el derecho de aprovechar la basura en los terrenos baldíos. Sin embargo, la quema realizada con los restos generaba reiteradas quejas de los habitantes de las viviendas cercanas. Se buscó, entonces, un sitio despoblado, bajo y de escaso valor comercial; ese lugar, aledaño a las actuales Avenidas Amancio Alcorta y Zabaleta, sería bautizado posteriormente con el nombre de *La Quema*.

Por otra parte, durante la segunda mitad de la década de 1860, las autoridades provinciales habían decidido la construcción de un ramal del Ferrocarril del Oeste, entre la Estación Central (11 de Septiembre, "El Once") y el Riachuelo de Barracas (Ing. Brian), para favorecer la comunicación entre el centro de la ciudad y ese puerto sobre el Riachuelo. Al

---

15. Una nota periodística del año 1858 refleja esos intentos municipales por encontrar un satisfactorio método para disponer los desechos de esta ciudad: "Se está haciendo el ensayo de enterrar las basuras de la ciudad en zanjas abiertas hasta cierta profundidad, y en cierta extensión, cubriéndolas enseguida de tierra, con un espesor suficiente" (Diario *El Nacional*, 15 de mayo de 1858). Meses más tarde, el mismo diario felicita al empleado municipal Domingo Cabello por haber ideado un rudimentario aparato para incinerarlas (Diario *El Nacional*, 19 de noviembre de 1858), informando que, hasta ese momento, la municipalidad no había sabido qué procedimiento emplear con las basuras.

trazado original se anexaron las obras necesarias para trasladar los desperdicios en un servicio que se conoció como *Tren de las basuras*. En el centro, además, se construyó un sitio de transferencia al que se llamó *Vaciadero* (ubicado en las actuales Rivadavia y Sánchez de Loria), y que consistía en un predio donde los carros de la limpieza volcaban el contenido de su recolección diaria, que luego era embarcado en las zorras del tren para su descarga en *La Quema*.

En esa época, fueron varias las propuestas presentadas a la municipalidad de Buenos Aires por empresarios en obtener

"el permiso exclusivo para extraer de los depósitos de basura, antes de la quema pero sin interrumpir el trabajo de ella, todos los objetos que considere útiles y que no fuesen perjudiciales a la salud pública",

como refiere la nota del vecino Luis Cantillo al Presidente de la Municipalidad, el 13 de marzo de 1872, en la que propone pagar por esa concesión quince mil pesos mensuales (Archivo Histórico Ciudad de Buenos Aires, 1872, Legajo 12). En este mismo expediente, Guillermo Almasa y Cía. propone extraer, con exclusividad, los **huesos, metales y pieles de animales muertos** de las basuras del municipio, servicio por el que está dispuesto a pagar ochenta mil pesos al año. Sostiene que su propuesta aventaja a las otras porque no retira el trapo y la leña, materiales que facilitan la combustión de las basuras. Por su parte, Ricardo Gamble ofrece ciento treinta mil pesos anuales durante cinco años a cambio del derecho de extraer de las basuras todo lo que él considere útil. También Torcuato Ocampo solicita la exclusividad para extraer huesos y trapos de las basuras, como lo expresa en la siguiente pintoresca nota:

"Entre las materias que se extraen de aquellos residuos una de las que principalmente mayores perjuicios puede ocasionar es sin disputa la **grasa**, que después de algunas manipulaciones sirve para expenderse al público con grave daño para los que la usan y contra cuyo engaño nadie está libre, ni es posible precaverse. Y sin embargo, esta operación se practica diariamente extrayendo grandes cantidades de grasa de caracú y otras".

Algunas de estas propuestas llegaban a la prensa; se reproducen, a continuación, dos crónicas que las reflejan:

La Prensa, 21 de julio de 1872

"Asunto Basuras: Hace tiempo á (sic) que venimos anunciando en esta sección numerosos proyectos que se presentan a la Municipalidad sobre la quema y extracción de las basuras de la ciudad, sin que de una vez se resuelva este asunto que interesa a la salud pública. Un nuevo proponente, D. Anselmo Núñez, se ha presentado ayer a la Corporación ofreciendo efectuar la carga de las basuras y descargas en los vagones destinados al efecto y en el paraje señalado, así como también la quema de ellas dentro de las primeras 24 horas después de cargadas, todo por una mensualidad de 70 mil pesos papel moneda corriente. Su obligación comenzará a producir efectos desde los 30 días después de firmado el contrato. Pide que se le autorice para apartar de las basuras los hierros, residuos metálicos, vidrios y otras sustancias utilizables. El término que propone para la duración del contrato es del de 10 años".

La Prensa, 17 de agosto de 1872

"Las basuras: Los señores Gamble y Ocampo han propuesto a la municipalidad hacer la extracción de las basuras de aquellas materias que crean útiles, ofreciendo pagar el primero de dichos proponentes las suma de 130.000 $m-c al año por la concesión de ese derecho, y el segundo ofrece 7.000 $ mensuales, comprometiéndose ambos señores a embarcar inmediatamente para Europa las materias extraídas, para no causar perjuicios a la salud pública dejándolas aglomerar".

Todas estas propuestas fueron rechazadas por el Concejo de Higiene del Municipio, que argumentaba no poder considerarlas hasta no aclarar el tipo de arreglo al que se arribaría con el empleado municipal (de apellido Borches) que había inventado el sistema de quema a cielo abierto.[16] Sin embargo, poco tiempo después, el inconveniente parece haberse saldado, como lo prueban los contratos que anexan las *Memorias Municipales* de los años siguientes:

16. La invención consistió en la colocación de parrillas sobre latas ubicadas con la boca de mayor diámetro contra el piso, a la manera de pequeñas pirámides (precisamente por eso los contratos posteriores reservan a la Municipalidad disponer de las latas que lleguen a la quema). La basura era depositada sobre las parrillas y ayudada en su combustión con paja, papeles y trapos. La *Memoria de la Municipalidad* de 1872 refiere: "En el presente año, se ha resuelto por un laborioso empleado de la municipalidad, el sr. D. Angel Borches, un problema que tanto preocupó a las Municipalidades anteriores y a la actual, como a tantas otras personas, sin que pudiese arribar al fin deseado. Este señor con un sistema sencillo, ha podido dar cima al gran problema que tanto preocupó a la quema de basuras. No tan solo quema las basuras diarias que se extraen del municipio, sino también las viejas que for-

"Art.1°: La Comisión Municipal cede durante el año... a Don... el derecho de extraer de las basuras todos los residuos utilizables como **huesos, fierro y otros metales, trapos, vidrios, ceniza**, etc., reservándose la Corporación el derecho de emplear las latas que fueren necesarias para la operación de la quema de aquellas y cenizas que pudiera necesitar. Art. 5: Don... pagará a la Municipalidad por este derecho la cantidad de... pesos m/c mensuales en dinero efectivo".

El valor los restos reciclables se manifiesta en el hecho de que, haciendo caso omiso del derecho de exclusividad de los contratistas, hacen su aparición los **rebuscadores de residuos,** quienes intentarán apropiárselos antes de que los carros municipales los trasladen hacia el Vaciadero. Resulta muy interesante analizar, dado su paralelismo con ciertos planteos actuales,[17] cómo en la Memoria Municipal del año 1877 la presencia de estos rebuscadores justifica la reducción del canon al contratista:

"La extracción de los residuos de las basuras fue licitado desde el 20 de abril al 31 de diciembre, por D. Vicente Michely a razón de 15.000 $ mensuales. El producto de la renta alcanzó 116.500 $. En los anteriores fue más productivo este ramo que ha disminuido hoy a la mitad, a causa del gran número de individuos que recorren las calles extrayendo de los cajones que deposita el vecindario en las puertas de las casas, todos los residuos utilizables, de suerte que cuando llegan los carros al vecindario, ha sido ya despojada la basura de la mayor parte de ellos. Para cortar este abuso que priva de una renta que ayuda a satisfacer el gasto de la quema de esas basuras, solicité al señor Gefe de Policía (sic), que por medio de los agentes subalternos de seguridad se prohibiese a estos rebuscadores de residuos el extraerlos de los depósitos en que los colocan los vecinos, siempre que la operación no se hiciere con consentimiento de ellos. En no mucho tiempo estas basuras en cuya extinción por el fuego se consume mucho dinero, serán utilizadas en el abono de las tierras" (*Memoria Municipal* del año 1877).

---

maban esas grandes montañas, o montañas de la muerte, que eran un amago constante a la salud pública... El señor Borches sin hacer mayor gasto a la Municipalidad ha podido conseguir el más grande de los triunfos, la gloria imperecedera de la solución del problema".
17. Durante los años 2001 y 2002, la actividad de los cartoneros fue denunciada como competencia desleal por las empresas prestadoras del servicio de recolección. Éstas reclamaban la intervención pública para no disminuir sus ganancias, relacionadas con el peso de los materiales recolectados. Una cartonera entrevistada me comentó que, en ese período, como consecuencia de la acción policial, tuvo que pasar su carga de cartones desde su carrito a un camión recolector.

Tiempo después, además de los mencionados rebuscadores, serán otros los actores no previstos en la exclusividad de la concesión los que intentarán quedarse con los restos de residuos reciclables. La Memoria Municipal correspondiente al año 1886, en el ítem donde da cuenta de la situación en el Vaciadero de Basuras, informa que "se mandó cercar el terreno del Vaciadero con duelas para evitar la entrada a **las gentes** que se introducían a extraer los residuos de las basuras" (mi destacado). Hasta el Directorio del Ferrocarril del Oeste se mostró interesado en esos materiales y propuso que, a cambio del acarreo sin costos desde el Vaciadero hasta La Quema, fueran ellos los que recibieran los residuos utilizables como retribución. Esta propuesta de intercambio es otro claro indicador del interés comercial por esos materiales, ya que varios documentos consultados mencionan la alta erogación municipal que se pagaba a esa institución por el servicio del *Tren de las basuras*.[18]

A pesar de que no siempre la quema de las basuras resultaba un mecanismo totalmente eficaz para deshacerse de ellas, se trataba de un sistema considerado como un avance frente a una actividad desarrollada hasta ese entonces en forma anárquica e individual, sin ningún criterio homogéneo. Los documentos de la época ponderaban haber resuelto un problema de higiene pública a través de una gestión que dejaba **beneficios económicos** al municipio y que, a la vez, facilitaba la llegada de insumos a la industria, ya que la actividad de selección de residuos aprovechables era bastante intensa. En este sentido, la edición de *La Prensa* del 21 de junio de 1885 destaca:

"Es de admirar la rapidez con que cada carro de basura queda distribuido apenas vierte su contenido. Huesos, papeles, trapos, fierros, latas, bronces, palos, carnes, plumas, tronchos, vidrios y tanta pequeñez que por inútil se arroja al cajón de los desperdicios, va a parar al respectivo montón de donde, más tarde, ha de recogerse cuidadosamente para entregarlo a la industria que ha de transformarlo y volverlo remozado al bazar, a la tienda o al almacén" (Prignano 1998: 190 y 191).

18. Según extrae Prignano de las *Memorias Municipales* de la época, durante la primera mitad de la década de 1880 un promedio de doscientas treinta toneladas de basuras eran depositas en el Vaciadero esperando ser cargadas en los vagones para su traslado a la Quema. Esta situación generó la queja de los vecinos de la zona, quienes presentaron notas al Intendente solicitando la remoción del Vaciadero. Cuando se mejoraron los caminos para que los carros municipales pudieran llegar a la Quema, el Vaciadero y el tren de las basuras fueron clausurados definitivamente.

Sin embargo, estos argumentos serán paulatinamente refutados, y se comenzará a advertir que el sistema de quema a cielo abierto, que tan auspiciosamente había entrado en vigencia años atrás, ahora resultaba inconveniente. Es el inicio de una nueva actitud respecto del destino de la basura, en la que predomina una visión mucho más favorable a la higiene y a la estética que a los anteriores beneficios económicos.

A pesar de los méritos atribuidos poco tiempo antes al sistema de gestión que otorgaba la exclusividad para la explotación de los residuos útiles a determinados empresarios comprometidos a quemar a cielo abierto el resto, durante la década de 1880 se comenzó a forjar una nueva perspectiva que cuestionaba: a) la precariedad de este método para eliminar la totalidad de los desechos, b) la escasa rentabilidad obtenida por la venta de los residuos reciclables y c) las condiciones de explotación y miseria de los peones recuperadores.

Tal como se desprende de la *Memoria Municipal* del año 1887, se realizaron una serie de ensayos prácticos para evaluar el mejor método para la eliminación de los desechos. Las caricaturas siguientes, aunque publicadas años más tarde, reflejan esta situación de explomemoración. Como resultado de los ensayos, se concluye que:

"El sistema adoptado para la quema es de todo punto deficiente y de la mayor urgencia el reemplazarlo. Con este fin ha fomentado el infrascripto la presentación de proyectos e inventos dentro de los cuales podrá optarse por el que ofrezca mayores ventajas. En la actualidad se construye un horno para ensayo y varios otros proyectos se han presentado, los que serán estudiados por una Comisión Científica" (*Memoria Municipal*, año 1887).[19]

19. Así lo refleja una crónica de la época: "Horno crematorio de basuras: el intendente municipal nombró ayer una comisión compuesta por los señores ingenieros R. Otamendi, Dr. Arata y Dr. Enrique Revilla, para que informe sobre la utilidad que puede prestar el horno crematorio de basuras construido por los señores A. y B. Chicogna en los terrenos del quemadero" (*La Prensa*, 28 de febrero de 1888, pág. 5, columna 4).

¿Qué opinan ustedes que se haga con las basuras?

El atorrante. –Repartirlas equitativamente entre los que vivimos de ellas.

El microbio del tifus. –No permitir que se saquen de la ciudad, dificultándonos el fácil acceso al organismo humano.

El pescador. –Yo creo que lo mejor es arrojarlas al río.

El ministro de Hacienda. –Puesto que constituyen un buen abono, opino que deben destinarse a abonar los gastos fuera de presupuesto.

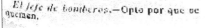

El jefe de bomberos. –Opto por que se quemen.

El jefe del Estado. –Ya sabe usted que yo soy partidario del enterramiento.

Revista PBT Semanario Infantil Ilustrado (para niños de 6 a 80 años) 2 de marzo de 1907. (Gentileza de Rosario Recalt)

A pesar del diagnóstico que indicaba que era un método deficiente, la quema a cielo abierto no fue abandonada. Mientras evaluaban los ensayos de los incipientes hornos o usinas, el municipio continuó entregando las basuras a un contratista para que aprovechara lo reutilizable y, eventualmente, quemara el resto. En el ítem "quema de las basuras" la sección Administración de Limpieza Pública del Anexo de la *Memoria Municipal* de 1888, puede leerse:

"Se prosigue con el mismo sistema de quemar las basuras, bastante deficiente. Ensayando un sistema de horno con aquel objeto no dio el resultado en la práctica, teniéndolo que abandonar... Desde el 1 de enero entrante se dará principio a entregar las basuras a un contratista que se hace cargo de quemarlas con arreglo a la orden del Honorable Concejo Deliberante".

En la misma sección se menciona un contrato para la extracción de basuras utilizables por el que la Municipalidad recibía mensualmente cuatro mil ciento veinticinco pesos moneda nacional.

Si bien los hornos especiales destinados a incinerar los residuos habían sido ponderados como el método más eficiente para reemplazar la quema a cielo abierto y se había organizado una licitación para encarar su construcción, el debate sobre el destino de las basuras se prorrogó durante algún un tiempo, porque esta nueva propuesta carecía del unánime consenso entre los expertos. La *Memoria Municipal* correspondiente al período 1890-1892 ilustra la anterior apreciación y vuelve a insistir sobre las utilidades económicas que tiene la explotación manual de los residuos:

"Quema de basuras. Esta operación de incinerar las basuras, tal como se hace, produce inconvenientes por el humo que arroja hacia la ciudad, molestando a una gran parte de la población... Los hornos de incineración fueron sacados a concurso en 1889 aconsejando la Comisión que estudió el asunto, **que era preferible enterrar las basuras para fertilizar las tierras.** París no ha resuelto todavía esta cuestión y aún cuando en Londres y otras ciudades de Inglaterra y en muchas de Norte-América se emplean estos hornos de cremación, es tan costoso el sistema que se buscan los medios de transportar los residuos económicamente fuera de la ciudad para utilizarlos en la agricultura. Cualquiera que sea el sistema que se adopte en nuestro país será necesario instalar dos depósitos u hornos y mejor aún tres, uno al Sud, otro al norte y el tercero al Oeste para subdividir el servicio y hacerlo menos costoso. Los residuos de las basuras son explotados por un empresario que no abona derecho alguno y que sólo costea el personal de la quema según contrato que tenía por 5 años y que vence el 31 de diciembre de 1893. Las basuras demuestran por su abundancia y la calidad de sus residuos que no es esta una ciudad de pobres. Contienen mucho que podría emplearse en los usos domésticos o utilizarlo familias pobres. Por esta causa **la explotación de las basuras es un negocio que da utilidades** y creo que una vez vencido este contrato, se presentarán propuestas ofreciendo sumas de importancia para tomarla a su cargo" (mi destacado).

A tal punto era un negocio que daba utilidades, que hasta los **carreros municipales** se apropiaban de algunos residuos reciclables en su camino hacia la quema. Según el texto de un pleito entre la Municipalidad y Rophille y Cía. por el incumplimiento de un contrato celebrado en 1894,[20] la empresa acusa a la Intendencia —nuevamente, la semejanza con situaciones actuales resulta sorprendente–, entre otras cosas, de no haber impedido "que los carreros municipales seleccionasen las basuras y residuos de las casas y dispusieran de ambas cosas en provecho de los mismos, sin excluir la que efectúan otras personas a su vez para en seguida negociarlas públicamente" (Bidau, 1898: 26).

20. Según ese contrato, la Municipalidad pagaría a la compañía la prestación del servicio de la incineración de las basuras que no fueran recuperadas en hornos que debían construir para tal efecto. A su vez, la empresa abonaría una cuota mensual por el derecho a explotar los residuos reutilizables, cenizas y fuerza motriz durante seis años.

En este texto también se menciona que hay personas que recogen residuos:

"hoy, con la formación de hábitos de economía en nuestro pueblo, varias **industrias importantes se alimentan de esos residuos** que les llevan las personas que se dedican a reunirlos, comprándolos a los vecinos y revendiéndolos en las fábricas. En la mayor parte de los hoteles, fondas y restaurants de Buenos Aires, la selección se hace todos los días, sistemáticamente" (Ibid.: 30 y 31).

El documento incluye actas policiales labradas a carreros municipales, que consignan que compran **huesos, vidrios, trapos, botones viejos y metales.**

Aunque la quema de residuos a cielo abierto era un procedimiento que se había extendido a otros sitios de la ciudad, su rechazo también se fue generalizando. Así lo refleja la siguiente crónica de la época:

"Incineración de basuras. Sus peligros para la Salud Pública. La quema de los residuos provenientes de Belgrano, se efectúa de manera tal que ocasiona al vecindario de esa parte del municipio, serias molestias y afecta gravemente sus condiciones higiénicas. Efectivamente, en las calles del bajo de Belgrano muy próximas a sus partes pobladas, esa operación se hace al descubierto, empleando un sistema primitivo; las cenizas y las sustancias semi-carbonizadas se emplean en el relleno de pantanos y terrenos anegadizos compuestos de tierras arcillosas inadecuadas para la pronta transformación de las sustancias orgánicas no destruidas por el fuego. En estas condiciones, la llamada ´quema´ no puede menos que afectar perjudicialmente a la población, pues el humo que se desprende y los malos olores de las materias descompuestas, se dejan sentir con frecuencia cuando el viento las impulsa hacia la parte poblada. Además, las miasmas que se originan perjudican a la salubridad local, no sólo actualmente sino también en el futuro, pues es notorio que la materia orgánica enterrada tarde mucho en transformarse y destruirse completamente. En vista de estas y otras consideraciones análogas, el Concejal Sr. Agrelo ha propuesto al Concejo Deliberante la sanción de un proyecto de minuta a la Intendencia, invitándola a practicar un estudio detenido y formular a la mayor brevedad un proyecto tendiente a mejorar las condiciones actuales, ya sea por la construcción de hornos crematorios o la traslación de la quema a terrenos más adecuados y más distantes de los centros poblados" (*La Prensa*, 10 de noviembre de 1897, pág. 6, columna 2).

De este modo, la quema a cielo abierto, que décadas anteriores había sido bienvenida como un invento sencillo y eficaz, se transformará, en el siglo XX, en un sistema definitivamente primitivo y rudimentario. A principios de 1899, la autoridad municipal evalúa que es insalubre.

"no existe en la Ciudad de Buenos Aires un procedimiento o sistema científico de eliminación y tratamiento de las basuras, que permita hacerlas inofensivas para la salud pública y si es posible a la vez utilizarlas en el abono de la tierra o en otra aplicación industrial" (Decreto de la Intendencia Municipal, 26 de enero de 1899).

Como consecuencia, nombra una nueva comisión de expertos

"para que estudie e informe a la Intendencia respecto del procedimiento más eficaz del punto de vista higiénico y económico que se puede aplicar a la eliminación y tratamiento de las basuras de la Ciudad de Buenos Aires".

El informe elaborado por esta comisión sentencia sin digresiones que, desde hacía más de treinta años, la ciudad carecía de un sistema científico para tratar las basuras:

"Las basuras se conducen al vaciadero y allí se dispersan y revuelven en el suelo para extraerle las materias que tienen algún valor en el régimen de explotación adoptado, y luego se las amontona en tituladas parvas de incineración, donde un fuego lento y poco duradero quema una parte del papel, la paja y otros substancias convenientemente combustibles cuyo calor no alcanza a quemar los residuos que se debieran sustraer a la fermentación pútrida y sólo alcanza a desecar un poco esos residuos y activar el desprendimiento al aire del humo y de las emanaciones con que hoy se envenena todos los barrios circunvecinos".

Asimismo, el informe menciona que el predio de la quema –que ocupaba varias hectáreas– donde se encontraba una masa de basuras de millones de metros cúbicos, era atravesado por una calle empedrada de aproximadamente un kilómetro de extensión,

"a cuyos bordes depositan la basura los carros de la limpieza y aquí comienza la primera faena a que se la somete, de carácter **puramente industrial: centenares de hombres, mujeres y niños de aspecto miserable** [más adelante especificará que son «más de seiscientos seres humanos, mujeres y niños (sic)»], revuelven los montones de basuras para separar **las materias explotables**".[21]

21. Hacia fines del siglo, en los terrenos de la quema se había asentado una población dedicada principalmente a la recuperación de basuras. Se lo conocía como el "Barrio de las Ranas" por la gran cantidad de batracios que existían en las lagunas de la zona, pero también como "El Pueblo de las Latas", ya que muchas de las paredes de las precarias viviendas de sus habitantes estaba constituidas por latas de querosén rellenas de barro y otra serie de materiales extraídos de la misma quema. Martín menciona la presencia entre sus pobladores ("Tres mil almas al finalizar el siglo) de ex combatientes de la Guerra del Paraguay "muchos de los cuales, lisiados o disminuidos, se encontraban desamparados" (Martín, 1973: 1), y

Asimismo, añade que las parvas

"se ven atropelladas por tropas de chanchos, vacas, caballos y perros y hasta hombres que las revuelven en busca de todo lo que directa o indirectamente constituye su alimento".[22]

Como puede apreciarse, este documento de fines del siglo XIX expresa un cambio radical de perspectiva respecto de la utilidad económica y de los otros beneficios que la municipalidad obtenía por la adjudicación de la explotación de la quema a los empresarios de la basura. En este sentido, es contundente al sostener:

"Hasta hoy la municipalidad ha enajenado, mediante **una retribución mensual exigua**, el derecho de explotar las basuras a empresarios que las someten a un **régimen de explotación abominable**, eminentemente peligroso para la vida de los trabajadores empleados en la separación de los elementos utilizables y de la salud pública en general. Una parte de los materiales extraídos de las basuras, como trapos, vidrios, lana, papeles, maderas, estiércol, restos de alimentos, etc., son transportados a los distintos puntos de la ciudad en carros abiertos que esparcen parte de estos residuos en todo el trayecto del viaje. Los huesos como los animales muertos son utilizados en el sitio mismo de la quema. Se transportan en bolsas hasta unos galpones donde se les somete a la cocción por el vapor para extraerles la grasa, cuya destinación económica es indispensable conocer... La pequeña suma que abonan a la Municipalidad los empresarios que explotan las basuras del municipio, en la forma que hemos indicado, no re-

---

también destaca "gran cantidad de negros, herederos de aquellos primitivos que poblaron los huecos, mientras otros, los menos, quizás, eran inmigrantes sin oficio o sin el espíritu sumiso como para dejarse explotar; algunos y no muy numerosos, eran disminuidos que no aceptaban la limosna pública. Todos estos desechos humanos constituían la mayoría de aquella población" (Ibid.: 14).

22. En el informe se cita un párrafo de la tesis del Dr. Félix Silvera sobre etiología del tétanos que hace referencia a ese último aspecto: "Muchos de los individuos que trabajan en la Quema y sus familias, se visten y comen de lo que recojen en las basuras. He tenido ocasión de asistir dos casos de intoxicación, siendo uno de ellos producido por la ingestión de un tarro de dulce de leche sacado de un carro de basura, y el otro producido por haber comido tallarines de la misma procedencia; no es raro ver entre las inmundicias de los cuartos a que antes me he referido, sartas de gallinas, quesos, latas de conservas, todas en mal estado y procedentes de las basuras que guardan para alimentarse; pero debo advertir que algunos de estos alimentos procedentes de las casas y restaurantes, han sido apartados ya por el basurero del resto de la basura que conduce en su carro; trayéndolos envueltos en papeles que ha sacado de la misma y así acondicionados son colocados en una bolsa y depositados sobre las basuras que conduce hasta llegar a su destino, de donde los lleva a su casa para alimentarse con ellos".

presenta nada ante los daños que ocasiona a la higiene de la ciudad y a la salud de la numerosa población hospitalaria y urbana que vive bajo la inmediata influencia del gran foco de insalubridad de la ciudad de Buenos Aires".

No debe desconocerse que estos empresarios tuvieron serios conflictos con el personal a su cargo (peones de la quema), lo que probablemente también haya alentado el cambio de perspectiva señalado. Un manifiesto lanzado por éstos en febrero de 1897 –que a continuación transcribimos íntegro a pesar de su extensión– permite apreciar con claridad las condiciones de trabajo impuestas por la concesión a cargo de la explotación de los residuos:

"Los peones de la quema de basuras, a la prensa en general y al pueblo de la Capital: Los actuales empresarios de la Quema, teniendo en cuenta únicamente sus intereses particulares, nos obligan a trabajar en condiciones inhumanas. En primer lugar, sólo se nos abona un peso y cincuenta centavos por día; en cambio, cuando dependíamos del Municipio, ganábamos dos pesos, bronce, plomo, huesos, pan, etc. que pudiéramos recoger: sólo trabajamos diez horas, sin que se nos aplicara multa de ninguna especie. Ahora, trabajamos peor que bestias, de doce a catorce horas diarias con la obligación de juntar para la empresa una canasta de huesos, una lata de pan, y un tarro de corchos. El peón que no pudiera reunir el pan, huesos o corchos paga una multa de dos pesos por cada lata. Cuando la quema estaba a cargo de la Municipalidad, esta tenía trescentos peones, a los cuales no se les fijaba tarea, en cambio hoy los empresarios han reducido el personal a cien peones. Es decir, que a cada uno de nosotros se nos obligaba a hacer el trabajo para el cual antes necesitaban tres hombres. Para esto la empresa ha fijado las siguientes tareas: los emparvadores: desparramar de seis o siete carros de basuras, juntar una lata de pan, una de corcho, un canasto y una bolsa de hueso. Si por falta de tiempo, de huesos, corchos o pan no llegara a reunirlo o desparramar la basura, por cada cosa dos pesos de multa. A los desparramadores: se les obliga hasta el medio día lo que puedan hacer, a la tarde tienen que desparramar de siete a ocho carros, bajo la pena de dos pesos de multa. Con semejantes tareas, la mayoría nos vemos obligados a levantarnos a las tres de la mañana para evitar ser multados. Tales son las consideraciones que merecemos de los señores Luis Alberti y Cía., dueño de esa empresa, por cuya razón nos hemos visto en la empeñosa necesidad de abandonar el trabajo reclamando: 1) horario de 9 horas, 2) abolición de tareas, 3) abolición de multas, 4) salario de $ 2,50 por día. En cuanto a nuestras reclamaciones, no se nos puede tildar de exigentes, dadas las faenas insalubres que tenemos que hacer. Buenos Aires, 28 de febrero de 1897, Los peones en huelga" (García Costa, 1990).

No es la actividad del reciclaje en sí misma a lo que esta comisión de expertos se opone, sino que lo que le resulta inadmisible es la forma en la que se la practica.

"En las ciudades de Europa se emplean los trapos y papeles viejos que se recogen de la basura en las fábricas de papel, mediante la cocción al vapor recalentado bajo presión que esteriliza la masa de materia orgánica formada por aquellos elementos contaminados por todas las especies microbianas. Entre nosotros no existe esta aplicación industrial, **la gran fábrica de papel no emplea dichos residuos. Emplea el esparto y otras sustancias vegetales que constituyen una materia prima infinitamente superior.** En cambio entre nosotros los papeles y trapos viejos se explotan en la forma más peligrosa para la salud. Se extraen de los cajones de basura expuestos en las puertas de las casas y del sitio de la quema y se transportan en bolsas a los sitios donde se utilizan. La recolección y el transporte importan por sí solos un verdadero peligro, un medio de difusión de los gérmenes de que están impregnados dichos residuos. Pero hay algo más. Mediante un proceder económico de fabricación, sin la cocción esterilizada, se hace papel que se emplea en los almacenes para envolver los comestibles y esto constituye otro peligro que hay que apresurarse a conjurar".

Finalmente, el informe concluye de la siguiente manera:

"Por todas estas consideraciones, la Comisión aconseja **que se adopte el sistema de incineración completa.** Naturalmente, la incineración total podrá estar precedida de un triaje a fin de separar rápidamente los fierros, vidrios, lozas, etc., incombustibles, y que pueden ser objeto de algún comercio sin perjuicio de la higiene".

En consecuencia, y después de varios años de ensayos con diferentes tipos de hornos provisorios en distintos puntos de la ciudad, en abril de 1910 se inauguró oficialmente el que había sido construido en el mismo predio de La Quema. Los otros hornos provisorios que habían sido construidos para ensayos continuaron quemando las basuras recolectadas en sus respectivos distritos.

CAPÍTULO 2

INCINERANDO EN DOMICILIOS Y USINAS, RECUPERANDO EN LAS QUEMAS (1910-1977). LA HISTORIA DE VIDA DE PEDRO, CIRUJA DE TODA LA VIDA

Antes de concluir la primera década del siglo XX, la Municipalidad de Buenos Aires alentó la incineración domiciliaria de los desperdicios en las grandes industrias, mercados, hoteles, colegios y establecimientos que, como mínimo, produjeran diariamente cien kilogramos o un metro cúbico de basuras (Prignano, 1998). Paralelamente, los *hornos provisorios* se convirtieron en *usinas incineradoras* y se constituyeron en el procedimiento más **eficaz e higiénico** con el que se reemplazó la quema a cielo abierto. De este modo, al finalizar la década de 1920, la Ciudad de Buenos Aires contaba con tres usinas para incinerar las basuras en diferentes barrios (Chacarita, Flores y Nueva Pompeya).

No obstante, la adopción del nuevo método no resolvió todos los aspectos vinculados a la gestión de los residuos. Cuando la *Memoria Municipal* del año 1918, en la sección del Departamento de Obras Públicas, informó sobre "Problemas de las basuras" (págs. 577 y 578), ya no se refirió a los *rebuscadores* de antaño que recorrían las calles extrayendo de los cajones de las puertas de las casas los residuos utilizables, pero notifica la continuidad de esta práctica realizada ahora por el "característico **atorrante** que vuelca en la vereda y selecciona en la vía pública los residuos". Como solución a este inconveniente, el documento propone un cambio sustancial de procedimiento: la cremación domiciliaria, para que los vecinos sólo saquen cenizas a la vereda.

> Se estima que, de este modo, "desaparecerá el **atorrante seleccionador**, el paseo de la basura por el municipio; el clásico cajón se convertirá en cenicero y el carro recolector perdería su carácter infecto y su aureola de moscas desaparecería".

Las usinas constituyeron sólo una solución temporal: por un lado, la incineración pobre y despareja producía un excesivo desprendimiento de humo y, por el otro, aún existían, debido a la incapacidad para la incineración total, por lo menos una decena de vaciaderos distribuidos por la ciudad (principalmente en los bañados del Bajo Flores, Nueva Pompeya y Villa Soldati, y en terrenos anegadizos de la costa del Río de la Plata), en los que se seguía practicando la quema a cielo abierto. En este contexto, en 1945, la intendencia nombra una nueva Comisión Especial para estudiar el problema de las basuras y, principalmente, para buscar soluciones a los viejos y nuevos inconvenientes.

Según las consideraciones de esta Comisión,[23] los problemas que el método de incineración había originalmente resuelto, pronto se transformaron en nuevos escollos, ya que:

> "Las usinas incineradoras actuales son potencialmente las mayores productoras de humo en el radio metropolitano y agravan fundamentalmente el conocido y peligroso problema del humo y del hollín en Buenos Aires".

Desde una perspectiva integral, también se menciona la continuidad de las contrariedades derivadas de la persistencia del viejo sistema de quema a cielo abierto ya que, paralelamente, el informe de la Comisión establecía:

> "Mientras no se ponga remedio eficaz a los actuales vaciaderos, impresionantes criaderos de moscas y ratas, no se puede hablar formalmente de una campaña contra esas plagas en la Ciudad de Buenos Aires. Agreguemos a esto la instalación, en la inmediación de los vaciaderos, de colonias de hombres, mujeres y niños habitando viviendas improvisadas, construidas de madera y latas

---

23. El Informe de esa Comisión aparece publicado como "El problema de la basura en la ciudad de Buenos Aires", en la *Revista de la Municipalidad de la Ciudad de Buenos Aires*, año IX, N° 87, 88, 89, enero, febrero y marzo de 1948.

y que fincan su industria en la selección de componentes comerciables de basura, constituyendo un atentado real a la higiene y un baldón de nuestra civilización al permitir y tolerar un medio de vida que va contra axiomáticos principios físicos, morales y materiales. Bastaría esto, para concluir que eliminar estas colonias obligándose la comunidad a salvaguardar sus integrantes brindándoles los medios materiales de que carecen esos seres para mantener el decoro que impone su condición de seres humanos".

En este documento, los integrantes de la *colonia* que se dedican a la recuperación de reciclables no se denominan *rebuscadores* ni *atorrantes*, sino *cirujas*. Y los actores que conforman el siguiente eslabón de la cadena hace tiempo dejaron de ser *empresarios de la basura* para pasar a llamarse *acopiadores / intermediarios que compran a precio vil*. Resulta muy ilustrativo un pasaje del informe que describe, entre otros aspectos, aquellos vinculados a la actividad que realizan estos sujetos:

"El interés de esos desechos, expresado por algunos particulares, reside en la existencia normal y constante de una serie de materiales susceptibles de nueva utilización industrial; v. gr.: los papeles después de lavados se emplean mezclados con ingredientes nuevos en la fabricación de cartones, los trozos de tela después de lavados se usan como trapos o bien para extraerles la celulosa para elaborar papeles; las substancias grasientas para quitarles la gordura que se empleará como lubricantes u otros productos no comestibles; el cuero y la madera para fabricar conglomerados diversos; los metales, como el aluminio, hierro, cobre, bronce, vuelven a ser fundidos o aleados, etc. De la presencia constante de estos materiales en los desechos nace una actividad universal, realizada entre nosotros por el «ciruja» (en Francia «chiffonier», en Inglaterra «ragpick», etcétera), que consiste en hurgar esos desechos contenidos en el tacho domiciliario de la basura o en los vaciaderos públicos, con el fin de extraer aquellas cosas que todavía alcanzan un cierto valor comercial. Esta extracción, seleccionada por constituyentes de un mismo tipo, va a parar a manos de acopiadores que los adquieren a vil precio y los revenden como intermediarios a los industriales".

Desde hacía algunos años, el propio Municipio había dedicado personal para la selección de los desechos reciclables en el interior de las propiedades donde se emplazaban las usinas. En este sentido, en el Boletín Municipal del 24 de abril de 1942, se incluye un Decreto que, en los "vistos", cita el Art. 45 del presupuesto entonces vigente, donde se autoriza al Departamento Ejecutivo a organizar y administrar un servicio relacionado con la selección y venta en remate público de los residuos provenientes de la recolección de las basuras de la ciudad. El mencionado Decreto propone contemplar:

"la situación de las numerosas personas que hoy se ocupan de seleccionar y vender residuos, comúnmente conocidas con la denominación de **cirujas**,[24] quienes tienen en tal actividad su medio común de vida y **podrían agravar el problema de la desocupación al quedar sin trabajo**" (mi destacado).

Así, el Art. 2 del decreto establece que se "proporcionará ocupación a los actuales seleccionadores de residuos –«cirujas»– **incorporándolos** como jornaleros encargados de tales tareas en las usinas" [se podrá notar también aquí la semejanza con el presente (con la Ley 992/03), tal como se expone más adelante]. El Art. 3 refiere:

"La Dirección de Limpieza dispondrá lo pertinente para evitar la selección de residuos en la vía pública y aplicará estrictamente las medidas adoptadas por la Intendencia en lo relativo a la supresión de los acompañantes y manipuleo de la basura en los vehículos recolectores, previniendo al personal acerca de su responsabilidad en caso de trasgresión a dichas órdenes".

Sin embargo, el informe de la Comisión citada precedentemente es crítico respecto de esta modalidad de "cirujeo" frente a la boca de los hornos, tanto porque "resulta mucho menos minucioso, pues sólo se recuperan los objetos y trozos de regular tamaño", como porque se lo realizaba de manera inconveniente:

"en forma agobiadora, sin comodidades, donde el obrero está agachado en posiciones forzadas, antinaturales, cuando no metido dentro de los desechos. A pesar de la intervención Municipal, la selección sigue manteniendo su carácter de operación sucia y denigrante".

El informe también señala una gran paradoja: una exitosa selección dificultaría la incineración del resto de las basuras ya que, según los estudios realizados, son precisamente los materiales seleccionados los que facilitan la combustión:

"La combustibilidad si no desaparece es apenas incipiente, quedando demostrado que una selección correcta dará un saldo de residuos muy difícil de eliminar por la cremación. Lo expuesto prueba de paso cuán irracional es el método adoptado hasta hace poco por la Municipalidad al efectuar una extracción de elementos combustibles (si bien no tan elevada) en los desechos antes de introducirlos al horno".

24. Este documento es la fuente oficial más antigua de las que pude encontrar que incorpora la denominación *cirujas*.

Después de efectuar un pormenorizado análisis de la complejidad que implicaría la introducción de mejoras en la selección de los residuos y en el proceso de eliminación del resto a través de su fermentación (ya que "una vez hecha la selección los desperdicios inútiles no podrían ser racionalmente quemados sino fermentados, lo que aumenta el costo y produce un déficit final"), este procedimiento fue descartado por insalubre, denigrante y antieconómico.[25]

De todos modos, después de haber argumentado contra la recuperación de los reciclables por su utilidad combustible y su escasa rentabilidad, finalmente el informe de la Comisión se muestra contrario al proceso de selección por **razones puramente médico-sanitarias y médico-sociales.** En este sentido, los expertos consideran que se trata de "un trabajo antihigiénico y psicológicamente depresivo por su naturaleza sucia", y recomienda seguir empleando el procedimiento de icineración, aunque mejorando técnicamente la emisión de vapores y gases:

"En Buenos Aires, los hornos de incineración tienen muchos años de funcionamiento y, por lo tanto, existe una regular y nada despreciable experiencia sobre el valor práctico del sistema. Las críticas y las quejas giran alrededor de un solo motivo: desde las usinas se está impurificando el aire de la ciudad, motivo justo pero técnicamente soluble...".

De este modo, las grandes usinas y los incineradores domiciliarios –que desde principios del siglo XX acompañaron el crecimiento de la ciudad y que en 1974 alcanzaron una cantidad entre dieciséis mil cuatrocientos y diecisiete mil–[26] continuaron siendo el sistema oficialmente declarado de tratar a los residuos. No obstante, nunca lograron reemplazar completamente la disposición de las basuras en La Quema (mecanismo usual en los municipios del conurbano), donde siguió existiendo la práctica de la recuperación. Esta situación queda perfectamente ilustrada en una cró-

---

25. En el capítulo VIII –"Análisis económico de los distintos métodos de eliminación"– el informe expone los resultados de un ensayo realizado para conocer el costo del procedimiento de selección. Se llevaron carros vigilados a una usina (es decir, sin que pudieran ser objeto de una previa selección) y cinco peones ejecutaron la tarea correspondiente. Para el análisis de los costos, se consideró el sueldo hora por peón, "los valores medios obtenidos de las licitaciones que realizó la Municipalidad sobre los productos vendibles de la selección y los porcentajes de material vendible obtenido de lo que habían transportado los carros". Finalmente, concluye que "queda así demostrado que la recuperación en los desechos de materiales comerciales ocasiona un fuerte déficit".

26. De acuerdo con un estudio de los ingenieros Coronado y Della Palma (citado por Prignano, 1998: 311)

nica periodística titulada "El sórdido comercio de los basurales deprime la zona de Villa Soldati", aparecida en diario *La Nación* el 25 de septiembre de 1957. En el comienzo, el artículo registra todos los terrenos desde el Hipódromo hasta el Tiro Federal ganados al Río de la Plata con rellenos de basuras. Esa tarea se cumplía desde hacía más de cuarenta años en la zona sur de la ciudad, y había dado origen a La Quema.

"Insuficientes los hornos de incineración de Chacarita, Pompeya y Flores, se fueron volcando los residuos de toda la ciudad en terrenos próximos al cementerio de Flores, donde empezó a instalarse la industria del «ciruja». Trátase de hombres, mujeres y niños que expurgan los residuos de la gran ciudad y separan los trapos, vidrios, restos o rezagos de plomo, de bronce, huesos, cartones, papel, latas, etc., para venderlos a las fábricas de papel, vidrio y otras, que reconstruyen o aprovechan esos materiales. Las épocas de guerra, que nos aislan de los proveedores de papel, hojalata y demás, elevan los precios de los «rezagos» y, por otra parte, las crisis subsiguientes a esas grandes guerras –y ya hemos tenido dos en los cuarenta años de vida que tiene la Quema del Sur y la escasez de trabajo – especialmente en la primera posguerra– han dado inusitado impulso a esa anormal actividad, creando un agudo problema social. Existe una Cámara de Rezagos con los decanos y capitalistas de esa actividad, y de ellos desciende una complicada red de empresarios y subempresarios, capataces de primera y de segunda, hasta los ínfimos agentes que se revuelcan en las «ollas» entre nubes de mosquitos y malolientes emanaciones, requisando la basura y estableciendo sobre ella misma los montones de trapo «limpio», de segunda, tercera, y subcategorías inferiores... Pero ¿cómo funcionan los basurales?, ¿de quién son? En teoría, se trata de recintos delimitados por la Municipalidad, en los que la Dirección de Limpieza crea zonas a cargo de sus capataces y empleados. Con ellos tratan los 'cirujas' de las distintas categorías su comercio...".

Recién durante la segunda mitad de la década del setenta se produjo el último gran cambio del sistema de gestión de los residuos. La breve historia de vida de Pedro, recogida en el marco del trabajo de campo y expuesta a continuación, actúa como una múltiple bisagra analítica. Además de permitirnos conocer más detalladamente el sistema de actividad característico de los últimos años de La Quema y adelantarnos algunas de las particularidades del ejercicio de la tarea en la actualidad, resulta un valioso testimonio de la incidencia, a nivel individual, de los cambios ocurridos a escala macro, cuando el mecanismo de gestión que consistía en la incineración de las basuras fue reemplazado oficialmente por el de su entierro en los rellenos sanitarios. Por otra parte, su experiencia inspirará la alternativa ocupacional que, en los noventa, encontrará Pepe Córdoba, su yerno y protagonista principal de la organización cooperativa que se describe en la última parte de este trabajo.

La historia de Pedro

Pedro (1940) nació en la ciudad de Santiago del Estero.[27] Es analfabeto y desde 1999 se reconoce como ex alcohólico. Su papá trabajaba como albañil en los meses de verano, y en los de invierno migraba con la zafra de la caña[28] a Tucumán y a Jujuy.[29] Pedro lo acompañaba desde muy pequeño, y recuerda que se trataba de un trabajo bien pago pero muy pesado. Su mamá no trabajaba hasta que enviudó, cuando él era adolescente, y a partir de entonces vendió achuras y verduras en el centro de la ciudad de Santiago; más tarde se trasladó a Buenos Aires, donde vivía su hermano.

Poco tiempo después, Pedro también siguió la ruta de su madre. Lo alojaron unos familiares del lado paterno que se habían instalado desde hacía algunos años en una villa[30] de Wilde[31] y lo incorporaron a trabajar con ellos para un contratista italiano que asfaltaba calles. Al cabo de unos meses, Pedro se mudó a la Capital Federal, donde su hermano mayor rentaba una habitación en la esquina de Avenida La Plata y Suvíría, y un primo le consiguió empleo como peón de albañil en la construcción de un edificio a pocas cuadras de allí.

Aunque volvió a Santiago del Estero porque lo citaron para el Servicio Militar Obligatorio, fue exceptuado por numeración baja. En Santiago vendió achuras (como su mamá) y peló cañas en Tucumán (como su papá). Al año regresó a Buenos Aires, pero esta vez trajo a su novia. Primero vivieron con un tío materno en la Villa Piolín, y luego compraron una vivienda en la Villa Las Comadres, siempre en la zona sur de Capital, cerca de La Quema.

> *"Cuando llegué, mi tío me llevó por primera vez a La Quema y después ya me metí solo, ya me daba cuenta cómo se trabajaba. De donde estábamos me quedaba cerca. Nosotros entrábamos a las siete de la mañana, porque a las ocho comenzaban a entrar los camiones. Nos quedábamos hasta las once o doce, y el que se quería quedar más se quedaba. Después ya me iba a las cuatro de la mañana a recoger lo que tiraban a la noche. El rastrillo lo dejaba en un depósito que había por ahí cerca. Había cualquier cantidad de de-*

---

27. Capital de la provincia del mismo nombre, en Argentina.
28. Se refiere a la recolección de la caña de azúcar.
29. Otras provincias de la Argentina.
30. Asentamiento de viviendas muy precarias.
31. Ciudad en el Gran Buenos Aires.

*pósitos en la zona. Yo me cambiaba en lo de Santiago Robles, que solía com-
prar el cartón. Compraba el "tacho", que ahora le dicen la "segunda", que es
el cartón todo mojado. Nosotros éramos yo, mi vieja y mi padrastro. Hacíamos
como cincuenta lienzos de las ocho hasta las once. Ellos, los del depósito, nos
daban los lienzos. Casi todos los lienzos pesaban cincuenta kilos. Venían muchos camiones de basura sólo con papel. Poníamos los lienzos y con el rastrillo
le echábamos el papel. Un poco de agua también le echábamos, para que pe-
sara más. A las once ya venía el camión del depósito. Cargábamos y llevábamos al depósito a pesar, y ahí nomás te pagaban. Si vos querías venías por la
tarde otra vez a juntar. Yo las veces que venía a la tarde juntaba trapo. Cargaba cincuenta kilos al hombro hasta el depósito. Juntaba el trapo porque lo
podía traer caminando hasta el depósito, porque a los camiones el depósito los
tenía ocupados a la tarde. El depósito estaba sobre Roca y Lafuente.*

*Los primeros días si no estabas acostumbrado, te ponían un pañuelo en
la boca por el olor. Después ya andabas comiendo ahí nomás, ahí mismo vendían choripán. Sabíamos cocinar ahí en La Quema. Era lindo y te dejaba plata. Me gustó La Quema, me gustó por todo lo que juntaba: cartón, vidrio, botellas, hueso, revistas, plástico. A veces yo juntaba dos o tres días el cartón, y
después dejaba eso y juntaba el plástico, las botellas de Ayudín. Usaba un rastrillo cuando juntaba.*

*Mi primo, que trabaja en la construcción como albañil, ganaba por se-
mana lo mismo que yo con medio día en La Quema. Los parientes míos que
trabajaban en La Quema cada uno tiene su coche, todo de La Quema. Aho-
rraban plata. Yo no, yo para fumar, tomar y salir con los amigos.*

*Le pagábamos cinco pesos al Jefe de La Quema para poder trabajar en
la descarga, para que te lo tiren a un lado y ahí vos lo clasificás. Una vez que
pagabas ya nadie te tocaba, porque era tuyo. Si no le pagábamos, pasaba la to-
padora y llevaba toda la basura para el fondo, a la ciénaga. Había algunos que
caían en la ciénaga y no aparecían más. Era como un lago donde tiraban basura, y el que no conocía bien creía que era firme y a veces se hundía.*[32]

*Había mucha cantidad de gente. Había razzias porque había gente
que robaba y se metían ahí a esconderse. Cuando entraba la montada venían
los dueños de los depósitos y hablaban con ellos. Y los de la montada*[33] *le decían «señalame cuáles son los tuyos y que no me vengan con el billete en la mano, directamente a la bota». Nosotros ya veníamos con los cinco pesos de ese
tiempo que nos daba el dueño del depósito. Pero cuando había razzias ya no
se podía arreglar. El que tenía antecedentes, adentro. No me vas a creer, pero
tanta razzia que había y nunca caí en cana.*

*Los vecinos se quejaban mucho. Los camiones más chicos traían a tirar
las cenizas de lo que se quemaba en las usinas. Los camiones tiraban la basu-*

32. Una escena semejante se recrea en *El basural* de Carlos Gorostiza (1988).
33. La montada, denominación apocopada popular del Cuerpo de Policía Montada.

ra arriba y ahí se prendía. Se hacía una humareda que no se veía nada. Y en el verano, ¡las moscas que había!

El terreno de La Quema era grandísimo. Nosotros éramos más o menos treinta. Los depósitos nos daban la plata para que pudiéramos laburar. Casi todos los depósitos esos ya cerraron. Estaban cerca de La Quema, en Roca y Castañón. Usábamos rastrillos con tres dientes largos. El papel y el diario en un lado, el cartón en otro, el vidrio lo poníamos en un tacho y después poníamos en bolsa, el hueso también poníamos en bolsa. Al hueso lo llevaba el camión en bolsas a fábricas, no sé para que será, decían que llevaban para Tucumán, para refinar azúcar. Lo que más valía era el cartón.

No se salía a juntar a la calle como ahora. Se iba a La Quema, ahí iban todos los camiones a hacer cola. Cuando cerraron La Quema íbamos igual a juntar vidrio y metal. A lo último ya no quedaba nada, empezaron a venir los camiones con tierra a tapar. Ahí empecé a trabajar en la construcción, pero no me gustaba. Después de veintitrés años o más, ya estaba acostumbrado a trabajar en La Quema".

Poco tiempo después de que La Quema fuera clausurada, la villa donde Pedro vivía con su mujer y sus cinco hijos fue congelada, desalentada y erradicada, de acuerdo a las etapas de instrumentación de erradicación de las villas capitalinas ejecutada por la Comisión Municipal de la Vivienda durante el gobierno de facto de la última dictadura militar, que había llegado al poder mediante el Golpe de Estado del 24 de marzo de 1976. La acción erradicadora comenzó a principios de 1978 y afectó al menos a unas ciento cuarenta mil personas. La gran mayoría de las familias erradicadas fueron arrojadas a cualquier lugar del Gran Buenos Aires (Hermitte y Boivin, 1985).

"Nos daban plata para voltearte el rancho y nos sacaban. Me avisó mi prima que acá en Lomas[34] había un terreno en una villa y vine para acá, porque no tenía dónde ir. Empecé a trabajar como pintor en Villa Martelli pero no me gustó, porque había que ir muy temprano y no se ganaba bien. Más gastaba en el vino, cigarrillo y viaje. Un tiempo iba a una quema que le decían el Monte de los Curas y era donde tiraban la basura de Lomas. Me iba los días lunes a la mañana con el pibe mío; yo tenía un ranchito allá, trabajábamos toda la semana y los sábados al mediodía volvíamos para la casa. Le dejé el rancho a un muchacho para que me lo cuide, pero lo vendió y se mandó a mudar. Después de eso no fui más. Me hice un carrito con una heladera chiquita y con ruedas de bicicletas. Salía con el pibe mío por cerca de casa, hasta cinco o seis cuadras. Yo por un lado y el pibe por otro, cada uno con un carro. A las ocho

---

34. Se refiere a la localidad de Lomas de Zamora, en el Gran Buenos Aires.

de la mañana ya estábamos en el depósito que quedaba sobre la calle Roma. Entregábamos y volvíamos a salir hasta las diez. Con el carrito a mano estuve como un año. Yo juntaba lo que estaba en la vereda, me iba temprano antes de que pasara el camión. Había un depósito y nosotros trabajábamos y sabíamos entregar ahí. Y después el dueño del depósito me prestó un carro a caballo y ya trabajaba para él. Ellos me dieron caballo y carro para que yo los tenga en mi casa, para ir temprano al depósito, porque sino se me pasaba la mañana. Esto fue a principios de los noventa. Después ya me compré una yegüita, mi hermano me hizo un carro, después me compré otro caballo.

Los días de lluvia no salgo porque no hay nada. Los domingos salgo a la mañana y a la tarde, se encuentran cosas porque limpian las casas. Con el carro me iba a Temperley, a Lomas, a Avellaneda.[35] Yo junto lo que hay en la calle, y lo que me daban los almacenes y supermercados. Le retiraba a La Genovesa y a Los Muchachos (dos supermercados). A las seis de la mañana tenía que estar en La Genovesa porque sacan el cartón. Después, a la tarde, a las cuatro de la tarde iba al otro supermercado para sacar también el cartón.

A veces salía con mi nieto. Tengo tres nietos a los que crié en mi casa, uno tiene trece, otro doce, otro ocho. Son hijos de mi hijo. A la mañana iba con el menor y a la tarde con el más grande. A veces querían salir solos, pero yo no los dejaba, porque antes la policía te quitaba mucho los carros cuando veían criaturas. Y si me sacaban el carro y el caballo me dejaban desnudo. Pero también había mucha gente que me conoce, y que por los chicos me da ropa, zapatos.

Los depósitos siempre algo tienen que descontar. Allá donde yo vendía, cien kilos de cartón no me los pagaron, el tipo se olvidó de anotarlos y cien kilos a siete centavos de entonces eran siete pesos. Para hacer los cien kilos tenía que andar un día entero o dos días. Y ahora que no hay nada más de cartón en la calle mucho más.

Yo entregaba más o menos cuando ya no tenía lugar en la casa. Dos días máximo juntaba, después vendía, después volvía a juntar otra vez. Lo que no lo vendía por día, lo vendía por semana. No hay un día fijo, se vende los días que se necesita algo de plata para mantener la casa.

El papel es lo que se junta más rápido, pero si no hay lugar en la casa, llueve y se moja todo. Primero me lo venían a buscar, pero para que venga el camión tenían que ser más de mil kilos. Con el carro podés levantar las cocinas, heladeras y termotanques que te dan. Yo los vendo a diez pesos o quince pesos. No arreglo nada, así como vienen. Todo vendo ahí en mi casa, también la pilcha usada. Una bolsa de ropa por diez pesos, pantalón, camisa, remera, campera, de todo. De hambre no me voy a morir.

Ahora mis nietos van a seguir trabajando de cirujas, al mayor no le gusta, tiene trece años, no quiere salir, me hace renegar, pero igual lo hago subir al carro. El padre no lo puede tener, mi hijo no trabaja, tiene diez hijos y la mujer está otra vez embarazada.

35. Localidad en el Gran Buenos Aires.

Hasta ahora yo tuve cinco hijos: cuatro mujeres y un varón. Yo los crié trabajando en La Quema. Mi nieto ahora trabaja en un carro a caballo. Hasta hace poco yo salía con él. Ahora él más que nada hace "viajes", levanta escombros o basura, le dan propina y con eso se salva. Cosas que no se lleva el basurero las aprovecha él. Así se hace como diez pesos por día y eso es para él. El cartón que junta lo trae a casa, y yo lo vendo cuando hace falta para comprar la avena. Yo me encargo de eso.

Por suerte ahora los precios mejoraron. Pero ayer no se pagaba nada. Por cada kilo, moneditas. Antes el trapo bueno estaba un peso el kilo. Y no sea cosa que te afanen cuando venga a pesar.

En mi casa vivimos con mi señora, mi hija, la menor, que tiene veinticuatro años y mi nieta, que tiene veintiséis. Yo a mi nieta la crié desde que tenía un mes. Los otros nietos también vienen todos los días, pero los que estamos somos los cuatro. A las chicas les compré un carro y una yegüita chica. Salen con un sobrino mío. A las ocho ya tienen que retirar de un supermercado que yo les dejé. Traen para la casa. Cuando juntamos como para setenta u ochenta pesos, traigo para vender al depósito.

Antes sí se hacía la guita con la ciruja, ahora tenés que estar una semana. No hay nada en la calle. Hay coches, camión, camioneta, bicicletas, triciclos, de a pie, con bolsas, de todo. Antes salía con el carro y juntaba hasta quince bolsas de botellas. Ahora si salgo, si junto diez o quince botellas es mucho".

CAPÍTULO 3

ENTERRAR INDISCRIMINADAMENTE (1977- ...). LA ¿INTEGRACIÓN? DE LOS RECUPERADORES URBANOS

Rellenos sanitarios y represión "humanitaria" del cirujeo

El gobierno de la dictadura militar, que ejerció el poder entre los años 1976-1983, llevó a cabo un conjunto de intervenciones que tuvieron importantes consecuencias sobre la distribución espacial y las condiciones de vida de los sectores populares del área metropolitana bonaerense. Entre ellas, cabe mencionar las orientadas a transformar el mercado de la vivienda urbana, a erradicar las villas de emergencia y a relocalizar al sector industrial. Asimismo,

> "mediante el relleno sanitario de terrenos bajos, el entubamiento de arroyos, la construcción de parques recreacionales y otras obras conexas, se intentaba rodear a la Capital Federal de un gigantesco anillo de espacios verdes que, presuntamente, mejorarían en forma considerable sus condiciones ecológicas y sus opciones recreativas" (Oszlak, 1991: 21).

De este modo, el método de relleno sanitario fue oficialmente adoptado para reemplazar a las usinas e incineradores domiciliarios, y resolver el problema de la eliminación y disposición final de la basura.

El 6 de mayo de 1977, los gobiernos de la provincia de Buenos Aires y de la Capital Federal firmaron un convenio inspirado en un plan integral de política urbana conocido como el *Cinturón Ecológico*, que había sido concebido algunos años atrás por quien en ese entonces se desempeñaba como Secretario de Obras Públicas de la Municipalidad de Buenos Aires.[36] El principal objetivo de ese plan era crear espacios verdes que permitieran oxigenar un medio ambiente percibido como sensiblemente deteriorado a causa del crecimiento de las ciudades y del acelerado proceso de urbanización. Aunque también cumplirá otras funciones:

> "el Cinturón Ecológico servirá para disponer de la basura producida en toda el área metropolitana, mediante la aplicación de un procedimiento de difundido uso internacional, probada eficacia, gran economía y óptimas condiciones sanitarias. Hasta ahora, la basura de Buenos Aires ha sido dispuesta mediante la incineración (sea domiciliaria o en las usinas municipales) o bien mediante simple vaciado en basurales a cielo abierto. El primero de dichos procedimientos tiene serios inconvenientes: quemar residuos y especialmente quemarlos dentro del área urbana, significa agregar otro factor de contaminación del ambiente... En cuanto al vaciado a cielo abierto son gravísimos los inconvenientes sanitarios que trae aparejado: proliferación de moscas y roedores, olores nauseabundos y **cirujeo manual de la basura a cargo, muchas veces, de niños y mujeres expuestos a obvios peligros para su salud física y moral**... El Cinturón Ecológico cumplirá la función de digerir la basura urbana, transformándola en material de relleno de terrenos bajos e inundables. La basura de este modo servirá de nutriente a millones de plantas productoras de oxígeno" (Laura, 1978: 20 y 22, mi destacado).

Este ambicioso plan preveía, además, otros aspectos no menos importantes, como "la construcción rápida de autopistas urbanas y suburbanas que aseguren una circulación rápida, segura y económica del automotor dentro del área" (Laura, 1978: 26), y el desarrollo de parques recreativos para la práctica deportiva y el ocio sobre los mismos terrenos rellenados con basura, una vez que tal actividad hubiera concluido.

Para poder ser llevada a cabo, la propuesta expresaba la necesidad de contar con una decidida intervención del gobierno nacional, justificada tanto por la cantidad de municipios involucrados –más de veinte, lo que tornaba muy difícil una coordinación descentralizada– como por el

---

36. El abogado Guillermo Domingo Laura es el autor del plan "El Cinturón Ecológico" por el que obtuvo en 1975 el premio "Ingeniero Luis A. Huergo". El texto fue publicado en enero de 1978 por Ediciones CEAMSE (Cinturón Ecológico Área Metropolitana Sociedad del Estado).

hecho de que su ejecución implicaba la expropiación de tierras ubicadas en algunos de ellos (menos en la Capital Federal) para usufructo del conjunto. La consecuente exportación de los residuos capitalinos al ámbito provincial, que coronaba la prohibición de incinerar los residuos domésticos adoptada meses atrás, era una medida funcional al intento por convertir a Buenos Aires en una ciudad exclusiva y residencial.

Laura no desconocía en ese entonces la posibilidad de industrializar la basura mediante su reciclaje, pero consideraba mejor posponer este sistema hasta que el de los rellenos sanitarios hubiera cumplido su ciclo. La razón que argumenta para justificar este aplazo es puramente económica y se relaciona con el hecho de que el reciclaje requiere, desde su perspectiva, costosas instalaciones de avanzada tecnología para asegurar "un ambiente salubre de trabajo, descartando en forma absoluta el cirujeo manual" (Laura, 1978: 77). "Extraña sin embargo que no se hubiera mostrado igualmente preocupado por los elevadísimos costos (en todo sentido) que ocasionaría la implementación de su propuesta". Además, sorprende la capacidad de ejercer presión que el autor atribuye a quienes, en ese momento, participaban de ese sistema de recuperación informal: en las conclusiones de su trabajo sostiene que, a pesar de todos los beneficios que derrocha su propuesta, la *única* causa que puede oponérsele radica en la presión que ejercen quienes obtuvieron la concesión de la recuperación en los basurales a cielo abierto, que explotan a los cirujas y trafican con la basura a costa de los intereses de la comunidad. Estos agentes ya no son considerados *empresarios de la basura* como un siglo atrás, ni como *acopiadores / intermediaros que pagan un precio vil* como hasta hace pocas décadas. Laura los identifica como un "**reducido núcleo de traficantes de basura**".

Por lo ilustrativo que resulta su descripción de ese circuito, se cita a continuación el párrafo correspondiente:

"Existe un único obstáculo que puede oponerse: los formidables intereses que rodean a los que lucran con el negocio de la basura. Los vaciaderos a cielo abierto constituyen un viejo problema sanitario aún no resuelto, probablemente por la influencia de los intereses espurios que mueven quienes especulan con la explotación del cirujeo. Los cirujas trabajan bajo dependencia de los concesionarios (que han obtenido el contrato para la recuperación de los elementos de la basura) percibiendo un mísero pago por las tareas que realizan. Los concesionarios, por su parte, obtienen cifras millonarias con la venta de estos productos. Podemos afirmar que los intereses que se mueven en relación con la basura son fabulosos. Posiblemente sea ésta la causa por la cual todavía no ha sido posible desterrar esta práctica que atenta contra la salud pública. El estado tiene una enorme responsabilidad en el tema, porque es quien crea las condiciones para que se genere este submundo a través de los vaciaderos a cielo abierto. Todos los días se arrojan dos mil setecientas cuarenta y siete toneladas de basura al aire libre que contienen valiosos elementos: papel, metales, plásticos, etc. Ello representa una cantidad anual de un millón de toneladas. ¿Cómo no se va a producir cirujeo con esa inmensa riqueza arrojada a cielo abierto, con mas de doscientas mil toneladas de celulosa, hierro, bronce, plásticos, que se venden a un promedio de cinco pesos el kilo? Representan una vez clasificada y limpia más de un millón de dólares por año. Están, pues, en juego los intereses de un reducido núcleo de traficantes de basura, contra los intereses de la comunidad. Esperemos que sean estos los que prevalezcan en definitiva" (Laura, 1978: 82 y 83).

Como parte de los acuerdos logrados entre la provincia y la Capital Federal para poner en marcha el plan de Laura, se creó, a través de la Ordenanza 33691 del 8 de agosto de 1977, la empresa estatal interjurisdiccional Cinturón Ecológico Área Metropolitana Sociedad del Estado (CEAMSE), con aporte de capital en partes iguales entre la ciudad y la provincia. Como se mencionó anteriormente, los municipios que pertenecían a la última proveerían los terrenos necesarios para la inhumación de los residuos.[37] Asimismo, en abierta oposición a los criterios que propugnaban como ejes del cuidado ambiental minimizar o reducir la generación de residuos, o bien reusarlos y reciclarlos hasta donde resulte posible, se estableció que los recursos de CEAMSE provendrían básicamente de tarifas cobradas a los municipios **por tonelada** de basura recibida en las estaciones de transferencia,[38] sitios donde debía utilizarse el método de compactación sin admitir como alternativa ningún sistema de reciclaje o recuperación de residuos, ya que ello comportaría una disminución en el tonelaje y un consecuente perjuicio económico para CEAMSE.[39]

37. El ámbito geográfico de actuación del CEAMSE quedó comprendido por los partidos de San Isidro, Vicente López, San Fernando, Tigre, Gral. San Martín, Gral. Sarmiento, Tres de Febrero, Morón, Merlo, Quilmes, Moreno, La Matanza, Alte. Brown, Esteban Etcheverría, Lomas de Zamora, Lanús, Florencio Varela, Berazategui, Ensenada, La Plata, Berisso. Los municipios de la provincia que no estuvieran obligados a disponer los residuos por intermedio del CEAMSE debían aplicar, de todos modos, el sistema de los rellenos sanitarios para su disposición.

38. En la Ciudad de Buenos Aires existen tres estaciones de transferencia ubicadas en los barrios de Colegiales, Pompeya y Flores. Las tres son operadas por SYUSA (Saneamiento y Urbanización S.A.).

39. Un documento destaca que en los pliegos de licitación del servicio de recolección y transporte que se concesionarían en la Ciudad durante los ochenta, se preveía el secado de los residuos antes de su pesaje para la facturación para extraer su contenido de agua, cal-

En la provincia, este sistema de gestión de residuos fue reglamentado mediante la Ley 9111, sancionada el 17 de julio de 1978. Allí se estableció que los municipios involucrados en el área metropolitana –que sólo tienen una representación en el gobierno del CEAMSE por medio del representante provincial– debían efectuar la disposición de sus residuos exclusivamente por el sistema de relleno sanitario, vedando la posibilidad de su reciclaje. Los fundamentos de esta ley establecen lo que, con su sanción, el gobierno persigue:

> "el saneamiento de los basurales existentes en los Partidos involucrados, previéndose también la represión de la recuperación manual de la basura y el denominado cirujeo" (muy de acuerdo con los procedimientos generales de la época).[40]

Por su parte, en la Ciudad de Buenos Aires se adoptaron medidas semejantes: se prohibieron los basurales a cielo abierto y los incineradores domiciliarios, y se clausuraron definitivamente las usinas. Paralelamente, se prohibió la selección, remoción, recolección, adquisición, venta, transporte, almacenaje, o manipuleo de toda clase de residuos domiciliarios que se encontrasen en la vía pública para su retiro por parte del servicio de recolección (Ordenanzas N° 15433 y N° 33581). Asimismo, a través de la Ordenanza 35135 del 16 de agosto de 1979, se encomendó al CEAMSE la prestación, por sí o por terceros, del servicio de recolección de residuos y limpieza de las calles de ciertas zonas de la ciudad. De esta manera, el sector privado se incorporó al sistema a partir de la tercerización del servicio de recolección y limpieza.

Efectivamente, aunque los fondos de esta empresa estatal también serían originados por el transporte y disposición final de las basuras en

---

culado en un 40% del peso total. "A tal efecto, se dispuso la construcción de una usina en el barrio de Floresta que debía integrarse al sistema. Esta usina no fue habilitada debido a que la Justicia dio curso a un recurso de amparo por los posibles efectos nocivos sobre la salud humana, provocados por contaminación ambiental. Este importante eslabón del circuito no fue reemplazado, por lo que la facturación de los residuos ha contenido el mencionado porcentaje de agua desde 1980 a la fecha" (GCABA, CEDEM, 2001).
40. A pesar de estas prohibiciones, como antes con las usinas, siguieron existiendo basurales alternativos a los rellenos sanitarios oficiales, tanto en el conurbano como en la Ciudad de Buenos Aires. En alguna medida, el desvío de los residuos a estos sitios resultó "económicamente funcional" a los propios municipios que evitan pagar por enterrarlos donde el CEAMSE establece. Relevamientos del propio CEAMSE identificaban más de 100 basurales clandestinos en 1995, con una superficie total de hasta 500 hectáreas (en Sabaté, 1999. Ver también Clarín, 12/10/2000).

los rellenos sanitarios, la contribución a obras de infraestructura, la explotación de los parques recreativos y la venta, locación o usufructo de los bienes de su propiedad, las funciones del CEAMSE se limitaron, en los hechos, a la planificación y contratación de los servicios:

> "Las tareas concretas de relleno sanitario y construcción de infraestructura [y también las de inspección y control] eran asignadas directamente, sin licitación de por medio, a contratistas privados. El mantenimiento estricto de un rol subsidiario en la faz operativa constituyó uno de los rasgos salientes de esta empresa" (Oszlak, 1991: 244).

La ejecución del mencionado rol permitió al CEAMSE nutrirse de una variada clientela conformada por las empresas contratistas y de un importante flujo de recursos proveniente de los municipios, obligados a entregarle sus residuos para la disposición en los rellenos de acuerdo con tarifas fijadas unilateralmente.

Los grandes montos de dinero que los municipios debieron pagar para implementar el nuevo sistema de gestión de residuos[41] sedujeron a importantes grupos económicos de capital local, como Macri, Roggio, IMPSA-Pescarmona y Techint, que crearon empresas recolectoras de residuos o de provisión de ingeniería en el manejo de rellenos sanitarios, mientras que estos servicios municipales se privatizaban.

A partir de 1980, en las zonas concesionadas de la Ciudad de Buenos Aires, estas tareas fueron realizadas exclusivamente por MANLIBA S.A.,[42] mientras que, en el resto del territorio, la recolección continuó a cargo la Dirección General de Higiene Urbana (DGHU) del Gobierno de la Ciudad de Buenos Aires. En 1987 se incorporó a CLIBA S.A. (Consorcio Roggio-Ormas), que operó en parte del territorio que tenía a su cargo la DGHU.

La nueva concesión se licitó recién en 1997, y la adjudicación del servicio a las empresas ganadoras[43] se realizó el primer día del año siguiente. La ciudad se dividió en cinco zonas: cuatro operadas por una

---

41. Para la mayoría de los municipios, los contratos de recolección y transporte de residuos constituyen la mayor erogación presupuestaria, a la que hay que sumar los gastos por la disposición final en los rellenos sanitarios que cobra el CEAMSE.

42. Una sociedad integrada por Italimpianti (Italia), Waste Management (Estados Unidos), SOCMA (Sociedad Macri), GRUMASA (Grupo Macri S.A. y acciones de Francisco Macri).

43. CLIBA, SOLURBAN (IMPSA-Bomarga-Compagnie Genérale des Eaux de Francia), AEBA (Fomento de Construcciones y Contratos-Dycasa-Huayquy de España) y ECO-HABITAT (Transportes 9 de Julio-EMEPA). En relación con la concesión anterior, se incorporaron tres nuevas empresas y se excluyó a MANLIBA.

concesión distinta y la restante a cargo del entonces recientemente creado Ente de Higiene Urbana (Ley 462), que haría las veces de testigo. Es interesante destacar lo que este pliego dispone, en su Art. 80, y respecto del gobierno de la Ciudad

> "requerirá a los adjudicatarios la incorporación de técnicas para la recolección de los residuos domiciliarios diferenciados por categoría o destino (vidrio, metales, etc.) **hasta** un 10% del total en peso a partir del segundo año de operación" (mi destacado).

Si bien esta medida avanzaba con un programa de reciclado, al mismo tiempo le establecía un límite ("hasta el 10%"). De todos modos, nunca se efectivizó.

La integración de los recuperadores urbanos a la gestión

El domingo 1 de julio de 2001, el diario *La Nación* publicó una crónica en la que Francisco Suárez, de la Universidad Nacional de General Sarmiento (UNGS), señalaba la existencia de **cien mil cirujas en el área metropolitana**. Como se comprobará más adelante, esta estimación tuvo una gran trascendencia, porque le otorgó crédito, legitimidad y una dimensión alarmante a una actividad que, a pesar de su larga historia, recién comenzaba a ser socialmente visible. Además de la credibilidad que le otorgaba ser resultado de una investigación académica, la aparición concreta de ese número (la misma nota se encarga de señalar que no había cifras oficiales) confirmaba las percepciones sobre el incremento de la actividad que ya se había observado en las calles y justificaba la necesidad de una intervención pública inmediata.

Impresionado por la cifra, y conociendo que en la Ciudad de Buenos Aires se aproximaba una nueva licitación del servicio de recolección, barrido y limpieza, Eduardo Félix Valdés –entonces Diputado de la Ciudad y Presidente del Bloque Frente Justicialista– publicó unos días después en el mismo diario una carta de lectores titulada: "El Cirujeo". En ella se manifiesta predispuesto a contemplar a los cirujas como actores fundamentales en una gestión integral de los residuos domiciliarios:

> "Este año, en la ciudad de Buenos Aires, vencen las concesiones a la recolección de residuos domiciliarios, barrido y limpieza, y tendremos la oportunidad –entonces– de optimizar el manejo racional de la basura, contemplando a estos nuevos recicladores, los llamados 'cirujas', como actores fundamenta-

les de una gestión integral de los residuos domiciliarios. Está demostrado que la inserción de este sector dentro del circuito del tratamiento de la basura incide en la participación de la comunidad en el reciclaje y la eliminación de los residuos. Es urgente definir políticas para este tema (reducción en la generación de residuos y transformación como nuevo insumo) contemplando el desarrollo sustentable, la viabilidad económica y el equilibrio ecológico, pero siempre teniendo en cuenta que la política que se diseñe e implemente deberá concebirse anteponiendo el desarrollo humano como prioridad" (*La Nación*, Carta de lectores, 12 de julio de 2001).

Como consecuencia de esta preocupación, organizó en la Legislatura de la Ciudad de Buenos Aires una serie de debates públicos para que los propios recolectores pudieran exhibir su perspectiva y, de este modo, influir sobre el diseño de la política de gestión de residuos, precisamente en el momento en que la concesión de este servicio estaba llegando a su fin. También fueron invitados funcionarios con ingerencia en la problemática, representantes de las empresas prestatarias del servicio, investigadores y periodistas.

El primer debate se llevó a cabo el 17 de octubre de ese mismo año, y el segundo, el 22 de abril del año siguiente, ambos bajo el lema: "El trabajo no es basura". Durante el segundo semestre de 2001 se realizaron otros eventos específicamente dedicados a la problemática: el Banco Mundial y la Fundación Conciencia convocó a uno los días 19 y 20 de septiembre de 2001 en Saldán (Provincia de Córdoba), mientras que, en la Ciudad de Buenos, la Fundación Ciudad organizó, en noviembre de 2001, la "I Jornada de Debate Público sobre Reciclaje", y la Comisión Nacional para la Erradicación de Trabajo Infantil (CONAETI) del Ministerio de Trabajo y Seguridad Social coordinó el evento "Reciclando valores", que se desarrolló en una sede de la Facultad de Ciencias Sociales de la UBA, los días 27 y 28 de noviembre de 2001. Al año siguiente, además de volver a organizarse una jornada promovida por Valdés en la Legislatura de la Ciudad, también se realizó el "Encuentro abierto sobre cartoneros y gestión de residuos domiciliarios", el 16 de octubre, en el Centro Cultural Ricardo Rojas (UBA); días antes, el 2 de octubre, se había llevado a cabo, en la Honorable Cámara de Senadores de la Provincia de Buenos Aires, la jornada "Cartoneros por la vida".

Algunos de los cartoneros invitados a exponer sus opiniones y perspectivas eran representantes de incipientes organizaciones asociativas, algunas de las cuales eran agrupadas desde hacía pocos meses por el IMFC.

A pesar de la tendencia marcada por este tipo de encuentros y el predominio de cierto espíritu solidario para con los cartoneros luego de la crisis de diciembre del 2001, el viernes 10 de mayo de 2002 el diario *La Nación* publicó que el gobierno de la ciudad de Buenos Aires "combatirá el cirujeo en el microcentro y en los circuitos de la Capital Federal". La nota muestra un cambio de actitud por parte de las autoridades locales, que si bien habían decidido hasta entonces "no hacer operativos para combatir la recolección informal (...) ante las continuas críticas de los vecinos y frente a una situación que amenazaba con convertirse en inabordable" debido a la crisis social que atravesaba el país, ahora se manifestaban dispuestas a realizarlos.

La difusión de una actitud represiva se coronó días después con un cambio en el gabinete del gobierno de la Ciudad, cuando el arquitecto Richiutti fue reemplazado en la Secretaría de Medio Ambiente y Planeamiento Urbano por el licenciado Eduardo Epszteyn. El nuevo funcionario sabía que una de las actividades más importantes que formaría parte de su misión sería la organización de la licitación del servicio de recolección de residuos, y tampoco ignoraba que el diputado peronista, Eduardo Valdés, era un referente del tema cartoneros en la Legislatura.[44] Por

---

44. En efecto, el 11 de mayo de 2002, *Clarín* publicó en la sección Tribuna Abierta una extensa nota firmada por Valdés que se titula "Reciclar la basura es crear trabajo", en la que el diputado observa que la abrumadora presencia de cirujas "no es sólo la consecuencia inmediata de la creciente desocupación, sino también de la ausencia de políticas integradoras y de fomento de formas de producción que apunten al reciclado de residuos, el cuidado y la preservación del medio ambiente.... Por esta razón, y llegando a su fin el actual contrato de recolección en la Ciudad de Buenos Aires, en el nuevo pliego se deberán encontrar otras formas para el tratamiento de los residuos sólidos". Además, expone la idea de "sacar en una bolsa negra la basura propiamente dicha (lo húmedo, lo orgánico) para que la recoja la empresa recolectora, y en una bolsa verde todo aquello que es reciclable (plástico, metal, cartón, papel, etc.) que será recolectado por el ex ciruja, ahora transformado en un recuperador formal...".

Estas ideas formaban parte de un proyecto de ley que Valdés ya había presentado en una Comisión de la Legislatura, paso ineludible para que fuera presentada en el recinto. Pero como su tratamiento se demoraba, Valdés decidió recurrir a la Justicia. Promovió ante el Tribunal Superior de la Ciudad un recurso para que se derogara la ordenanza que penalizaba el cirujeo. La Constitución de la Ciudad prevé que este tipo de pedidos sea tratado en Audiencia Pública, instancia de participación ciudadana que, con independencia de la resolución posterior, el diputado estimaba que daría a la problemática una gran difusión y respaldo político. Efectivamente, la Audiencia tuvo lugar el 6 de noviembre de 2002 y fue cubierta por varios medios (importante crónica del diario *Clarín* del 7 de noviembre y el editorial del mismo diario el 13 del mismo mes, y la crónica del diario *Página 12* del 7 de noviembre, además de su tratamiento en varias radios). A pesar de que el Tribunal debía expedirse en ochenta días a partir de esa Audiencia, el tratamiento del proyecto de Valdés por la Legislatura al mes siguiente (ver más adelante) y la efectiva derogación de los artículos en cuestión volvieron innecesario su recurso.

este motivo, cuando sólo pocas personas conocían el cambio operado en el gabinete porteño, Epszteyn le propuso a Valdés mantener una reunión para acordar ciertas pautas de trabajo comunes entre la Legislatura y el Ejecutivo.[45]

El 2 de septiembre se convocó en el Edificio del Plata a la primera "mesa de diálogo" entre cartoneros y el gobierno. Aunque por aquel entonces no tenía aún ese nombre, la idea había nacido del propio Epszteyn, quien antes de lanzar una campaña que sería conocida como "bolsa verde", quiso contar con el apoyo de los representantes de quienes serían los principales beneficiarios de esta campaña, los cartoneros, que hasta ese entonces no habían tenido ninguna injerencia en ella.

Efectivamente, el 1 de octubre se lanzó oficialmente la campaña "bolsa verde" en la Ciudad de Buenos Aires. Siguiendo algunas de las recomendaciones de Valdés, el plan consistía en apelar a la solidaridad de los vecinos para colaborar con los cartoneros, solicitándoles que colocaran los residuos reciclables en las bolsas verdes (en realidad eran blancas y con inscripciones verdes) para facilitar su recolección y evitar que tuvieran que revisar las otras bolsas. Las bolsas verdes eran entregadas a los clientes de las cadenas de supermercados adheridos a la campaña y también podían retirarse gratuitamente en los distintos Centros de Gestión y Participación (CGP). Su lanzamiento fue muy difundido y promovido con publicidad en la vía pública, en canales de televisión y radios, y fue noticia destacada de los diarios.[46]

Poco tiempo después, entre las sesiones de los jueves 5 y 12 de diciembre de 2002 impulsadas por el diputado Eduardo Valdés, la Legisla-

---

45. Invitados por Valdés como antropólogos expertos en el tema, Francisco Suárez y yo fuimos testigos de ese encuentro el medidodía del viernes 17 de mayo de 2002, durante el cual Epszteyn nos invitó a formar parte de su gestión. Si bien volvimos a reunirnos con él al poco tiempo de haber asumido el cargo para entregarle nuestros curriculums y planificar algunas líneas de trabajo, no tuvimos noticias suyas hasta fines del mes de julio, cuando la clausura de un depósito sobre la calle Trelles en el barrio de La Paternal motivó un fuerte reclamo por parte de los cartoneros que allí vendían (véase *La Nación*, 25 y 26 de julio de 2002 y *Clarín*, 27 de julio de 2002). En declaraciones radiales promovidas por este conflicto, Epszteyn comentó que tenía un equipo de trabajo conformado por antropólogos, sociólogos e ingenieros, quienes efectivamente nos reuniríamos por primera vez pocos días después.
46. *Clarín* 29 de octubre: "Arranca la campaña para que los porteños separen la basura"; 1 de octubre: "Desde hoy, los cartones y papeles van en otra bolsa"; 5 de octubre: "Medidas para ayudar al reciclaje". *La Nación*, 20 de agosto: "Habrá que sacar la basura en dos bolsas"; 29 de septiembre: "Papeles y cartones en bolsas verdes"; 1 de octubre: "Desde hoy, dos bolsas para la basura"; 2 de octubre: "A la basura diferenciada le faltan bolsas". *Página 12*, 29 de septiembre: "Cartón y papel, en bolsa aparte".

tura de la Ciudad Autónoma de Buenos Aires sancionó la Ley 992.[47] Su segundo artículo establece:

> "El Poder Ejecutivo **incorpora** a los recuperadores de residuos reciclables a la recolección diferenciada en el servicio de higiene urbana vigente" (mi destacado).

De acuerdo con esta norma, esa incorporación debía efectuarse en el marco de una gestión integral de residuos que permitiera reciclarlos y dejara sin efecto la disposición final basada en el entierro indiscriminado en los rellenos sanitarios, como se efectúa en la actualidad. Asimismo, establece que los cartoneros o cirujas –a quienes la Ley denomina **recuperadores urbanos**– debían inscribirse en el Registro Único y Obligatorio de Recuperadores / RUR, a partir del cual obtendrían una credencial y la vestimenta adecuada para el trabajo. Finalmente, debe destacarse que esta Ley deroga el Art. 6 de la Ordenanza 33581[48] y el artículo 22 de la Ordenanza 39874.

La Ley se reglamentó mediante el Decreto 622[49] a través del cual se creó el Programa de Recuperadores Urbanos (PRU) que, entre otras responsabilidades, tenía a su cargo la implementación del RUR. De acuerdo con el Art. 16 del Anexo I del mencionado Decreto, los recuperadores inscriptos en el RUR se encontraban **habilitados** para ejercer su trabajo en todo el ámbito de la Ciudad Autónoma de Buenos Aires.

De todos modos, la **incorporación** de los recuperadores urbanos a la recolección diferenciada del servicio de higiene urbana vigente establecida en al Art. 2 de la Ley 922, resultó, en los hechos, meramente relegada a la inscripción de aquéllos en el RUR,[50] debido a la preeminencia

---

47. Publicada en el Boletín Oficial del GCABA el 29 de marzo de 2003.
48. "Art. 6: Prohíbase la selección, remoción, recolección, adquisición, venta, transporte, almacenaje, o manipuleo de toda clase de residuos domiciliarios que se encuentren en la vía pública, para su retiro por parte del servicio de recolección; quedan comprendidos en la presente prohibición la entrega y/o comercialización de residuos alimenticios cualquiera sea su procedencia".
49. Del 23 de mayo de 2003.
50. Podría decirse que la inscripción en el RUR y la consecuente entrega de credenciales y vestimenta de trabajo fue la manera con la que se **incorporó** a los recuperadores al servicio público de higiene urbana. Aun así, también es importante aclarar que la compra de la vestimenta mencionada mediante el procedimiento y los tiempos propios de la administración pública impidió que todos los inscriptos pudieran obtenerla en el momento del registro y, en muchos casos, ni siquiera al cabo de varios meses.

otorgada en el Decreto 622 a la función de registrar del PRU. Lejos estuvo de convertirse, como esperaba Valdés, en la oficina del gobierno que tuviera una real ingerencia en el diseño y ejecución de una política favorable al reciclaje y socialmente incluyente.

Poco más de dos años después de la sanción de la Ley 992, y luego de varias prórrogas, el 20 de febrero de 2005 entró en vigencia la nueva concesión del servicio público de higiene urbana en la Ciudad de Buenos Aires. A pesar de que ésta incluye, como una gran novedad respecto de los pliegos anteriores, la contratación de un servicio de recolección diferenciada de los residuos reciclables (bajo la modalidad "puerta a puerta", que debe llevarse a cabo en todos los generadores denominados hoteles de cuatro y cinco estrellas, edificios públicos del GCBA y edificios con una altura superior a los diecinueve pisos), omitiendo el Art. 2 de la Ley 992, no incorporó en él a los recuperadores urbanos.

Por otra parte, aunque el pliego prevé la construcción de sitios a los que serían llevados los materiales de la recolección diferenciada bajo la denominación "Centros Verdes para Recuperadores", no está previsto que estos centros comiencen a funcionar simultáneamente al servicio de recolección diferenciada, sino cuatro meses después del momento en que el gobierno decida librar la orden de ejecución de las actividades presupuestadas.

De este modo, el pliego no omite el inciso a) del Art. 3 de la Ley 992 –que establece la necesidad de concebir una gestión integral de los residuos que deje sin efecto su entierro indiscriminado – pero deja su real cumplimiento a un indefinido tiempo después.

Finalmente, en noviembre de 2005 la Legislatura de la Ciudad de Buenos Aires sancionó la Ley 1.854 de Gestión Integral de los Residuos Sólidos Urbanos (conocida como de "Basura Cero") la que se reglamenta parcialmente mediante el Decreto 639 en mayo de 2007. Este esquema legal plantea la inclusión en el proceso de recolección y transporte de los residuos y en las actividades de los centros de selección (también conocidos como "Centros Verdes") a los recuperadores urbanos encuadrados en la Ley 992. Sin embargo, estas normativas están aún lejos de poder implementarse, tanto por las dificultades que presenta cualquier proceso de formalización de actividades informales, como por la falta de previsión en el Código de Planeamiento Urbano respecto de la existencia de los centros verdes.

Por su parte, en el ámbito de la Provincia de Buenos Aires, el pasado 20 de diciembre de 2006 fue publicada en el Boletín Oficial de la Provincia de Buenos Aires la ley 13.592 de Gestión Integral de Residuos

Sólidos Urbanos. Esta norma fija los mecanismos para garantizar un correcto tratamiento de los residuos desde su generación hasta su disposición final en todos los municipios de la Provincia. El objetivo de la misma apunta a reducir en forma progresiva la cantidad de desperdicios que se generan por día, y establecer métodos de procesamiento de los residuos compatibles con el cuidado y la protección del medio ambiente. El inciso 6 del artículo 3 de la mencionada Ley establece como principio de la política de gestión integral de los residuos: "La valorización de los residuos sólidos urbanos, entendiéndose por ´valorización´ a los métodos y procesos de reutilización y reciclaje en sus formas químicas, física, biológica, mecánica y energética".

Como puede observarse, la reducción y valorización de los residuos, tanto para disminuir los impactos ambientales y los costos derivados de su manejo, como para maximizar su aprovechamiento comercial y generar alternativas de empleo para los sectores más necesitados, constituyen criterios que tienden a consolidase como objetivos centrales de un nuevo tipo de política pública de gestión integral de los residuos. No obstante, estos principios no dejan de ser hasta ahora sólo aspectos formales o declarativos, ya que es común que el tratamiento de los residuos que realizan los municipios de la Argentina consista en su indiscriminada disposición en basurales a cielo abierto o, en algunos pocos casos, en rellenos sanitarios.

SEGUNDA PARTE

Recolectores

Aunque *cirujas* y *cartoneros* suelen ser las más usuales, y *recuperadores urbanos* la calificación oficial en la Ciudad de Buenos Aires, desde el 2003 existen varias denominaciones para referirse a las personas que se dedican a recolectar reciclables en la vía pública. Sin desconocer las diferentes acepciones y sentidos de cada uno de esos términos, podríamos utilizarlos indistintamente como sinónimos, siempre y cuando estuviésemos denotando la práctica de un mismo tipo de actividad. Sin embargo, no es así.

Provisoriamente, podría decirse que la actividad que comparten los sujetos consiste en la recolección, traslado, clasificación y venta de materiales reciclables. Pero ¿pertenecen al mismo grupo quienes se dedican a recolectar todos los días y quienes lo hacen sólo eventualmente porque, aunque de modo irregular, tienen otras fuentes de ingresos? ¿Se debe distinguir a quienes juntan todo tipo de materiales de quienes sólo se dedican a levantar algunos de ellos? ¿Integran el mismo grupo los que tienen carros a caballo y los que van a pie, con un changuito de supermercado?

Restringir la definición exclusivamente a algunas de las anteriores opciones probablemente soslaye a sujetos que, aun con disímiles particularidades, comparte el mismo oficio,[51] y hasta eventualmente pueden encontrarse esperando el turno para vender su carga en la

---

51. Se calificarían así desde perspectivas antropológicas tanto *emic* como *etic*.

puerta del mismo depósito. En ese caso, ¿no deberíamos contemplarlos como practicantes de un mismo tipo de actividad?

Precisamente, mostrar la heterogeneidad y complejidad de situaciones usualmente disimuladas bajo la misma calificación, y advertir sobre los inconvenientes que puede ocasionar ignorarla no persigue el retórico propósito de preparar el terreno para llegar a una definición "verdadera". Por el contrario, el interés reside en acentuar el tipo de mirada que, en lugar de contemplar a los recolectores como vagos, ajenos o excluidos de la economía, los considera trabajadores que, bajo la modalidad a destajo, forman parte integrante de un sistema industrial. Ahora bien, ¿cómo sucede en los hechos esa integración? ¿Cómo están vinculados los recuperadores al sistema? ¿Qué estrategias despliegan para procurar obtener mayor cantidad de materiales? Otra parte de las indagaciones se dirige a contemplar la existencia de asociatividad entre los recolectores a partir de plantearnos: ¿en qué consiste la organización que les permite viajar en los trenes y camiones que los tienen como pasajeros exclusivos? Y principalmente, ¿qué son las cooperativas de cartoneros?

CAPÍTULO 4

SENTIDOS DEL TÉRMINO Y DIMENSIONES CUANTITATIVAS

Cirujas fue el primer concepto que empleé para nombrar a la población objeto de mi interés investigativo. En las explicaciones sobre el origen de este término encontré dos orientaciones. Por una parte, se dice:

- "Ha de ser apócope de cirujano, por alusión burlona a los huesos que reunían para comerciar" (Gobello, 1999).

Así como esta corriente etimológica vincula cirujas con huesos,[52] existen también otras fuentes que ligan el origen de la palabra al proceso de valorización de cualquier otro desecho. Sirvan como ejemplo las siguientes citas:

---

52. Varios de los informantes de mayor antigüedad en el oficio ("cirujas de toda la vida") coincidieron al señalar que entre los materiales que juntaban "antes", los huesos tenían un lugar preponderante. En la actualidad, en cambio, no se encuentran disponibles ni en la vía pública ni en los basurales, ya que desde hace varios años existe un agente (el "huesero") que se dedica a retirarlos directamente de las carnicerías. Es muy común observar camiones con su caja repleta de huesos y una o dos personas acomodándolos. Durante el trabajo de campo, tuve la oportunidad de visitar una fábrica de alimentos para animales domésticos y ganado, ubicada en Valentín Alsina encargada de recibirlos en grandes bateas. Un profesor de la carrera Tecnicatura de los Alimentos de la UNLa. me comentó que los restos de carne y grasa que se extraen de esos mismos huesos son empleados en la elaboración de hamburguesas y chacinados.

"Tomó su nombre por la suerte de cirugía estética practicada por este oficiante a algunos residuos, para valorizarlos mejorando su aspecto" (Cammarota, 1970 [1963]).

"Se ha dicho que la denominación ciruja proviene de esos sujetos que a principio del siglo XX se valían de cuchillos para cortar las lonas que cubrían los carros de basura camino a los vaciaderos y hacer caer su contenido; por analogía entre esa acción de despanzurrar los carros y una intervención quirúrgica, se los apodó cirujanos, que pronto se acortó en la forma cirujas" (Espíndola Athos, 2002).

La letra del tango titulado "El ciruja", escrita por Alfredo Marino en 1926, contribuye a reforzar esta idea de que la etimología se encuentra más ligada al instrumento (cuchilla) que al objeto (residuos), cuando se refiere al protagonista como aquel "que era listo para el tajo y al cafiolo[53] le cobró caro su amor".

De todos modos, a pesar de mi clara inclinación por analizar la estructura del circuito productivo del reciclaje que ellos inician y de comprender las posibilidades de su actividad como una desesperada estrategia laboral en un contexto de creciente desempleo y recesión, la denominación "cirujeo" estaba lejos de resultar inequívocamente identificada con esa actividad.

Esto resultó evidente en mis conversaciones, cuando no pocos interlocutores circunstanciales a los que les comentaba mi interés por el cirujeo respondían alternativamente: "Vas a estudiar a los linyeras / vagabundos / (e incluso) clochard". También hubo quienes me recomendaban revisar la "Ley de Crotto"[54] o se entusiasmaban porque "al fin alguien se pregunta por los sin techo / *homeless*". Esos comentarios se sumaron al recurrente deseo de mis primeros entrevistados para que destinara la despectiva denominación de cirujas a "los que viven en las plazas o debajo de los puentes", e inaugurara para ellos la de recicladores, recolectores, carreros, cartoneros o botelleros. Asimismo, desafiando la traducción del verbo inglés *to be*, reconocían "**estar** en la ciruja", pero se negaban a **serlo**.

Al parecer, también los recolectores de otras geografías tratan de evitar alguna de las denominaciones por las que popularmente se los co-

---

53. Expresión del lunfardo; su significación es proxeneta.
54. José Camilo Crotto, gobernador de la provincia de Buenos Aires entre 1918 y 1921, impulsó una legislación que permitía viajar gratis en tren a quienes buscaban trabajo en el campo pampeano en épocas de cosecha. Su apellido fue posteriormente utilizado como sinónimo de *vagabundo*.

noce. Los "clasificadores" de Uruguay rechazan ser conocidos como "hurgadores", mientras que en Colombia optan por "recicladores" y no por "gallinazos" o "buitres".

Advertido de que el concepto tenía algunos sentidos y valores completamente distintos a los que pretendí inicialmente darle, emprendí una búsqueda con la intención de conocerlos.

Una de las orientaciones más comunes y extendidas es la que asocia cirujeo con vagancia. Así aparece reflejada en la crónica titulada "La espera del ciruja de Plaza Francia",[55] escrita por el periodista Jorge Göittling, publicada el 27 de junio de 2004 en su columna "Miradas" del diario *Clarín* y seleccionada para que su autor obtuviera el galardón especial Don Quijote de los Premios de Periodismo Rey de España correspondiente a ese año. Se trata de un relato que tiene como protagonista a un hombre que viste ropa ajada, que duerme habitualmente en un improvisado colchón de trapos sucios sobre un banco de esa plaza, y cuyo ejemplo constituye una sinopsis urbana de la decadencia. El periodista aclara que la condición de ciruja no le es innata al personaje, ya que el sujeto alguna vez fue próspero y tuvo una familia con mujer e hijos. Pero ignoradas circunstancias de su vida lo condujeron a la depresión, la locura y el abandono, hasta que finalmente la calle se convirtió en su único hogar.

Se percibe que Göittling utiliza "ciruja" para calificar a las personas que tienen como propiedad constante hallarse en lo que se conoce como *situación de calle*, o más precisamente, para referirse a los que viven en ella. Siguiendo esta dirección, ciruja vendría a ser el argentinismo del castellano "sin techo" y del inglés *homeless*.

Precisamente, esta acepción del término se refleja en las definiciones que aparecen en los diccionarios de lunfardo, en las que ciruja quiere decir:

- "...persona sin domicilio ni ocupación fijos, que mendiga para vivir... Sucio o desalineado... [que está] gran parte del tiempo en la calle, sin hacer nada de provecho" (Chuchuy, 2000).

De este modo, ciruja se emparenta con otras denominaciones del mismo lenguaje popular utilizadas para los vagabundos, como "linyera", "atorrante" o "crotto".

Sin embargo, es interesante observar cómo algunos testimonios dan cuenta de cierta especialización en el desarrollo de un tipo de actividad en particular que permite distanciar este término de otros. Suárez Danero destaca esta transformación con precisión:

55. Plaza ubicada en el barrio de Recoleta de la ciudad de Buenos Aires.

"El ciruja deja un poco de ser atorrante para trocarse en un rebuscador de huesos. Hasta hace treinta años, en una carrindanga arrastrada por un jamelgo que en una de esas trocábase en su propia mercancía, el ciruja recorría las calles suburbanas y respondía directamente al nombre de güesero" (Suárez Danero, 1970: 104 y 105).

Por su parte, en la obra *Dock. El medallón de los tritones*, el español Clemente Cimorra describe a un ciruja como "un rebuscador de fierros inservibles y detritus de toda especie", y el personaje que responde a esta categoría expresa la siguiente pedagógica frase:

"El de ciruja es un oficio que hay que conocerlo y practicarlo. Si usted mete en la misma bolsa al ciruja y al linyera, se equivoca de medio a medio" (Cimorra, 1943: 84 y 86).

Existe también una acepción del término que vincula específicamente al cirujeo con la basura. Desde esta perspectiva, los mismos diccionarios ya consultados también aplican ciruja a:

- "La persona que se dedica a recolectar de las bolsas de residuos domiciliarios o basurales, trapos, papeles, botellas, vidrios y todo objeto que pueda revender, **así como restos alimenticios que pueden serle de utilidad**" (Espíndola Athos, 2002, mi destacado).

En síntesis, el siguiente esquema presenta el resultado del rastreo acerca de los significados del término (sentido vertical) y de las razones de su bautismo (sentido horizontal).

Ciruja tiene, entonces, dos significados distintos, aunque muchas veces ensamblados por el uso corriente. Por un lado, se lo emplea como sinónimo de vagabundo o sin techo y, por el otro, como rebuscador de residuos entre la basura. Pero no se trata de categorías necesariamente excluyentes, ya que resulta bastante habitual que los individuos en situación de calle recolecten lo poco que consumen. Sin embargo, también es evidente que no todos los que recolectan carecen de una vivienda. Esta ambivalencia no se reduce a una observación semántica. Por el contrario, genera no pocos inconvenientes a la hora de dirimir qué ámbitos del gobierno local deben tener ingerencia y responsabilidad en relación con las políticas públicas hacia los cartoneros. ¿Se deben ocupar de ellos las oficinas desde donde se atiende a los desamparados o debe intervenir la dirección de higiene urbana que maneja la gestión de los residuos?

De la respuesta que brinde a estos interrogantes dependerá la definición de la problemática en la que se inscriba a los cartoneros y la modalidad de intervención que las políticas públicas adopten: enfatizar las condiciones de extrema marginalidad y los riesgos enormes de sufrir accidentes o contraer infecciones por parte de quienes practican la actividad generalmente se orienta a una problematización del cirujeo por "razones humanitarias" y concluye en intervenciones asistencialistas; concebirla, en cambio, como parte de un circuito productivo al que aportan materias primas, prioriza su concepción como trabajo e involucra intervenciones mucho más activas. Sin duda, tanto estos como otros aspectos son los que verdaderamente debe involucrar una aproximación holística a la situación de los cartoneros. Los matices de sentidos del concepto ciruja que acabamos de analizar y la propia realidad han demostrado que tienen algunas filtraciones. El inconveniente reside en que las agencias de gobierno fueron creadas para nombrar y atender problemas concebidos como impermeables.

Dimensiones cuantitativas

Una nueva complejidad aparece cuando se incorporan discusiones metodológicas a la intención de establecer dimensiones cuantitativas. De acuerdo con el sentido del término adoptado, el número de recolectores puede modificarse considerablemente. Aunque no resulta extraño encontrar a cartoneros con más de quince o veinte años en el oficio, la relativa facilidad en el acceso a una ocupación que requiere escaso capital y destreza permite también localizar personas que se dedican en forma esporádica o intermitente. ¿Se trata en ambos casos de sujetos con un valor estadísticamente equivalente? ¿Se debe considerar al personaje de Göitting del mismo modo que a la persona que trabaja normalmente en algún otro oficio pero que por alguna razón ha debido dejarlo y dedicarse al cirujeo

81

en forma temporal?[56] Asimismo, es preciso considerar que la oscilación de los precios de los productos recolectados puede circunstancialmente atraer o desalentar a muchas personas a esta ocupación, por lo que el número de éstas podría ser muy diferente al cabo de relativamente poco tiempo si ocurriera un abrupto cambio de cotización de los materiales, como de hecho sucedió después de la devaluación de la moneda nacional en diciembre del año 2001. Resueltas de algún modo estas disquisiciones, luego será necesario resolver cómo contar individuos que circulan por un ámbito urbano tan extendido como el de la Capital Federal y el conurbano bonaerense.

No obstante, dimensionar el fenómeno tanto en términos de cantidad de personas que se dedican a cirujear como en relación con el volumen del negocio del que son partícipes son preocupaciones frecuentes en las referencias al tema, de acuerdo con lo que reflejan las notas aparecidas en los medios gráficos durante los últimos años.

Sin intención de exhaustividad, se ofrecen a continuación algunos ejemplos ilustrativos de este afán que muestran no sólo importantes diferencias en cuanto a las apreciaciones numéricas reproducidas, sino un interés de sentido inverso por conocer cuál fue, en cada caso, el modo empleado para obtener una determinada cifra.

Porcentajes de residuos que se reciclan y volumen del negocio

En su edición del 15 de septiembre de 1996, el diario *La Nación* sostiene que

> "entre el 10 y el 15% de lo que los porteños depositan en la vereda para la recolección ingresa en el circuito ilegal que manejan cirujas y volqueteros.[57] El precio promedio que la Comuna paga por tonelada de basura es de 49 pesos [la nota no aclara si se trata del servicio de recolección, entierro en rellenos sanitarios, o ambos]. En 1995 se recogieron 1.514.220 toneladas, por lo que se abonaron 74.200.000 pesos por los residuos. Si el mercado ilegal maneja entre el 10 y el 15 por ciento de ese total, ese negocio le reportó entre 7.420.000 y 11.130.000 pesos".

---

56. "Por ejemplo, puede suceder que ciertos vendedores callejeros de frutas se encuentren sin abastecimiento en ciertas épocas del año, y en consecuencia se dediquen a la recolección de basura por pocos días o semanas hasta que la situación se normalice", señalaba ya hace varios años Chris Birkbeck para el caso de Colombia (Chris Birkbeck, 1979: 363).
57. Se denomina volqueteros a los propietarios de camiones con volquetes (contenedores de hierro) en los que se transportan generalmente restos de obras (escombros) y otros residuos voluminosos.

La nota no especifica cómo se calculó el porcentaje de entre el 10% y el 15% señalado. La estimación parece provenir de un cálculo efectuado por el Departamento de Ingeniería Sanitaria de la Facultad de Ingeniería de la Universidad de Buenos Aires, ya que esta institución acostumbra realizar estudios sobre la composición de los residuos a partir del nivel socioeconómico de quienes los generan. De todos modos, este tipo de estudios permite conocer las potencialidades reciclables de lo que la población desecha como residuo, pero ignoran lo que realmente se recicla.

Por otro lado, la nota asume que la tonelada de residuos tiene exactamente la misma cotización en el servicio que paga la comuna por su disposición que la que posee en el "circuito ilegal que manejan cirujas y volqueteros". En realidad, como el cálculo está efectuado tomando como base lo primero, sólo correspondería afirmar que la comuna se ahorra pagar entre 7.420.000 y 11.130.000 pesos, pero no que ese sea el monto de dinero que "el mercado clandestino maneja".

Sin embargo, el mismo tipo de cálculo es repetido en ese periódico casi cinco años después (3 de marzo de 2001), pero en esta oportunidad, se cita la fuente y se disminuye notablemente las apreciaciones.

"Las estimaciones indican que el circuito ilegal de la basura se lleva por año 1.839.000 pesos... Aunque no hay registros oficiales, el dato surge de un cálculo estimativo realizado por CEAMSE. Allí se indica que sólo en la Ciudad de Buenos Aires el circuito ilegal de la basura que manejan los cirujas y los volqueteros desvía un cinco por ciento del total de 1.314.000 toneladas de residuos domiciliarios que se producen por año. Por cada tonelada de la ciudad a la que el CEAMSE le da un tratamiento y disposición final, se cobra 28 pesos [no se aclara si es el mismo servicio que en la nota del 15/09/96 costaba 49 pesos], lo que multiplicado por un promedio de 180 toneladas diarias que se lleva el cirujeo arroja el valor anual mencionado".

Como se observa en esta ocasión, la evaluación del porcentaje de lo que no llega al CEAMSE por la actuación del circuito ilegal del reciclaje es del 5%, no ya de entre el 10% y el 15% como en 1996, pero la manera como se obtuvo el porcentaje sigue siendo una incógnita. También en esta oportunidad, el valor de los materiales en el circuito ilegal se vuelve a trazar con el parámetro de la cotización del servicio de higiene urbana.

Cantidad de cartoneros

Una de las estimaciones sobre la cantidad de cartoneros existentes que tuvo mayor repercusión fue la que difundió el antropólogo Francisco Suárez en una nota publicada por el diario *La Nación* el 1 de julio de 2001, donde sostuvo que "en la región metropolitana trabajan 100.000 cirujas".

Esa cifra se origina en un estudio realizado por la UNGS en el marco de una asistencia técnica para la Municipalidad de José C. Paz. Para alcanzar el número mencionado, la estrategia metodológica consistió en identificar los depósitos, tanto del municipio de José C. Paz como del de Malvinas Argentinas, que compran el material que los cartoneros recolectan. En este relevamiento se registraron treinta y nueve depósitos en total. Luego se procedió a realizar entrevistas semi-estructuradas a los propietarios de esos depósitos y a los recolectores que iban allí a venderles.

El siguiente cuadro es la base que permite llegar a la cantidad antes señalada:

Tipo de sujetos	Municipios	
	José C. Paz	Malvinas Argentinas
Intermediarios, encargados y trabajadores de los depósitos de primero y segundo nivel de acopio.	59	62
Recolectores informales que asisten *cotidianamente* al centro de acopio.	326	255
Recolectores informales que asisten con una frecuencia *mayor que tres veces por semana* a un centro de acopio.	147	235
Total	522	552

El autor advierte sobre las posibles duplicaciones en la proyección de este conteo en los casos de recolectores que concurrían a más de un depósito o en aquellos que los encargados y trabajadores del depósito pertenecían a la misma unidad doméstica. A pesar de esto, Suárez considera que se trata de un cálculo conservador, ya que por un lado no se registró la totalidad de los intermediarios (a pesar de que se lo presenta como un censo), mientras que por otro tampoco se contempló el trabajo que realizan los integrantes de las familias de los recolectores, por ejemplo, ayudando en la clasificación del material en el hogar.

Redondeando explícitamente la cifra, Suárez estima que, en ambos municipios, existen aproximadamente **mil hogares** que participan de las cadenas de recolección de residuos. Considerando de manera estandarizada que en cada hogar participan de la actividad cuatro miembros (unos realizando efectivamente la recolección y otros clasificando en el hogar), afirma que esos mil hogares significarían **cuatro mil recolectores**. Es decir, considera a todos del mismo modo: como recolectores. Luego, empleando datos de fuentes oficiales (Instituto Nacional de Estadística y Censos / INDEC) señala que los dos municipios involucrados representan el 3,8% de la población de la Región Metropolitana (RMBA) y, por lo tanto

"un cálculo lineal (con las salvedades del caso) nos aproximaría a la cifra de **veintiséis mil hogares y cien mil individuos recolectando** informalmente materiales en la RMBA".

Independientemente de las salvedades señaladas por el propio Suárez, de la revisión que merece la proyección a escala metropolitana de la proporción de recolectores existentes en sólo dos municipios y de los aspectos antes mencionados que debilitan en parte la pretensión de rigurosidad de la estimación realizada, la difusión de su trabajo tiene el mérito no sólo de haber contribuido a patentar como problema público que amerita la intervención estatal la existencia *en gran escala* de los recolectores informales, sino que expone el modo en que llegó a la cifra ofrecida, aunque esto no le haya sido requerido en la nota aparecida en el diario.

La siguiente cita del mismo diario *La Nación* del 4 de agosto de 2002 constituye un elocuente ejemplo de la variedad de estimaciones arrojadas a partir de entonces y de la ausencia del requerimiento señalado:

"Según Francisco Suárez, «en 1999 unas 25.000 personas vivían del cirujeo en toda el área metropolitana. Hoy podrían ser el doble. O más». Para el diputado porteño peronista Eduardo Valdés, uno de los más fuertes impulsores de que los cartoneros desorganizados se unan en cooperativas, «en la ciudad cada noche hay unas 50.000» abocadas al cirujeo. Para la también diputada peronista María Laura Leguizamón, «alrededor de 100.000» porteños y bonaerenses viven de la recolección informal".

Cien mil, la mitad o un cuarto no son los únicos valores manejados por los funcionarios y difundidos descuidadamente por los medios. Siempre sin indicar el procedimiento que permitió a la fuente llegar a un determinado número, pueden encontrarse en los diarios:

- "La recolección de papel y cartón se transformó en la vía de ingresos de 154.000 personas, que recorren 28 regiones del país" (*Clarín*, 7/10/02).

- "Se calcula que cerca de 35.000 personas recorren las calles porteñas buscando papel y cartón. Ellas constituyen el primer eslabón de la cadena informal de recolección de residuos y trasladan cada noche unos 8000 kilos de material reciclable" (*La Nación*, 29/09/02).

- "Enrique Carelli, subsecretario de seguridad de la comuna, opinó: «(...) es muy difícil controlar la calle cuando cada noche hay 40 mil personas revolviendo basura y con changuitos repletos de cosas»" (*Clarín*, 15/11/02).

- "Las cooperativas que reúnen a los cartoneros estiman que son 40 mil las personas que salen diariamente «a cartonear»" (*Clarín*, 6/12/02).

- "¿Hay menos cartoneros en las calles porteñas que a mediados de 2002? Según estimaciones oficiales sí. Hoy se los calcula en casi 10.000" (*Clarín*, 10/04/05).

Además de Suárez, el Registro Único de Recuperadores (RUR) del Programa de Recuperadores Urbanos (PRU) es otra de las fuentes de referencia empleada cada vez que se intenta dar cuenta de la cantidad de recolectores que recorren las calles de la Ciudad de Buenos Aires. Aunque también se efectuaron registros posteriores en forma menos sistemática, a continuación se presentan algunos resultados obtenidos a través del RUR durante el período que se extiende desde el inicio del registro –5 de octubre de 2002– hasta el 31 de diciembre de 2003.[58]

---

58. Resulta importante aclarar que el modo en que se llega a las cifras que se presentan involucra un proceso de medición gradual mediante lo que en el PRU se conocía como "operativos" de campo (en el período involucrado se llevaron a cabo setenta y un operativos), y que consistía en la instalación de mesas de registros en horarios y sitios de mucho tránsito de recuperadores (estaciones de trenes, plazas y depósitos de la ciudad, fundamentalmente). Esta indicación es relevante ya que da cuenta de un procedimiento diacrónico a través del cual se obtienen cantidades por acumulación. En el análisis de los resultados también debe contemplarse la incidencia de los lugares de la ciudad donde se llevaron a cabo los operativos: si fue preponderantemente en las estaciones de trenes, no será extraño que, sobre el total de los registrados, la mayoría indique que es precisamente ese el transporte utilizado para acceder a la ciudad.

En el transcurso de tiempo mencionado, se registraron **ocho mil ciento cincuenta y tres recuperadores** en la Ciudad de Buenos Aires, de los cuales más de las dos terceras partes (71,1%) son varones.

Finalmente, entre octubre y diciembre de 2004, la Organización Internacional para las Migraciones (OIM) y el Fondo de las Naciones Unidas para la Infancia (UNICEF) llevaron a cabo un diagnóstico sobre trabajo infantil en la recuperación y reciclaje de residuos que también estimó la cantidad de recuperadores.[59] De acuerdo a un conteo observacional en las estaciones de trenes y a la información brindada por informantes claves en los principales asentamientos precarios de la Ciudad, este estudio registró ocho mil setecientas sesenta y dos personas dedicadas a la actividad en la Ciudad de Buenos Aires. Hay que tener en cuenta que, en este caso, la cifra incluye a menores de edad, por lo que los mayores de catorce años serían, estimativamente, estimativamente seis mil novecientos cuarenta y uno (a efectos de comparar con los datos del RUR de un año antes). El estudio no contabilizó los ingresos por puentes en camiones y carros a caballo, bicicleta o a pie.

59. Participé de este estudio como coordinador de campo.

CAPÍTULO 5

RECOLECTORES

Caracterización elemental

Edades y antigüedad

Es relativamente amplia la distribución de los recolectores por edad. Aun así, los jóvenes constituyen, en el total de los recuperadores registrados por el PRU, el grupo más numeroso. Teniendo en cuenta que la edad mínima requerida para poder ser registrado fue de catorce años,[60] hay casi un 17% que tiene menos de dieciocho años. La franja etaria inmediatamente posterior, comprendida entre los diecinueve y los veintinueve años, se eleva a un 33%. A partir de ahí, los porcentajes disminuyen, paulatinamente en los grupos de edad más elevados. En cuanto a los resultados del estudio encarado por OIM / UNICEF, la proporción de recolectores menores de dieciocho años se eleva a 48%.[61]

---

60. De todos modos, existieron registros a cartoneros menores de esa edad y el Gobierno de la Ciudad fue denunciado ante la justicia por este hecho. Para más detalles sobre este asunto, véase Schamber, Pablo: "Cuando la preocupación por evitar el trabajo infantil no deja ver sus causas. Las imperceptibles consecuencias del ponderado fallo judicial sobre los niños cartoneros", presentado al 1er. Congreso Latinoamericano de Antropología, Rosario (Argentina), julio de 2005 y luego publicado en Schamber, P. et al: *Recicloscopio*. UNLa.-UNGS-Prometeo, Buenos Aires, 2007.
61. En este estudio, la edad de los recolectores fue estimada observacionalmente.

A estos recuperadores registrados por el PRU se les preguntó también la antigüedad en la tarea, y las respuestas más frecuentes se ubicaban entre los seis meses y los dos años durante todo el período de la medición. Sin embargo, puede observarse un leve descenso de nuevas incorporaciones hacia el final de la etapa analizada, ya que mientras que entre octubre y diciembre del año 2002 el 76% de los registrados llevaba en la actividad menos de dos años, ese porcentaje había descendido a 68,6% entre los cartoneros que se registraron un año después.

Oficio

Si se considera como criterio el tiempo de ejercicio de la actividad, es posible apreciar dos grandes tipos de recolectores (aun dentro de un mismo grupo etario), cada uno a su vez dividido en subcategorías. A los integrantes del primer grupo los podríamos identificar como "estructurales" o "de toda la vida", como hemos hecho con Pedro en un capítulo anterior. Aquí se encontrarían quienes trabajaron hace más de veinticinco años en los basurales municipales antes de su clausura. Se trata de personas que, como consecuencia del cambio del sistema impuesto por CEAMSE, debieron abandonar los basurales y comenzar a realizar su actividad en la vía pública. También se incluirían aquellos que, siendo muy jóvenes y muchas veces acompañando en los carros a sus mayores, comenzaron a ejercer el oficio en la década del ochenta sin solución de continuidad hasta nuestros días, prolongando así una actividad propia de la unidad doméstica. Es decir, dentro de los estructurales habría "históricos" y "recientes".

El otro gran grupo estaría constituido por los "coyunturales", quienes fundamentalmente se habrían integrado a la actividad de cartonear durante la década de los noventa como consecuencia de una permanente "caída" desde actividades mejor pagas –o al menos desarrolladas en mejores condiciones laborales– y, sin dudas, mucho menos estigmatizadas. De todos modos, dentro de este agrupamiento también es posible distinguir a quienes ingresaron mucho más recientemente, como consecuencia del atractivo que representó la actividad a partir de los primeros meses del año 2002, cuando por la devaluación del peso y el abrupto descenso de las importaciones, los precios de los materiales reciclables incrementaron formidablemente su valor. En este subgrupo predominan los jóvenes, para quienes cartonear constituye su primera fuente regular de ingresos; pero también se encuentran adultos, principalmente mujeres, que pudiendo o no haberse desempeñado en otras actividades informales, se volcaron a ésta por la causa antes invocada. El esquema sería el siguiente:

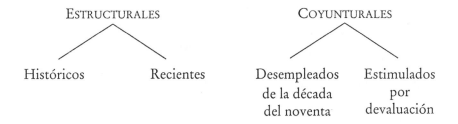

ESTRUCTURALES   COYUNTURALES

Históricos   Recientes   Desempleados   Estimulados
                                 de la década   por
                                 del noventa   devaluación

Independientemente de la denominación empleada para distinguir-los, la identificación de personas con y sin tradición en el oficio fue apuntada por varios entrevistados, no sólo cartoneros. Además de involucrar aspectos específicamente relacionados con la actividad, esta clasificación también incorpora otros, de orden ético y moral. Esto queda registrado, por ejemplo, en el comentario de Rodrigo, uno de los hijos del dueño de un depósito de la zona de General Pacheco:

—*Estaban los cirujas-cirujas, que no te entraban a robar una casa, no agarraba lo que no era de él, no te rompían una bolsa, o si te vaciaba una bolsa te la volvía a llenar y te la cerraba. Ahora (año 2001), es un despelote lo que hacen. Yo hace mucho que no voy para Capital de noche, pero por lo que me dicen la gente de acá, es destrozo lo que hacen y es por eso también que no los permiten.*

—¿Quién es ese personaje que vos identificás como ciruja-ciruja?

—*Están muertos ya, como Chimín. Ellos eran cirujas-botelleros, que iban gritando y no te tocaban una bolsa si no salía el vecino y te decía que la lleve, y no te desparramaban la basura. Ahora es un despelote tremendo lo que hacen con la basura, te rompen las bolsas y te tiran todo, comen de las bolsas que tira Mc Donals, abren, desparraman, comen y dejan. Es por eso que la Municipalidad mucho no dejan que cirujeen tanto, no lo permite, por el destrozo que hacen, en vez de limpiar ensucian más.*

Dedicación

Según los datos del PRU, los "exclusivos" son mayoría, ya que el 81,8% de los registrados realiza sólo esta actividad. Los turnos mencionados con mayor frecuencia para su desarrollo son a la tarde / noche (44,6%) y a la noche (29,8%), precisamente el horario que media entre la disposición de los desechos en la vereda por parte de comercios y vecinos, y la recolección a cargo de las empresas contratadas a tal efecto por el municipio.

Tipos de transporte

El tipo de transporte utilizado merece una consideración especial, ya que habilita o restringe posibilidades en el desarrollo de la tarea, tanto en relación con las distancias que pueden recorrerse como con la capacidad y tipo de carga que puede transportarse.

De acuerdo con los registros del PRU, la distribución porcentual del tipo de transporte es la siguiente:

Tipo de transporte	Porcentaje
A mano	4,6
Carro a mano	86,8
Carro con bicicleta	6,3
Carro con caballo	2
Auto o camioneta	0,3

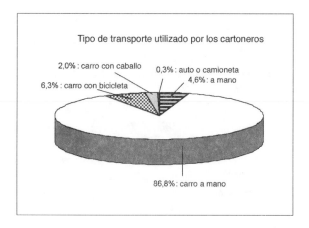

Tipo de transporte utilizado por los cartoneros

2,0% : carro con caballo
0,3% : auto o camioneta
4,6% : a mano
6,3% : carro con bicicleta
86,8% : carro a mano

Algunos recolectores llevan toda la carga en bolsas de *nylon* que transportan sobre sus hombros. Luego existe una variedad de carritos de mano, entre la que los changuitos de supermercados y los que se apoyan sobre ruedas de bicicleta, moto o auto resultan ser los más habituales. Estos carritos están generalmente construidos sobre la base de una estructura metálica paralelepípeda que sostiene paredes livianas de madera, cortinas de plástico o alambres. También suelen observarse como estructura las cajas o gabinetes de heladeras. Algunos de esos carritos son también remolcados en bicicleta, permitiendo al recolector atravesar mayores distancias en su búsqueda de reciclables.

Los recolectores que viajan en el Tren Blanco (ver más adelante) suelen reconocerse por el uso de un carro característico (al que denominan "carreta"), que consiste en una estructura de tubos cilíndricos de metal apoyada sobre dos ruedas de automóviles, que sostiene una bolsa grande del tipo de las que se utilizan para transportar arena. Ningún otro ramal de trenes presenta un mismo tipo de carro con tanta asiduidad.

El tipo de transporte utilizado también permite combinar ésta con otras actividades, independientemente de que la recolección sea o no una tarea permanente. Este es el caso de muchos recolectores con carros a caballos (conocidos como "carreros"), el medio característico de quienes recolectan en los centros comerciales de los municipios del conurbano bonaerense y que, además, realizan *limpiezas*. Éstas consisten en el acarreo hasta un basural cercano de los restos de escombros, poda u otros desechos generados por un particular a cambio de una propina, y constituyen una importante fuente de ingresos complementaria y en ocasiones superior a la recolección de reciclables de un día; por su parte, para los particulares implica un gasto mucho menor de lo que costaría la contratación de un volquete. Carlos, un recolector de Lomas de Zamora cuya historia de vida será recreada más adelante, gana habitualmente entre siete y nueve pesos por día, pero unos días antes de que lo entrevistara, una familia afligida por la muerte de su perro le habían dado diez pesos a cambio de que se llevara a la mascota y la arrojara donde quisiese.

En sus carros, los recolectores del conurbano también pueden dedicarse a la venta ambulante de cierta clase de verduras y frutas, como morrones, sandías y huevos, en determinadas épocas del año.

Recorridos y clientes

No existen territorios urbanos que pertenezcan a determinados recolectores y les estén vedados a otros. Las calles son de todos, y los residuos reciclables pertenecen a quien primero los encuentra. Eso no excluye que un recolector opte por evitar un área atestada de colegas, principalmente si ésta no le resulta demasiado conocida ni tiene clientes en ella.

Los recolectores denominan "clientes" a vecinos, encargados de edificios, propietarios o empleados de comercios que les reservan el material para una entrega personalizada. Además de entregar residuos reciclables preclasificados, los clientes pueden hacer donación de ropa y hasta de alguna atención especial (generalmente, una botella de vino o de sidra) para las fiestas de Navidad o Año Nuevo. Ocasionalmente, demandan ciertos servicios que saben que el cartonero es capaz de hacer, como ciertos trabajos de jardinería y/o albañilería.

Los recorridos se configuran en función de la experiencia: se ensaya un trazado y se lo adopta con regularidad de acuerdo con los resultados obtenidos, contemplando horarios y "clientes". En ocasiones, el cartonero recoje materiales no comercializables entregados por el cliente aunque no le aporten mayores ganancias, porque entiende que negarse sería desventajoso para la relación.

Según los datos del PRU, casi el 57% de los recuperadores tiene clientela fija, compuesta fundamentalmente de (respuesta múltiple) encargados de edificios (73,8%), comerciantes (36,2%), vecinos (22,8%) y talleres o industrias (6,3%).

Excepto que se encuentren materiales de mucho valor y/o reunidos en un número importante, no se comienza a cartonear apenas empieza el recorrido, sino a partir del punto en el que para cada uno inicia su respectiva *zona*. Empezar a juntar antes puede ser contraproducente, porque se lleva con anticipación una carga que, sin resultar significativa, ocupa el espacio de la que sí se espera que lo vaya a ser. Del mismo modo, se deja de recolectar en otro cierto punto donde se termina esa zona propia y se emprende el retorno, excepto que se encuentre algo que realmente valga la pena y entonces se proceda a levantarlo.

Los cartoneros calculan constantemente el valor de lo que van cargando y relacionan ese dato con la ganancia diaria promedio a la que están acostumbrados. El producto de esta evaluación puede alterar la continuidad del recorrido, que de este modo puede concluir antes si el valor ha sido alcanzado o superado, o extenderse más allá de su límite si aún no resulta suficiente. No obstante, si no se cumple regularmente el recorrido, se corre el riesgo de perder los últimos "clientes".

Para evitarlo, por ejemplo cuando circunstancialmente aparece una changa en la industria de la construcción que impide dedicar tiempo a cartonear, se suele enviar parientes a cumplir el recorrido y atenderlos. Si un cartonero pierde un cliente por no haberlo atendido con la regularidad que la relación demanda, sabe que no puede invocar un derecho preexistente para reclamarlo; se resigna y trata de ganarse otros.

Clasificar

Cierta clasificación se realiza mientras se recolecta, y consiste en la distribución de los materiales en el carro según su tipo. Los carros, y especialmente los de a caballo, suelen tener un lienzo atado por sus extremos en la parte de atrás. En él se colocan los cartones alisados. También pueden observarse algunas tiras de cables o alambres a los costados, en las que se atan generalmente materiales de plástico.

Sin embargo, la principal tarea de clasificación se realiza **después** de la recolección. En ella pueden intervenir otras personas, familiares del recolector. Generalmente, la clasificación se posterga para la mañana siguiente cuando la carga es llevada en horario nocturno a la vivienda, donde existen ciertos espacios asignados para apilar los materiales. Según su tipo, éstos se pueden atar, embolsar o almacenar en ciertos recipientes, mientras que algunos –como los plásticos o los metales no ferrosos– que se guardan como ahorro, es decir, no se venden en el mismo momento que los otros, sino que se acumulan para una eventualidad (una enfermedad) o alguna ocasión especial (un festejo).

La clasificación es el momento para la práctica de cierto tipo de *picardías* con las que los recolectores pueden engañar al depositero y obtener mayor valor en la venta. La más habitual consiste en mojar los papeles y cartones, y colocarlos en el medio del fardo que se entrega. Otra posibilidad es mezclar materiales de distinta calidad y venderlos como si todos fueran de la que tiene mayor valor. Asimismo, algunos colocan arena a las latitas de aluminio antes de aplastarlas con el pie, para aumentar notablemente su peso.

Materiales recolectados

Los recolectores no suelen estar especializados en la recolección de un determinado tipo de material, pero tampoco levantan todos los materiales susceptibles de reciclaje o reuso. Ni siquiera lo hacen los cartoneros, quienes a la pregunta sobre los materiales que recolectan puedan responder "de todo". Recuerdo la enseñanza de un cartonero entrevistado que señaló que "de todo, no es cualquier cosa". Por el contrario, se selecciona aquello que tiene valor de comercialización en los depósitos donde habitualmente se vende, y esto puede ser susceptible de cambios de acuerdo a circunstancias propias del depósito (por ejemplo, ante la aparición del comprador de un nuevo producto) o del mercado.

De todos modos, los cartoneros no juntan todo el material comercializable que encuentran a su paso. Ninguno recoge un simple papel arrojado en una vereda, aunque tal vez sí guarde una caja de cartón. Para ser *levantado,* el objeto debe haber superado un cálculo mental en el que intervienen criterios vinculados con el esfuerzo que implica su carga y transporte, el espacio que ocupa en el carro y, fundamentalmente, su cotización. De acuerdo con esta ecuación, el tipo de transporte empleado constituye un aspecto sustancial en la recolección de los materiales. Quien recolecta con un carrito de supermercado probablemente resignará juntar botellas de vidrio, porque la reunión de varias constituiría un importante peso para ese carro que no se vería compensado por el valor de venta de este tipo de material. Asimismo, las botellas de tereftalato de polietileno –material del que generalmente están hechos los envases de gaseosas, más conocidos como "Pet", denominación que, por extensión, se da a los envases de ese material– son dejadas a un lado, porque si bien su valor puede ser relativamente elevado y no pesan tanto, ocupan mucho espacio, y se requiere bastante trabajo para poder reunir un kilo.

Las subdivisiones de cada tipo de material reciclable no son constantes, ya que pueden variar en función de los requerimientos de los actores que demandan (o dejan de hacerlo) un determinado tipo de material. Tampoco son universales entre los actores que participan del circuito del reciclaje, debido a que el abanico de distinciones se complejiza conforme se asciende en la cadena que se especializa en el trabajo con un determinado material.

Los cartoneros que trabajan en el microcentro de la ciudad de Buenos Aires o en las zonas donde se concentran oficinas de administración pública, entidades bancarias y comercios, son capaces de identificar diferencias en los tipos de papeles que resultan imperceptibles para los de Lomas de Zamora u otros municipios del conurbano, donde ese tipo de instituciones son más pequeñas y se encuentran mucho más dispersas. Del mismo modo, las industrias y los depósitos que se especializan en el trabajo con un determinado tipo de material son capaces de establecer una serie de divisiones en la calidad de estos materiales que no se observan en los depósitos más chicos.

A continuación se señalan algunas características de los materiales habitualmente recolectados. El tratamiento de los papeles y cartones será objeto de un detallado análisis posterior.

Plásticos

Tanto los recolectores como los depósitos polirrubros que se dedican a comercializar plásticos suelen distinguirlos de acuerdo con el producto –cajones de gaseosa o cerveza, envases de champú o de lavandina, palanganas, baldes, sillas– mientras que los depositeros especializados que se dedican exclusivamente a trabajar con este material los identifican según su tipo –ponivinilo de cloruro, poliestileno de alta o baja densidad, prolipropileno, etcétera– y calidad, independientemente del producto concreto para el que haya sido empleado. Cuando se presentan elementos de dudosa composición, se quema el extremo del producto: por el aroma y el color de la llama que se despide, el experto es capaz de advertir el tipo de plástico que se trata.

"A los depósitos [chicos] no les interesa ir más allá de la compra y venta. Ellos ven piezas. No van a realizar una clasificación detallada del material porque no le ven la utilidad. Deberían dedicar personal y sólo obtendrán una leve mejora en el precio. Por eso la clasificación más fina la hacemos nosotros",

explicó Pablo, propietario de un depósito especialista en plástico.

El siguiente cuadro refleja la distinción de los distintos materiales de plástico que generalmente comercializan los depósitos polirrubros (no especializados):

Denominación en el depósito	Elementos que recolectan los cartoneros
"Cajones y sillas"	Cajones donde se trasportan los envases de cerveza y gaseosa. Sillas y mesas de plástico.
"Soplado"	Todo tipo de bidones y envases (de champú, aceite de cinco litros, lubricantes, agua destilada, alcohol, lavandina, etc.).
"Pet"	Envases de gaseosas.
"Bazar"	Fuentones, baldes, tachos de pintura, palanganas, canastos con sifones de soda.
"PVC"	Cortinas, caños sanitarios.
"Nylon o Film"	Material de cobertura para embalaje, o cobertura de los alimentos.
"Tapitas"	Tapas de envases de gaseosas.

Botellas y vidrios

Las botellas de vidrio que se reciclan tienen dos destinos: por un lado, pueden comercializarse por unidad. En este caso, tienen valor de reuso, ya que, una vez lavadas, pueden volver a albergar líquidos. Dentro de este tipo de botellas se distinguen las "lisas" y las "marcadas" o "grabadas". La diferencia consiste en estar o no identificadas con una determinada marca comercial a través de su diseño o de un grabado o relieve exclusivo. Las botellas marcadas tienen menor valor que las lisas, porque pertenecen a un mercado oligopsónico.

Los depósitos especializados en botellas se denominan botelleros, y sólo trabajan con este tipo de material, pero no con el vidrio. Justamente, el segundo destino de las botellas es venderlas por su peso como vidrio. En estos casos, se trata de botellas que no serán reusadas, sino destruidas para ser empleadas como materia prima para la fabricación de nuevos envases de vidrio (botellas) o vajillas (platos, vasos). En este caso, los vidrios se dividen por color: verde, ambar, blanco o mezcla. El especialista se identifica como comprador de vidrio o "vidriero" y, por lo general, no suele contar con un depósito propio donde acopiar lo que compra a los otros depósitos, sino sólo vehículos adecuados con volquetes y/o guinches (llamados *pulpos*) con los que retira y vende en el acto, es decir, sin realizar ningún acopio o clasificación posterior.

Además de las botellas de sidra y champagne, existen otras que se comercializan como botellas: las de litro, que contienen productos de las firmas Gancia y Vinagres Meollo, por ejemplo, y las de 3/4, que consumen las bodegas Cava Santa María y Vinos Del valle. Algunos años atrás, la bodega Santa Ana también compraba las botellas de 3/4, pero dado que en la actualidad esta empresa fabrica todas sus botellas y no compra las recuperadas, sus envases se "tiran" al vidrio, no se reusan como botellas.

Las principales empresas que compran las botellas para su reuso son Victoria y Real. También lo hacen Sidrera del Valle, Farruca y Tunuyán, cuyas lavadoras nuevas pueden lavar ciento cincuenta mil botellas diarias.

De acuerdo con el testimonio de varios informantes, para el análisis del sector del vidrio y las botellas es importante considerar una gran transformación tecnológica y competitiva ocurrida hacia fines de la década del setenta y fundamentalmente durante la del ochenta, período en el que comenzaron a introducirse nuevos proceso tecnológicos que permiten fabricar botellas nuevas con menos cantidad de materia prima. Esto incidió inmediatamente en el peso de aquellas: una botella de sidra que antes pesaba un kilo y ciento cincuenta gramos pasó a pesar setecientos cincuenta gramos. También disminuyó el costo de la producción de botellas nuevas, aunque el costo de la recuperación de las usadas, que una vez lavadas volvían a utilizarse, siguió siendo constante.

Paralelamente, las bodegas de vinos y otros productos comenzaron a envasar sus productos exclusivamente en botellas que llevaran su marca registrada en el envase o en envases que tuvieran un diseño particular. De esta manera, si antes de esta transformación había en el mercado una botella estandarizada para la sidra, otra para el champagne, cinco de vino tinto y una de vino blanco, a partir de entonces fue posible identificar muchos más tipos de botellas de un mismo producto. Como consecuencia de esta innovación, de la totalidad de las botellas recuperadas, las bodegas compraban sólo aquellas identificadas como propias, lo que implicó que algunos depósitos se dedicaran a tener stock para compradores exclusivos.

Como se verá más adelante (ver el testimonio de uno de los compradores de envases de pet de la cooperativa de Pepe), estas profundas transformaciones incidieron en el cambio de actividad económica de uno de los actores que hasta ese momento lideraba el sector de la recuperación, acopio y lavado de botellas.

Metales

Los metales que los cartoneros comercializan se dividen en dos grandes tipos: ferrosos y no ferrosos. Para distinguirlos, muchos de ellos emplean un pequeño imán, que se adhiere sólo a los ferrosos.

Los ferrosos, también llamados *hierros dulces*, se utilizan para fabricar rejas, puertas de chapas, caños para luz, paletas de ventilador.

A continuación se presenta un cuadro donde se describen los distintos materiales frecuentemente recolectados como metales

Metales no ferrosos		Metales ferrosos	
Nombre	Materiales	Nombre	Materiales
Cobre	Cables, bovinas	Hierro	
Aluminio duro	Block de motor, tapas de motor, motores de lavarropa, llantas de autos, adornos.	Chatarra	Heladeras, cocinas, calefones
Aluminio blando	Ollas, aerosoles, aberturas, cortinas, latitas de gaseosas, llantas de bicicletas, antenas.		
Bronce	Grifería, antenas de autos, llaves de puertas, placas de cementerio, antigüedades.		
Plomo	Instalaciones de gas, contrapeso de portones.		
Zinc	Canaletas, chapas.		
Pasta	Manijas de autos, tapas de nafta.		

¿Cooperativas de cartoneros?

Según los registros del PRU, el 98,1% de los cartoneros no pertenece a ninguna asociación o cooperativa. No obstante, prevalece en la opinión pública y en no pocos funcionarios a cargo de la elaboración de políticas públicas relacionadas con la gestión de los residuos, la creencia de que este tipo de organizaciones son predominantes entre ellos. Ya la propia Ley 992 en su Art. 5 crea un "Registro Permanente de Cooperativas de Pequeñas y Medianas Empresas relacionadas con la actividad" (que hasta el presente no llegó a implementarse), y una de las primeras versiones del último *Pliego de licitaciones para la contratación del servicio de recolección de residuos de la Ciudad de Buenos Aires* –que no sin pocas dificultades pudo consultarse por Internet a fines del año 2003– preveía, sin hacer una mención explícita, que en un tercio de cada una las seis zonas en que operativamente se dividía la ciudad, la recolección diferenciada estuviera a cargo de cartoneros cooperativados. Sin dudas, una importante contribución a la extensión de esta creencia sobre las cooperativas se debe a que los cartoneros que suelen ser invitados para contar su experiencia en jornadas y eventos, o que son citados cuando los medios de comunicación masivos se refieren a esta problemática son, justamente, el reducido número que las lidera.

Debe reconocerse, sin embargo, que aunque la recolección informal de reciclables es una actividad que se realiza en forma autónoma e independiente por individuos o familias sin adscripción a una organización formal, desde fines de la década del noventa a la fecha se presentaron ante el INAES –organismo público que acredita el reconocimiento oficial a este tipo de organizaciones– más de treinta solicitudes que solicitaban la matriculación como "cooperativas" de cartoneros.[62] A pesar de que la mayoría de ellas han sido efectivamente habilitadas o se encuentran aún tramitando el reconocimiento público buscado, es oportuno señalar que ello no implica que en los hechos los distintos grupos hayan empezado a operar en el circuito productivo, ni que los que lo hayan hecho adopten una modalidad de trabajo cooperativo, ni mucho menos que estén conformados por cartoneros.

---

62. Verónica Paiva (2004) menciona que entre 1999 y 2000 se formaron las cooperativas El Ceibo (Palermo), Reconquista (Tres de Febrero), El Orejano (San Martín) y Renaser (La Matanza), mientras que entre el 2000 y el 2002 aparecieron Nuevo Rumbo (Lomas de Zamora), Mujeres para la dignidad (Lavallol), Reciclado Sur (Lanús), Villa Malaver y La perla (San Pedro).

En la actividad de los cartoneros existen dos prácticas muy extendidas que ya han sido objeto de comentarios anteriores. En primer lugar, no se vende el material inmediatamente después de finalizar un recorrido, sino que tiene lugar una instancia de clasificación y acopio posterior, que habitualmente se realiza en la propia vivienda. También puede realizarse en la vía pública, mientras esperan el tren o camión para volver a destino. En segundo lugar, los cartoneros cobran en efectivo en el mismo momento en que venden su mercadería. Basados en estas dos razones, los promotores de las organizaciones cooperativas de cartoneros entienden que, para avanzar en la concreción del proyecto resulta fundamental: a) disponer de un galpón y b) contar con capital de trabajo inicial. El galpón permitiría acopiar el material de varias compras hasta reunir una cantidad suficiente como para trascender las instancias iniciales de la intermediación polirrubro y llegar a vender directamente a la industria. El capital de trabajo evitaría a los cartoneros el enorme esfuerzo de aplazar el cobro hasta la venta del conjunto, lo cual sería una desventaja enorme de la incipiente cooperativa respecto de cualquier otro depósito.

Si bien más de una quincena de cooperativas de cartoneros tienen una existencia formal desde hace relativamente poco tiempo, la mayoría de ellas se encuentra aún en una etapa de gestación, buscando subsidios o donaciones gubernamentales y/o no gubernamentales que les permitan disponer de los recursos mencionados. Por este motivo, la sola existencia de cooperativas oficialmente reconocidas no debería ser entendida como el indicador de una nueva tendencia organizativa del sector de los cartoneros. La formalidad que otorga el reconocimiento oficial del INAES no implica inmediatamente una puesta en práctica efectiva ni tiene a ésta como antecedente. Por otra parte, no es menos importante que no necesariamente son o han sido cartoneros quienes las integran. De hecho, acreditar ser o haber sido cartonero no es un requisito exigible para integrarse a los emprendimientos ni para que éstos obtengan el mencionado reconocimiento oficial.

Pero entonces, ¿qué son las cooperativas de cartoneros? ¿Cómo funcionan realmente las existentes? En términos generales e ideales (que explica el tono potencial de la descripción), pero también en función del discurso que han extendido sus referentes y promotores, las cooperativas de cartoneros serían organizaciones integradas voluntariamente por recolectores informales de residuos que deciden asociarse para mejorar su situación individual. Esta mejora se obtendría básicamente al reunir en conjunto un volumen de materiales suficiente para evitar las instancias de intermediación y vender directamente a depósitos especializados o a las industrias. El fortalecimiento de la capacidad de negociación de los precios producto de la venta en conjunto traería, a su vez, mejoras en las condiciones de trabajo, y se podrían establecer zonas específicas de recolección para cada miembro. Asimismo, el esfuerzo cooperativo volvería innecesaria la presencia de los niños que acompañan el trabajo recolector de sus padres, y se captaría una mayor adhesión de los vecinos para la disposición selectiva de los reciclables.

Ahora bien, como resultado de la investigación realizada no he podido hallar ningún caso que responda cabalmente a esta definición ideal o que se le parezca en esencia. Observemos algunos ejemplos.

Nuevo Rumbo en Lomas de Zamora, *El Ceibo* en Capital Federal, *El Orejano* en Ballester y *Alicia Moreau de Justo* en Lavallol son algunas organizaciones que, además del reconocimiento oficial, han comenzado a funcionar realmente y continúan haciéndolo hasta la fecha.[63]

Aunque un análisis profundo permitiría advertir profundas diferencias entre ellos, en términos generales *Nuevo Rumbo, El Orejano* y *Alicia Moreau de Justo* tienen depósitos donde compran el material que les venden diariamente los cartoneros de su zona, ninguno de los cuales es socio de la cooperativa. Consultados sobre el interés por formar parte del grupo, no aprecian las ventajas que comportaría pertenecer a estas organizaciones, excepto que asociarse signifique pasar a trabajar como operario de la cooperativa y abandonar la tarea de recolección. Efectivamente, algunos de los socios que trabajan en estos depósitos como operarios fueron anteriormente cartoneros, pero la mayoría no ha sido reclutado por cumplir con ese requisito, sino por mantener relaciones de afinidad y/o parentesco con el referente del emprendimiento.

63. Otra cooperativa que alquiló un depósito y comenzó a comercializar con cartoneros es Renaser (Recuperar Naturalmente y Servir), emprendimiento originado alrededor del año 1999 en el partido bonaerense de La Matanza, en torno a una asociación entre un pequeño grupo de tradicionales cartoneros con carros a caballo (carreros) de la zona y miembros de la clase media afectada directa o indirectamente por el desempleo, con una militancia vinculada a la defensa del medio ambiente. En el año 2000, el grupo tomó contacto con el Instituto Movilizador de Fondos Cooperativos que permitió el espacio para entrar en contacto con otros grupos que, a partir de entonces, comenzaron a reunirse y que más tarde formaron la Mesa Coordinadora de Cooperativa de Recolectores.

Después de casi tres años de asistencia a periódicas reuniones y una vez completados todos los trámites institucionales requeridos, el IMFC les otorgó un préstamo que les permitió, en enero de 2003, alquilar un galpón y comenzar a comprar materiales reciclables. El préstamo, ampliado meses después, también posibilitó adquirir una balanza y una enfardadora manual antigua, que se utiliza para fardos de botellas de gaseosas. Diferencias con ciertos manejos del IMFC respecto al Centro de Acopio en Munro, habilitado en octubre de 2003, se tradujeron en conflictos internos que terminaron con el cierre del galpón de La Matanza y la disolución de Renaser a mediados del 2004.

En los depósitos de estas cooperativas, las balanzas marcan el peso justo de los materiales que se pesan,[64] por los que se intenta pagar el precio más elevado de la plaza. No obstante, lo último no siempre se consigue, y la honestidad de lo primero no deja de ser una estrategia comercial.

El caso de *El Ceibo Trabajo Barrial* (Palermo, Ciudad de Buenos Aires), presenta algunas diferencias en relación con los anteriores. La asociatividad de los integrantes tiene origen en la calidad de ocupantes de viviendas de sus miembros.[65] El grupo cuenta con promotores ambientales, adolescentes mayores de dieciséis años que recorren los barrios circundantes para explicar a los vecinos los beneficios económicos, sociales y medioambientales que implica el reciclaje. Asimismo, los promotores procuran obtener en esas visitas la adhesión de los vecinos a la campaña de *El Ceibo*, que consiste en el retiro selectivo de los residuos reciclables.[66]

64. Yo mismo pude comprobarlo cuando me pesé en ellas.

65. Interesadas en conseguir pastillas anticonceptivas para muchas de ellas y sus hijas, siete mujeres comenzaron a vincularse con diferentes ámbitos del gobierno local y nacional. Vivían –y todavía lo hacen– en casas ocupadas en los barrios porteños de Palermo, Villa Crespo y Chacarita entre los años 1984 y 1986. El recorrido por los centros de salud y de servicio social les permitió advertir que su situación de "ocupantes ilegales" o "intrusos" era una experiencia bastante extendida en la Ciudad de Buenos Aires. De este modo, dejaron de percibirse como casos aislados, ligados a desventuras personales, y comprendieron que su situación respondía también a una problemática vinculada con variables estructurales a nivel macro, para la cual el Estado contaba con oficinas específicamente dedicadas a atenderla y asistirla. Desde entonces, viven de los distintos recursos que obtienen del Estado. El grupo comenzó a utilizar los recursos públicos ofrecidos y a desarrollar simultáneamente varias actividades relacionadas con realidades que no les eran ajenas, como la promoción de legislaciones que impidan el desalojo y brinden alternativas para los ocupantes, la ayuda escolar para evitar la deserción y la capacitación para la procreación responsable. Finalmente, en el año 1989, obtuvieron la matriculación de *El Ceibo* como cooperativa de vivienda, crédito y consumo, y, a partir de entonces, el grupo ha intensificado lo que denominan "trabajo barrial", tarea en la que fueron regularmente acompañados por voluntarios estudiantes y profesionales universitarios. El acercamiento de *El Ceibo* al reciclaje de los residuos se produjo recién a fines de la década del noventa', cuando tomaron conciencia de que varios de sus integrantes practicaban en forma estable o esporádica la recolección de desechos, tanto para su comercialización como para su consumo como alimentos. "Por lo general, las familias cirujeaban todas. Juntaban papel y cartón y lo vendían una vez por semana. Muchos buscaban comida. Pensamos en vender todos juntos para ganar más plata, en acercarnos a los vecinos, en dejar de revolver de noche y trabajar de día, pero todavía no teníamos claro qué queríamos hacer hasta que en el 2000 sale la idea de los promotores ambientales", explica Cristina Lezcano, su referente.

66. Esta campaña contó con la colaboración de la ONG ecologista Greenpeace y de la Inter American Fundation (IAF).

Una vez acordada la rutina de entrega y definido un recorrido, quince "recuperadores" debidamente identificados con distintivos de la cooperativa –una pechera y un gorro violeta y naranja– pasan a buscar los materiales y los llevan a una de las viviendas ocupadas, donde los separan y almacenan.[67] Desde hace varios meses también los están llevando en un camión a un gran galpón cercano a la estación de trenes de Retiro. Ambos, camión y depósito, fueron obtenidos tras tediosas pero triunfantes gestiones ante distintas instancias del gobierno de la ciudad.

El grupo se mantiene básicamente con cuarenta subsidios para desocupados (entre *Planes Jefas y Jefes de Hogar* y *Planes de Autoempleo*) repartidos entre los recolectores y clasificadores. Con la implementación del retiro selectivo y la comercialización del material reunido, los que trabajan como recuperadores obtienen un ingreso "extra" cuando esos materiales logran venderse. Los promotores ambientales realizan su actividad a cambio de becas de estudio, otorgadas por el mismo gobierno. Por otra parte, el grupo recibe y administra regularmente una provisión de alimentos entregados por el Estado que se reparte entre socios y vecinos.

Como el grupo no obtiene su fuente principal de sustento de los ingresos provenientes de la venta de los reciclables, el control de los volúmenes manejados ha sido, hasta ahora, bastante laxo. El material que se recolecta no se pesa y, en algunas ocasiones una parte de estos materiales fue "desviada" de su destino y vendida individualmente. El hecho de que tanto los jóvenes promotores ambientales como los recuperadores que proceden al retiro domiciliario realicen este trabajo como una contraprestación individual para obtener becas y subsidios –aspectos que particularizan este emprendimiento– torna complejo su evaluación en términos de su proyección como cooperativa de cartoneros. Difícilmente quienes viven exclusivamente de la recolección encuentren mayor rédito económico al entregarlo a la cooperativa que al venderlo individualmente. De hecho, varios integrantes de *El Ceibo* trabajan algunas horas en la clasificación de los materiales como contraprestación del subsidio, pero luego lo hacen como recolectores independientes, comercializando los materiales recolectados en depósitos comunes.

---

67. Actualmente, cuentan con aproximadamente quinientas viviendas adheridas a esta entrega selectiva en mano, que les permite reunir mensualmente cuarenta mil botellas de vidrio, tres mil de Pet y diez toneladas de papeles y cartones, cuya venta les reporta aproximadamente dos mil quinientos pesos. Ese dinero es dividido entre los que trabajaron en la recolección y clasificación de los materiales.

Tras haber observado algunos rasgos que caracterizan a estas cooperativas, cabe preguntarse qué las diferencia de los depósitos comunes en cuanto a los beneficios que pudieran obtener los cartoneros. En realidad, ninguno de estos emprendimientos contempla la figura del cartonero como socio, ya que no son ellos quienes las integran. Es el reconocimiento oficial como cooperativas y la potencialidad de obtener subsidios a partir de esta identidad lo que las diferencia de los depósitos comunes. Las cooperativas de cartoneros no son formalmente "propiedad" de un individuo, sino de los socios, aunque éstos no sean cartoneros.

La ausencia de distinciones no debería conducir a concebir a las cooperativas como un deliberado intento por disfrazar con una denominación carismática el serio empeño de sus integrantes (cartoneros o no) por trascender el cotidiano contexto de marginalidad y exclusión del que muchos de ellos participan. Pero antes de propugnar desde los ámbitos del Estado y la sociedad civil la formación indiscriminada de cooperativas, como a veces suelen hacerlo no pocos funcionarios bienintencionados y profesionales de ONG que buscan subsidios para tales propósitos, podríamos preguntarnos si constituyen realmente la forma organizativa más adecuada para producir mejoras en las condiciones en que los cartoneros desarrollan su actividad, evaluar su factibilidad y partir del sincero reconocimiento de los tipos de organizaciones existentes.

Con el mismo espíritu que las cooperativas, pero como una alternativa superadora de sus deficiencias, han surgido distintas agremiaciones. Desde la perspectiva de quienes promueven una asociación gremial de los cartoneros se considera que "las cooperativas no pueden discutir los intereses colectivos de la actividad. Cuando quieren hacerlo chocan con los intereses colectivos de su empresa". Así opinan un grupo de cartoneros que, a mediados del año 2001, se acercó a la Central de Trabajadores Argentinos (CTA) promoviendo la organización gremial, que quedó recientemente conformada como Sindicato Único de Cartoneros de la República Argentina (SUCARA).[68]

Los objetivos de la agremiación aún en formación se relacionan con el reconocimiento y formalización de la actividad de los cartoneros como trabajo y con su defensa en forma corporativa. Esta agremiación tiene como antecedente otro intento de sindicalización que tuvo lugar a mediados de los años noventa y con otros protagonistas. Sin embargo, el desprestigio de muchos dirigentes sindicales argentinos genera rechazo a este tipo de asociación por parte de muchos cartoneros.

68. CTA, Diario, 11 de noviembre de 2003, págs. 8-9, y www.cta.org.ar/prensa/cobertura-/libertadsindical/testimonios/html.

Con el mismo espíritu, pero al margen de cualquier otra pertenencia, en mayo del año 2005 también quedó conformada la Unión de Trabajadores de Residuos de Argentina (UTRACA). Esta unión quedó prácticamente desintegrada al cabo de pocos meses.

CAPÍTULO 6
TRENES Y CAMIONES CARTONEROS

De acuerdo a los datos del PRU, más de las tres cuartas partes de los cartoneros registrados (76,6%) viven en el Gran Buenos Aires, principalmente en los municipios de Lomas de Zamora, Moreno y José C. Paz. No obstante, para la mayoría de los cartoneros, la Capital Federal es el ámbito donde se trasladan para desarrollar la recolección, ya que debido al nivel socioeconómico relativamente más elevado y la mayor densidad de población, se encuentran importantes volúmenes de materiales, de buena calidad y en una menor dispersión geográfica.

Las fronteras administrativo-políticas de la Ciudad de Buenos Aires son físicamente fáciles de advertir. Al Río de la Plata por el este y al Riachuelo por el sur, se añade la extensa Avenida General Paz, que bordea el norte y el oeste. Esta particular circunstancia promueve la sensación de **ingreso** hacia el ámbito capitalino de los cartoneros oriundos de los municipios del conurbano bonaerense.

La gran masa de cartoneros ingresa a la Ciudad con sus carros a practicar la recolección en horario vespertino y vuelven con la carga al conurbano después de la medianoche. Al día siguiente la clasifican en sus viviendas, para luego venderla en los depósitos ubicados cerca de los barrios donde viven. Esta generalización no incluye otras situaciones igualmente existentes, como la de los cartoneros que viven en la Ciudad o la de los que ingresan desde el conurbano de mañana, e incluso la de muchos (34,6% según el PRU) que venden en los depósitos de la ciudad antes de volver a la provincia.

Para acceder a la ciudad, los recuperadores emplean distintas modalidades. Algunas de ellas, como el uso de carros a caballos, datan de mucho tiempo atrás; otras, como los trenes exclusivos para cartoneros, son muy recientes.[69] Estas distintas maneras de llevar a cabo la actividad se desarrollaron de acuerdo con la infraestructura y los recursos disponibles en las diferentes zonas. Por ejemplo, los cartoneros que provienen del sur-oeste y que cruzan el Riachuelo por los Puentes De la Noria y Alsina, lo hacen a pie, en carros a caballo, en carritos con bicicletas y en camionetas y camiones. Los que vienen de la zona sur-este acceden a través del tren que concluye su recorrido en la Estación Constitución, modalidad principal también de los que llegan desde el oeste y el norte, pero en ramales que culminan en las estaciones de Retiro, Lacroze y Once.

De los recuperadores residentes en el GBA, el 76,5% utiliza trenes cartoneros para movilizarse, mientras que el 16,3% lo hace en camiones (registro del PRU).

Trenes cartoneros

Como antecedente de esta modalidad puede citarse que, inicialmente, los recuperadores viajaban en los furgones de las formaciones comunes; no obstante, el vertiginoso incremento de su número durante los meses anteriores y posteriores al cambio de siglo superó la capacidad de los furgones, por lo que debieron incluirse en los vagones de pasajeros. Dado que los recuperadores viajaban con sus carros, su presencia comenzó a resultar incómoda y molesta para al resto de los usuarios, quienes manifestaron distintos tipos de quejas ante las empresas concesionarias del servicio.

En consideración de estos reclamos,

"nos vimos en la necesidad inmediata de generar una alternativa de transporte para estas personas con sus correspondientes carros, de manera tal de buscar soluciones que permitieran reestablecer un ordenamiento del servicio de transporte de pasajeros".[70]

69. [Tal como fue señalado en la nota n°9, al momento de la publicación del libro la empresa ferroviaria ya había suspendido el tren y lo reemplazó –con el disgusto y el reclamo de los cartoneros–, por camiones que trasladan el producto de la recolección. No obstante su desaparición, se optó por no poner los verbos en tiempo pasado (N. del E.)].
70. Nota dirigida por el Gerente de Operaciones de Trenes de Buenos Aires al flamante Secretario de Justicia y Seguridad Urbana del GCBA el 14 de enero de 2005, en la que des-

A partir del año 2001, estas empresas habilitaron paulatinamente formaciones completas especiales y exclusivas para cartoneros. De este modo, los trenes cartoneros se extendieron a prácticamente todos los ramales que llegan a la Capital, y en cada uno de ellos se fueron incrementando gradualmente la frecuencia de las prestaciones.

Con los trenes cartoneros mermó la presencia de éstos en las formaciones comunes, pero la propia dinámica de su funcionamiento generó al poco tiempo situaciones que originaron nuevos reclamos. Los vecinos de algunas estaciones capitalinas (Caballito, La Paternal, Núñez, entre otras) se manifestaron contrarios a la aglomeración nocturna de cartoneros y se quejaron de la suciedad resultante de la clasificación de materiales realizada por éstos en los andenes mientras esperaban el tren de regreso. A su vez, los cartoneros también comenzaron a reclamar ingerencia en la decisión de los horarios en los que la empresa debía brindar este servicio, e hicieron peticiones de mayor seguridad y comodidades mínimas en los vagones. Los reclamos cartoneros encontraron acompañamiento de algunos vecinos y asambleas populares barriales, como por ejemplo las de los barrios de Colegiales y Palermo, que contribuyeron a la reapertura de la Estación Carranza como parada del tren cartonero.[71]

De todos modos, la ausencia de una habilitación específica de los organismos nacionales correspondientes y la decisión de suspenderlos por parte de la empresa prestataria del servicio los convierte en objeto de una extrema vulnerabilidad respecto de su continuidad en el futuro inmediato.

En el marco de un trabajo de campo que incluyó viajes en trenes cartoneros de distintos ramales, se pudo advertir que, si bien este tipo de formaciones especiales fueron paulatinamente incorporadas como un servicio más de cada una de las empresas de trenes, cada línea (aun las que

cribe los inconvenientes que la empresa padece por la prestación de estos servicios especiales para cartoneros, y en la que anuncia que, si bien pudo "haber sido un paliativo oportuno, su subsistencia en el tiempo, el desmedido incremento de cantidad de personas y materiales, los accidentes e incidentes producidos, los riesgos generados en contra de la comunidad en su conjunto por el peligro sanitario, de incendio y de integridad física, de depredación de las instalaciones de trenes y estaciones y la falta de intervención de los organismos públicos competentes tornan insostenible la prosecución de los servicios". La nota termina solicitando al Secretario que coordine con las autoridades encargadas de la seguridad pública del orden nacional y local "todas las acciones que permitan que al discontinuarse las formaciones tratadas, se prevengan hechos delictivos que afecten tanto a los usuarios como a los trabajadores de Trenes de Buenos Aires S.A.".

71. Para más detalles sobre esta circunstancia, ver el trabajo de Tomás Calello en Schamber, P. et al: *Recicloscopio*. UNLa.-UNGS-Prometeo, Buenos Aires, 2007.

pertenecen a un mismo concesionario) tiene sus particularidades, formas organizativas e inconvenientes propios.

Muy esquemáticamente puede señalarse que, por ejemplo, el denominado "Tren Blanco" que cubre el trayecto José C. Paz - Retiro, uno de los primeros en constituirse como formación específica para cartoneros, presenta un nivel organizativo superior al resto de los ramales y cuenta incluso con una reglamentación escrita. Esto puede deberse a que la mayoría de sus pasajeros provienen de dos barrios populares (La Cárcova y Curita / Independencia) con ciertos niveles organizativos preexistentes. De hecho, Lidia Quinteros, una de las primeras delegadas del tren, había sido "manzanera" de los programas de asistencias implementados bajo la tutela de Hilda "Chiche" González de Duhalde.[72] En el tren blanco existen delegados que tienen un importante grado de legitimidad entre sus pares y que actúan como interlocutores reconocidos en diferentes instancias de intercambios y diálogos con otros sectores. Se trata de una formación en la que se ejerce cierto nivel de control para que viajen solamente los recuperadores que han comprado su abono quincenal, y para que no lo hagan menores de quince años. También se procura que por cada carro viaje solamente una persona.

En el otro extremo se encontraría el ramal cuyo circuito termina en la estación Constitución. En este caso, los recuperadores viajan habitualmente sin pagar pasajes (la empresa no tiene intención de cobrarlos para que los pasajeros no tengan derechos a reclamos), los vagones son objeto de constantes destrozos y hay quejas de pasajeros que dicen haber sido víctimas de distintos tipos de proyectiles arrojados desde y hacia el tren en diferentes estaciones. Si bien existen algunos recuperadores que se presentan como delegados, éstos no son reconocidos como tales entre sus pares.

Por otra parte, el ramal que cubre las estaciones de Moreno y Once tiene características propias: existen dos horarios para ingresar a la Ciudad y dos para volver. Si bien el tren tiene delegados por estación, sus niveles de representación no se encuentran muy extendidos.

72. Hilda González, más conocida como "Chiche", es la esposa de Eduardo Duhalde, ex gobernador de la Provincia de Buenos Aires y ex presidente del Argentina. Como Presidenta Honoraria del Consejo Provincial de la Familia y Desarrollo Humano tuvo un rol destacado en los principales programas de asistencia social organizados durante la gestión de su marido en la provincia. Participaban de ellos alrededor de treinta y cinco mil trabajadoras vecinales que repartían voluntariamente alimentos (del Plan de Vida o de otros programas estatales de asistencia) a embarazadas y niños de sus respectivas manzanas, por lo que se las conoce como *manzaneras*.

Crónica del viaje en tren cartonero desde Moreno, 11 de noviembre de 2003

Después de gestionar que no nos cobraran el boleto –ya que trabajábamos en el Programa de Recuperadores Urbanos del Gobierno de la Ciudad (PRU) y no íbamos a salir de la estación Moreno, a la que nos dirigíamos– abordamos el tren en la estación Once de Capital Federal. La representante de la empresa concesionaria del servicio que autorizó nuestro viaje nos recomendó que, ante cualquier inconveniente con los cartoneros, nos acercásemos al personal de seguridad, y ella misma se encargó de indicarle a uno de ellos que avisara por radio al resto de nuestra presencia. "Tengan cuidado. Bueno, ustedes ya los conocen, están acostumbrados a tratarlos", nos dijo refiriéndose a los recolectores antes de despedirnos.

Luego de aproximadamente cuarenta minutos, llegamos a Moreno, apenas pasadas las 14 horas. Había varios cartoneros esperando, la mayoría con carritos de mano muy precarios, algunos incluso tenían sus partes atadas con alambres y sin soldar. Todos esperaban el tren cartonero que salía a las 14.20 hs. En este horario viajaban alrededor de setenta recolectores y, según nos contaron, en el servicio de la tarde (alrededor de las 18 hs.), un poco más del doble.

Se improvisó una rápida reunión en torno a Félix, el cartonero identificado como delegado del tren. Rápidamente se sumaron otros cartoneros delegados de las estaciones en las que descienden en Capital. En realidad, se autoadjudica la condición de delegado el cartonero más estable y con ánimo de asumir la representación del resto, aunque no necesariamente haya sido elegido por una mayoría en forma explícita. Se trata de personas a las que los agentes del PRU reconocen como interlocutores grupales.

Hasta algunas semanas antes, Félix descendía en la estación Liniers y retornaba a la noche desde la de Caballito. Es decir, su recorrido cartonero quedaba circunscrito a las calles comprendidas entre ambas estaciones. Sin embargo, la empresa concesionaria del servicio decidió que el tren cartonero no parara más en la estación de Liniers, muy concurrida en las horas pico y sin espacio para el tránsito de los carros, por lo que Félix se bajaba en Ciudadela, una estación antes de la de Liniers y la última antes de ingresar a la Capital desde Moreno.

Este delegado del tren tiene poco más de cuarenta años y no se quita las gafas de sol ni a la sombra del vagón.

"No es de facha –aclara mientras viajamos–. Tengo cataratas. No veo a más de treinta metros. No me puedo operar. Una porque tengo diez hijos y otra porque cada retina estaba, en el momento en que averigüé, entre mil y mil quinientos dólares. Yo con el carro trabajo bien. Saco veinte, veinticinco pesos por día. Me ayuda el mayor que tiene once años".

Usa una remera blanca con la inscripción "Puerto Rico" en el pecho, y unos pantalones vaqueros no muy gastados. Habla correctamente, expresa con claridad sus ideas. Plantea la necesidad de que la empresa respete los horarios que habían acordado. "Si dijeron que iban a poner dos horarios para volver a Moreno, uno a las 20.30 y otro a las 23, no puede ser que el primero salga de Once a las 21.10. Imaginate, los que venimos en el de las 14.20, a las 20 como mucho ya estamos esperando para volver. Y la gente en vez de quedarse a esperar hasta las 23 trata de venir en el tren común. Si ellos no ponen los dos servicios, que después no protesten cuando la gente viaja en el común".

El principal inconveniente de la relación de los delegados con la empresa en ese momento se relacionaba con el servicio de regreso. Los cartoneros pretendían que, así como había dos servicios para ir a Capital, hubiera también dos para volver. Con una impecable lógica negociadora, Félix nos cuenta:

"Nos quitaron la parada de Liniers porque es una estación muy chiquita pero concurrida. Y lo aceptamos. Al aceptarlo ya no tenemos vuelta atrás. Si antes no protestamos porque estuvimos de acuerdo, perdimos. Por eso ahora queremos que se cumpla con lo que la propia empresa nos dijo, que iba a haber dos servicios para volver. No podemos quedarnos callados porque si no volvemos a perder".

El tren cartonero arranca puntualmente. Es una formación de cinco vagones sin asientos, con rejas en las ventanas sin vidrios y con algunos agujeros en el piso que permiten ver las vías. No mucho, pero hay olor a orina. En compartimientos que no tienen comunicación directa con los vagones viajan cuatro agentes de la Policía Federal, dos adelante y dos detrás. Antes de salir, un hombre uniformado que permaneció en la estación marcó a un grupo de cartoneros de los vagones delanteros y me dijo, en tono confidente y disimulado, que a ese grupo no debíamos darle ningún tipo de credencial habilitante: "No respetan nada, se meten entre la gente del otro tren y molestan", señaló. La gente mayor y más tranquila se acomoda regularmente en el último vagón, y los más jóvenes e inquietos en los de adelante. El tren no para en todas las estaciones, pero cuando lo hace, la gente que espera sabe que éste no es el suyo. Mientras permanecemos estacionados para que suban más cartoneros apenas nos miran, somos invisibles, como pasajeros del tren fantasma.

El carro de Hilda concentró mi atención apenas comenzamos el trayecto en Moreno. Es una mujer de sesenta y tres años y pelo corto. Estaba sentada, casi abstraída. Su carro es de metal, muy sólido y prolijo, pintado de color plata y al acercarme me cuenta que lo había confeccionado su marido, quien se encontraba sentado enfrente. Raúl, tres años menor, tiene unas buenas sandalias de cuero, bermuda beige, chomba a rayas y una visera cruda. Es carpintero y durante treinta y seis años, hasta 1995, trabajó en una fábrica de muebles. Como se había proveído de maquinarias y armado su propio taller, después de quedarse sin trabajo pudo seguir dedicándose a su oficio. Pero los pedidos de trabajos fueron mermando a medida que se incrementaba la recesión, al igual que los fletes que realizaba con su camioneta Dodge 200. En el 2002 consiguió un Plan Jefas y Jefes, que "se le cortó" hace algunos meses, no sabe bien por qué.

Raúl no sólo confeccionó el carro de su mujer, sino el suyo y el de un vecino al que le cobró treinta pesos por la mano de obra. Todos los materiales utilizados fueron recuperados de otro uso: el de su mujer tiene, como paredes laterales, chapas livianas de un aire acondicionado, mientras que para el suyo utilizó bloques de cortinas de plástico. Las ruedas de moto se compran a cuarenta pesos el par. Le pregunto si puedo acompañarlo en su recorrido, y me aconseja que vaya con su mujer, porque el suyo hoy es sencillo: debe ir a un comercio a retirar el plástico e intentar venderlo en un depósito de Capital. Ayer tampoco realizó su habitual recorrido, porque en una confitería le entregaron ciento setenta kilos de botellas que vendió por siete pesos a un depósito de Capital. Orgulloso, comenta el peso que había soportado estoicamente su carro, aunque se queja de la exigua retribución.

Hilda era obrera textil. Trabajó desde los catorce años para distintas fábricas en el municipio de San Martín.

"Me gustaba eso, y como yo era muy buena no tenía necesidad de trabajar durante todo el año. Cuando se necesitaba aumentar la producción me llamaban y yo negociaba mi sueldo. Pero cuando pasaba esa temporada y me lo querían bajar, entonces dejaba hasta que me volvieran a necesitar".

Los últimos siete años que trabajó en el sector lo hizo para la empresa Multifilm como personal de planta. A pesar de que le realizaban mensualmente los descuentos correspondientes, sus empleadores nunca aportaron las obligaciones correspondientes.

"Cuando empezaron a andar mal, nos pagaban puchitos todos los viernes. Como me debían bastante yo les mandé una intimación y ellos me contestaron con un telegrama de despido. Al poco tiempo la fábrica se declaró en quiebra, y aunque hubo tomas y huelgas, todos quedamos afuera".

Bajamos en la estación de Flores. Hilda se colocó la pechera verde fosforescente y la credencial que el PRU le había entregado meses atrás. Si bien no usa la pechera habitualmente, la lleva, al igual que su marido. "Es muy calurosa, pero hoy corre vientito", comenta, como justificando que no lo hace sólo porque estoy yo. A mitad del recorrido volvemos a hablar del tema: "quema", me dice, mostrándome el sudor marcado en la remera justo en la zona que cubre la pechera, y debajo de la remera la piel ya está colorada. Además me cuenta que el primer día que apareció luciéndola, el repositor de un supermercado que le entrega habitualmente los cartones le dijo que, como ahora veía que ella tenía trabajo, no le iba a entregar más. "Para que me siguiera dando le tuve que explicar que no era así, que no me habían dado un trabajo sino sólo la pechera".

Subimos por la calle Bacacay hasta Cuenca y nos dirigimos por ésta hasta Gaona. Luego continuamos por Nazca hasta Nogoyá, donde en una sucursal del supermercado Norte, el repositor le entrega a Hilda cartón. Ese es el límite de su recorrido. Hasta ahí caminamos aproximadamente treinta y seis cuadras durante casi cuatro horas. Ella retorna desde allí con el carro repleto hasta la misma estación de Flores donde se encuentra con su marido. Mientras esperan el tren para volver, acomodan los materiales recolectados y los distribuyen mejor entre los dos carros.

Hilda y Raúl comenzaron a viajar en el tren al comenzar el año 2003. Fue una vecina la que le había insistido a ella a que se animara, hasta que finalmente la convenció. Al principio sintió mucha vergüenza de la mirada de la gente, "pero ahora lo tengo asumido". Su propia hermana no podía creerlo, y a su mamá le daba lástima que tuviera que hacerlo. El hijo no cuestionó, aunque lamentaba verla a esta altura de su vida recolectando con el carro. A Raúl le costó un poco más salir a cartonear, y todavía le cuesta.

Después de algunas cuadras insistí que me dejara ayudarla a llevar el carro.

"Así como a usted le dio vergüenza empezar a cartonear, a mi me da vergüenza que la gente vea que usted hace el esfuerzo mientras yo camino cómodo a su lado, anotando cosas en mi libretita", le dije.

Durante los dos primeros meses la pareja hizo el mismo recorrido, por la misma calle, uno en cada vereda: revolvían las bolsas y pedían en los negocios. Hilda cuenta su estrategia:

114

"Entro y saludo, me acerco despacito al dueño, si hay gente en el negocio espero a que me atiendan, le pido disculpas por la molestia. Si no tienen igual les agradezco y les pregunto si puedo pasar otro día".

Tuvo éxito, ya que ahora prácticamente no levanta nada de la vereda. Sus pedidos se regularizaron como entregas de "clientes", con las que llena el carro hasta el tope.

En los supermercados Día y Norte la esperé en el carro, mientras ella entraba con un impecable y enorme bolsón de lienzo confeccionado por sus propias manos. Salió de ambos comercios repleta de cartones. Por el contrario, dejamos atrás un Eki[73] y varios supermercados atendidos por personas de origen asiático porque "en esos no te dan. Los coreanos te dicen «catón noooo», y los de Eki me parece que los venden".

Junto con otro cartonero, aguardamos sin éxito en la puerta de una empresa propiedad de japoneses que importan máquinas de coser y las reparan. Me explicó que de ese negocio sacan muchos kilos de cartones, entregados de acuerdo al orden de llegada a la puerta. Después de treinta minutos nos marchamos, porque no quería llegar tarde a sus otros clientes; "total, después paso a la vuelta".

Me mostró el frente de un taller textil donde retira los lunes, miércoles y viernes. Le entregaron cajas de cartones en un almacén, una estación de servicios, una pinturería, una casa de computación, un bazar, una ferretería, una casa de repuestos de autos, dos confiterías y varios kioscos. Cuando la veían, la saludaban amablemente y le entregaban la mercadería ya seleccionada especialmente. Las kiosqueras se acercaron a darle un beso, y el muchacho de la casa de computación la saludó diciéndole "hola, hermosa".

Hilda concluye el recorrido de cada jornada con no menos de setenta kilos de cartón de excelente calidad, varios ejemplares de diarios viejos, algunas bolsas de harina y unas cuantas latitas de gaseosas y cervezas que junta en una bolsita atada al carro. "Las latitas son de aluminio y las ahorramos para las fiestas de fin de año", me comenta cuando le acerco una que estaba tirada. Algunas cajas tienen plásticos de film, que también separa poniendo en un canastito en la parte trasera del carro.

Cada vez que nos detenemos a esperar una entrega, ella se dedica con suma practicidad a desarmar las cajas para ganar espacio en el carro. Yo la ayudo como puedo, aunque me parece que entorpezco su delicado trabajo. Si las cajas tienen cintas adhesivas resistentes, usa una trincheta traída especialmente para esa tarea. Cuando los cartones superan las paredes del ve-

---

73. Cadena de supermercados.

hículo, Hilda las prolonga con los propios cartones. Además, emplea unas cintas elásticas que le permiten tenerlos firmes para la vuelta.

Hilda y Raúl tienen dos hijos: una mujer de treinta y seis años y un varón menor. La mujer les dio cinco nietas (de dieciocho, diecisiete, quince, once y ocho años), de las cuales las dos menores estuvieron siempre a cargo de los abuelos. Esa hija no había trabajado hasta el 2001, cuando consiguió un empleo como vendedora de una obra social prepaga, dos meses antes de abandonar su hogar. La semana siguiente se cumplía un año de su partida. Aunque desde entonces nunca se comunicó con sus padres, ni con su marido, ni con sus hijas, Hilda cree el rumor de que se marchó con un compañero de trabajo. Según su yerno, el día que partió ella dijo que había conseguido empleo como empleada cama adentro, pero se la veía triste. Incluso se había llevado fotos de cada una de las chicas. "Sólo ellos saben lo que verdaderamente pasaba en el matrimonio". Sin obtener ningún resultado positivo, su marido la buscó en la estación de Morón, donde le habían dicho que la vieron, y hasta estuvo en las provincias de Corrientes y de Entre Ríos, de donde son oriundos los familiares del compañero con el que supuestamente se fugó.

El yerno de Hilda es "balancín". "¿Cómo balancín?", le pregunto. "Corta fierros y chapas", me explica. Desde hacía varios años estaba sin empleo fijo. Había obtenido un Plan Jefas y Jefes que caducó tres meses atrás, cuando ingresó a trabajar a una fábrica de herrajes de San Martín y la AFIP le comunicó que, como había obtenido el empleo, ya no le correspondía seguir cobrando el Plan.

El hijo de Hilda también es balancín, y probablemente trabajó en la misma empresa que lo hacía su cuñado. Cuando al igual que él se quedó sin empleo, trabajó como personal de seguridad en una autopista y como sereno en una fábrica. Incluso logró conseguir ocupación en la misma fábrica textil donde trabajaba Hilda. Allí sufrió un accidente: el montacargas en el que se encontraba subido hizo tope con el techo, por lo que perdió completamente el dedo gordo y el mayor, y parcialmente el dedo que le sigue de un pie. Con la indemnización compró una vivienda en Moreno, muy cerca de la que habitan sus padres. Como no pensaba casarse "y es un chico de buen corazón", la puso a nombre de su hermana, que ya tenía cuatro hijas. Finalmente se casó y construyó su vivienda al lado de la que compró para su hermana. Ahora tiene dos hijas de su matrimonio, una de ocho y otra de cinco. Su mujer también tiene un hijo de quince años fruto de otro matrimonio. La pareja cobra el Plan Jefas y Jefes, y en su casa tienen un comedor donde los vecinos retiran viandas. Los alimentos secos se los entrega el municipio, el resto deben procurárselo.

Al volver a la estación de Flores, Hilda se encuentra con Raúl, quien acaba de terminar su propio recorrido. Si el tren es puntual, antes de las veintidós estarán de vuelta en Moreno. Todavía tienen que caminar treinta y cinco cuadras desde la estación hasta la casa; en ocasiones, los acerca un vecino que tiene camioneta. Van a cenar lo que haya quedado del mediodía o un té con leche con galletitas. "En eso Raúl no es muy delicado, no hace problemas con las comidas, come lo que hay". Los carros permanecerán cargados dentro de la casa.

A la mañana siguiente se despiertan antes de las siete. Mientras ella se ocupa de la casa, Raúl se dedica a clasificar el material recolectado. Si no hay necesidad de disponer de dinero, esperarán hasta el sábado para vender. Hasta hace dos semanas entregaban a un depósito ubicado a dos cuadras de su casa, pero consiguieron otro que les paga 2 centavos más el kilo de cartón y, además, lo retira con un flete.

Camionetas y camiones cartoneros

Las camionetas y los camiones que transportan cartoneros ingresan a la Ciudad de Buenos Aires fundamentalmente en horario vespertino desde diferentes puntos del conurbano, aunque en su mayoría lo hacen por El Puente Uriburu que comunica con la localidad de Valentín Alsina, Partido de Lanús. La población cartonera que trasladan es preponderantemente oriunda de las zonas conocidas como Villa Fiorito y Caraza, partido de Lomas de Zamora. En todos los casos, los vehículos corresponden a modelos que superan los veinte años de antigüedad y, generalmente, son conducidos por sus propietarios o algún familiar de éstos. La actividad anterior a la que se dedicaban se encontraba dentro del rubro fletes, como transportistas de distintos tipos de mercaderías y sustancias.

En varias oportunidades, con ayuda de estudiantes de la carrera de Trabajo Social de la Universidad Nacional de Lanús, realicé registros del movimiento de recolectores por el Puente Uriburu. El cuadro que se presenta a continuación sintetiza algunos de los resultados obtenidos en esos registros y permite apreciar la formidable multiplicación de camiones cartoneros que ingresan a la Capital en el transcurso de dos años.[74]

74. Para el año 2002, se presentan los datos de un solo día, porque la medición se realizó de manera asistemática en esa semana. De todos modos, se estima que estos resultados no constituyen una excepción en ese período. En todos los casos, los registros se realizaron entre las ocho y las veinte horas.

Registro de Observaciones de Cartoneros sobre Puente Alsina			
Tipo de vehículo	Período de observaciones		
	Promedio semana del 13 al 20 de octubre de 2000	Promedio semana del 29/10 al 2/11 de 2001	24/10/2002
Carro a mano	1	2	16
Bici con carro	8	13	158
Carro a caballo	79	70	84
Camionetas y camiones	14	18	101

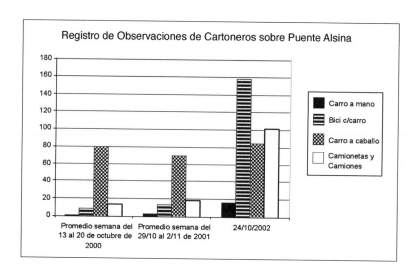

Es importante destacar que hacia fines del año 2003, y como consecuencia de las constantes quejas de vecinos y de otras reparticiones del gobierno, tanto el PRU como la Secretaría de Seguridad Urbana establecieron una "zona de exclusión" para el estacionamiento de los camiones cartoneros en el microcentro de la ciudad, espacio que hasta ese entonces preferían. Esta zona fue establecida entre las Avenidas Pueyrredón, Independencia, Paseo Colón y Figueroa Alcorta. Si bien, en la mayoría de los casos, se acordaron con los transportistas nuevos sitios para el estacionamiento (por ejemplo, detrás de las Facultades de Derecho e Ingeniería de la UBA), no necesariamente éstos fueron mantenidos regularmente desde entonces.

Entre septiembre y noviembre del año 2004 el PRU realizó una encuesta a treinta y un responsables de esos camiones que estacionaban en diferentes zonas de la Ciudad. Se pudo comprobar la existencia de distintas formas de relación entre cartoneros y transportistas.

A los transportistas encuestados se les pidió que identificaran cuál de las alternativas representaba mejor la actividad que realizaban:

Tipo de Actividad	Cantidad	Observaciones
Transporta recuperadores y les cobra un pasaje	15	El viaje cuesta entre tres y cuatro pesos por carro. Se suele pagar los sábados, después de vender la mercadería recolectada durante la semana.
Transporta recuperadores y compra reciclables	4	Los transportistas traen balanzas que colocan en la vereda al costado del camión estacionado. Compran a los recuperados que trasladan y también a otros que vienen a vender.
Compra reciclables	10	Uno además trae cinco recuperadores a los que paga por jornal con independencia del peso de los materiales recolectados.
Otras alternativas	2	Uno recupera con su familia y otro paga por jornal a tres recuperadores con independencia del peso de los materiales recolectados.

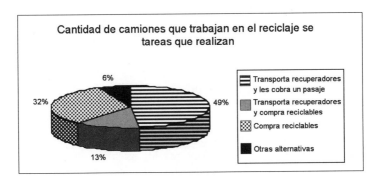

Cantidad de camiones que trabajan en el reciclaje se tareas que realizan

6%
32%
49%
13%

Transporta recuperadores y les cobra un pasaje

Transporta recuperadores y compra reciclables

Compra reciclables

Otras alternativas

La cantidad de cartoneros que cada camión traslada es muy variable. En los 15 camiones que sólo trasladan cartoneros (es decir, que no compran reciclables) en total viajan 285 recuperadores, distribuidos de acuerdo con el siguiente cuadro:

Cant. Camiones	1	1	1	5	1	2	2	1	1
Núm. recuperadores	7	12	14	15	16	18	20	35	50

El camión de Víctor, noviembre de 2002 y marzo de 2003

Víctor tiene mi misma edad (treinta y tres años). Es el propietario de un camión Mercedes Benz 11/14 del año 1984 con el que todas las tardess (excepto los sábados) ingresa a la Capital Federal junto con más de treinta personas. Vienen a "cartonear", es decir, a recolectar papeles y cartones de la vía pública para posteriormente clasificarlos según su tipo y venderlos a los depósitos donde los acopian y enfardan, y desde donde luego pasarán a las industrias que los reciclan.

El camión parte a las 17.30 desde Fiorito, en el Partido de Lomas de Zamora, Provincia de Buenos Aires, a muy pocas cuadras de la casa donde nació Diego Armando Maradona. Antes de ingresar a la Capital por el Puente Uriburu, se detendrá en cuatro sitios predeterminados para que suban grupos de recolectores que esperan con sus carritos.

Los recolectores que viajan son hombres y mujeres de edades y trayectorias diversas: por ejemplo, dos hermanas mayores de cincuenta años que cartonean desde hace seis meses. Una de ellas, la menor, comenzó poco tiempo después de que cerró el mercado de su propiedad por falta de dinero para reponer la mercadería que vendía.

"Nos tuvimos que comer lo que no vendimos. No me alcanza con los ciento cincuenta pesos del Plan Jefas y Jefes. Tengo que pagar la luz, el gas, el agua. Y no hay trabajo. Tengo que salir a cartonear para pagar los estudios de mis hijos".

Su hermana tampoco imaginó que se dedicaría a la recolección de cartones:

"Yo tenía empleada. Nunca en mi vida planché. Al principio me daba vergüenza volver a mi casa con los cartones. Me agachaba y escondía para que los vecinos no me vieran. Pero también tuve una desgracia. Me mataron un hijo de dieciséis. Me la pasaba encerrada, fumando todo el día. Hasta que ella (su hermana) me propuso que saliéramos a cartonear. Si no, quién sabe como hubiera terminado. Depresiva; tuve tres intentos de suicidio".

Otros cartoneros me contaron acerca de su hijo:

"era un excelente albañil, pero le gustaba demasiado robar. Le gustaba tirotearse con la policía, y un día le dieron un tiro. Esta señora está cumpliendo arresto domiciliario, si te fijás en la muñeca te vas a dar cuenta de que tiene la marca de unas esposas conectadas a la policía para saber donde está. Pero antes de venir ella se la saca y se la deja puesta a su hija que se queda en la casa, y cuando vuelve se la pone otra vez. La detuvieron el año pasado (fines del 2001) con los saqueos que terminaron con De La Rúa. A ella la llevaron en una camioneta a saquear. Cuando vino la cana, todos salieron a correr y se fueron, y ella fue la única que se quedó y la engancharon".

Otros cartoneros se dedican a la actividad desde hace más tiempo: uno o dos años. "Antes veníamos al Once en colectivo y cirujeábamos con bolsas. Pero a veces no nos dejaban volver con tantos bultos". Siguen haciendo el mismo recorrido que antes, pero ahora se trasladan al lugar en el camión de Víctor.

Para saber cuántos traslados corresponde cobrar a cada pasajero, Analía, la mujer de Víctor que también viaja todos los días en el camión y recolecta en su propio carrito, lleva una libreta en la que diariamente anota quién viaja. Cada vez que el camión se detiene para subir a la gente, ella anota una "X" en la columna del día del listado de nombres de pasajeros habituales que ya tiene confeccionado.

Una vez en Capital, el camión se detendrá tres veces para permitir el descenso de grupos de recolectores: una parada sobre la calle Entre Ríos antes del Congreso Nacional, otra cerca de Canal 7 de televisión y una última en Palermo. Los carros de quienes bajan primero se acomodan en el camión o en el trailer que Víctor anexó para facilitar estos descensos.

Poco después de las 19 horas, se estaciona en el barrio conocido como "Las Cañitas", muy cerca del Campo Argentino de Polo, donde desciende la mayoría de los cartoneros que viaja con Víctor. Hasta hace tres meses, este transportista debía pagar todos los viernes treinta pesos a un delegado de la policía que lo autorizaba a permanecer con el camión en ese lugar. No obstante, tras reclamar a un funcionario del gobierno municipal que vive en la zona, el delegado policial dejó de aparecer.

Cada uno de los recolectores que viaja con Víctor sigue un itinerario relativamente determinado, trazado de acuerdo con la ubicación de sus "clientes". Generalmente, éstos son los encargados (conocidos como *porteros*) de los edificios de la zona, que "guardan" la mercadería para cada cartonero, pero también pueden ser los propietarios o empleados de algunos comercios, bares y restaurantes. Esta relación entre los cartoneros y sus clientes no está mediada por ningún tipo de transacción en dinero: es una colaboración del encargado con la actividad de los cartoneros. A su vez, el cartonero es consciente de que tiene cierto compromiso con su cliente, como pasar en los días y horarios acordados. De lo contrario, es probable que un colega suyo se gane a ese encargado como cliente.

Excepto dos recolectores que también juntan botellas de vidrio, el resto se dedica casi exclusivamente a cargar papeles y cartones. La mayor parte de esos materiales son retirados de los clientes, pero también se junta de las bolsas de basura libremente depositas en las veredas.

Cuando durante la segunda mitad del año 2001 Víctor se inició en esta actividad con el camión, traía recolectores a los que les cobraba el pasaje, y tanto él como otros miembros de su familia se dedicaban a cartonear. Sin embargo, ahora abandonó esa actividad y se dedica a comprar materiales, tanto a los cartoneros que transporta como a otros que pasan por donde estaciona, principalmente pasajeros del Tren Blanco que le venden antes de volver a la provincia. Asimismo, comenzó a transportar carritos que entrega a los cartoneros que lo esperan regularmente en el lugar donde estaciona. Éstos hacen su recorrido, venden la mercadería a Víctor y le devuelven los carritos hasta el día siguiente.

Los recolectores que hacen el recorrido en Las Cañitas deben retornar al sitio donde se encuentra el camión estacionado a más tardar a las 23 horas. Algunos comen en una olla popular que organizan todas las noches desde enero del 2002 un grupo de vecinos de la Estación Carranza, en Avenida Cabildo y Dorrego.

Los carritos cargados se acomodan en el camión según el orden que facilita el descenso en Lomas. Al abandonar Las Cañitas, el camión recoge a los grupos que habían descendido en primer lugar, de acuerdo con los lugares y horarios de reunión previamente acordados.

Cruzando por el mismo Puente Uriburu, otra vez en la provincia, los grupos de recolectores bajan en los mismos sitios cercanos a sus casas donde subieron. Los carros quedarán cargados en la vivienda de cada recolector hasta la mañana siguiente, cuando proceden a realizar la clasificación del material recolectado.

El sábado a la mañana, el camión de Víctor pasará nuevamente a buscarlos, pero esta vez, el destino no será la Capital Federal, sino que los llevará a vender el material a un depósito cercano, donde se lo acopia y enfarda. Aunque todos concurren juntos a vender al mismo depósito, cada uno realiza la transacción en forma particular. Una vez efectuada la venta, cada recolector le paga a Víctor dos pesos por cada viaje realizado durante la semana.

TERCERA PARTE

Eslabones de la cadena

El circuito de los recortes

Cartoneros, depósitos e industrias son los tres principales eslabones que integran el circuito del reciclaje, a través del cual ciertos desechos se transforman en insumos industriales para la fabricación de nuevos productos.

Esta tercera parte tiene el propósito de presentar una descripción del recorrido de los materiales después de su recolección, clasificación y venta por parte de los cartoneros. De este modo, se intentará caracterizar cada una de las instancias o eslabones que conforman este encadenamiento productivo, y fundamentalmente aquella que suele conocerse como de intermediación. Con este propósito, se presentan dos casos de depositeros.

Dado que los actores intervinientes se especializan en un determinado tipo de materiales conforme éstos avanzan en su recorrido, se ha escogido prestar especial atención al rubro de los recortes (papeles y cartones), material mayoritariamente seleccionado por los recolectores. Consecuentemente, después de una descripción general de los actores que intervienen en el circuito, se analizará con mayor detenimiento los que participan en ese rubro.

CAPÍTULO 7
ESLABONES DEL ENCADENAMIENTO PRODUCTIVO

Los **cartoneros** buscan, identifican y recolectan los materiales reciclables. Mediante este trabajo, devuelven valor mercantil a ciertos despojos del consumo urbano. Este ejercicio, es importante volver a destacarlo, incluye una clasificación detallada.

El siguiente eslabón de la trama de la recuperación de reciclables lo constituyen los **depositeros.** Los depositeros rechazan ser catalogados como intermediarios, ya que detestan la acepción pasiva y exclusivamente lucrativa con la que está teñida esa denominación. Por el contrario, reivindican su función productiva de acopio y preparación de los materiales para su posterior consumo por la industria. También en este caso debe reconocerse una tarea de clasificación, aunque no necesariamente siguiendo los mismos criterios o parámetros que en la instancia anterior.

Los cartoneros suelen vender a los depósitos que, a falta de una definición determinada, podemos identificar como *polirrubros,* ya que acopian distintos tipos de materiales sin especializarse en la comercialización exclusiva de ninguno. La diversidad de materiales con los que trabajan responde tanto a una cuestión de escala como a una estrategia de captación. Por un lado, al tener a los cartoneros como únicos proveedores, no logran acopiar el nivel suficiente de un determinado material que les permitiría trabajar exclusivamente con él. Por el otro, si no recibieran todos los materiales que los cartoneros levantan, éstos preferirían entregarlos en otros depósitos que sí brindaran esa comodidad, aunque pudieran tener menores precios en algunos productos. Del conjunto de materiales reciclables, los polirrubros se abstienen de comprar los metales ferrosos ("los fierros"), principalmente cuando su disponibilidad espacial resulta acotada.

Estos depósitos polirrubros o generalistas venden a depósitos *especializados*, cuya calificación depende del material con el que trabajen: chatarreros, metaleros, plastiqueros, botelleros, vidrieros; en el caso de los rezagos de papeles y cartones, se los conoce como *recorteros*. Los depósitos especializados terminan de preparar los materiales reciclables como materia prima para el consumo industrial, no sólo porque acopian una cantidad suficiente como para comercializar con las industrias, sino porque, dependiendo del tipo de material de que se trate, lo disponen de acuerdo a los requisitos de la demanda: los diversos tipos de papeles y cartones se enfardan, algunos plásticos se muelen y ciertas botellas se lavan. No obstante, algunos depósitos polirrubros grandes, que cuentan con enfardadoras y transportes propios, omiten esta escala de especialización y venden directamente a las industrias en las condiciones requeridas.

No suele haber datos oficiales que permitan conocer con exactitud cuántos depósitos polirrubros y cuántos especializados existen en un determinado municipio. Muchos de ellos, fundamentalmente los que operan a baja escala, carecen de una habilitación oficial y, por lo tanto, no aparecen en los registros públicos. Por otro lado, los que sí se encuentran habilitados, no necesariamente aparecen clasificados de manera uniforme, aunque realicen el mismo tipo de actividad. Para el caso del conurbano bonaerense, corresponde considerar otras dificultades de nominación: la Ley 9111/78 que prohibió "los depósitos de basura y/o de elementos recuperados de la misma, sea en espacios abiertos o cerrados" (Art. 10) tanto como "la realización de cualquier tipo de tarea de recuperación de residuos, aun por parte de quienes tengan la adjudicación de la concesión por recolección" (Art. 11).

De todos modos, la actividad de recuperación por parte de recolectores y depósitos ha tenido una continuidad histórica independientemente de estas prohibiciones, aunque hayan ido variando algunas de sus modalidades operativas. De acuerdo con un rastrillaje efectuado por operadores del PRU, en agosto de 2004 se identificaron setenta y tres depósitos (entre polirrubros y especializados) en la Ciudad de Buenos Aires, concentrados fundamentalmente en los barrios de Pompeya, Soldati, Lugano, Chacarita y Paternal (Carlino, S., Jagüer, M. y Schamber, P., 2004).

Esta ubicación no es arbitraria, sino que está vinculada con los sitios donde la ciudad desposito los desechos para quemarlos o incinerarlos.

El incremento de recolectores registrado durante la década del noventa y fundamentalmente desde el inicio del año 2002 se produjo simultáneamente a la aparición de nuevos depósitos polirrubros, en un contexto muy favorable para este sector, consecuencia de la fuerte demanda de materiales por parte de la industria producto de la caída de las importaciones después de la devaluación.

Además de los depósitos, existen **intermediarios** que se dedican incidentalmente a la actividad: compran en pequeñas cantidades en depósitos polirrubros chicos o retiran de grandes generadores de residuos para luego vender a los depositos especializados o a las industrias. En este caso, se trata de actores que cuentan con capital suficiente como para invertir y que aparecen sólo en momentos muy redituables. Su presencia podrá notarse más adelante, cuando se retraten a los esporádicos compradores de materiales de la cooperativa *Nuevo Rumbo*.

Por una u otra vía, finalmente los materiales llegan a las **industrias o fábricas** donde estrictamente se reciclan, esto es decir, donde se consumen como materia prima para la obtención de un nuevo producto. En las fábricas, los papeles y cartones se transforman en papeles higiénicos, papeles de envolver, cajas varias; los vidrios, en botellas y elementos de la vajilla y bazar, como vasos, platos, jarros o floreros; los plásticos, en juguetes, baldes, palanganas, mediasombras; los metales, en distintos tipos de piezas para la industria de la construcción, electrodomésticos, electricidad, etc.

Las dimensiones de estas industrias son muy variadas: puede involucrar tanto a una pequeña empresa como a grandes grupos transnacionales. Durante el trabajo de campo conocí una pequeña que fabricaba flotadores para inodoros, hilos de bordeadoras y codos para caños de agua utilizados en los bajomesadas de las cocinas. Funcionaba en el garage de una vivienda de Lomas de Zamora, donde además de su dueño, trabajaban cinco operarios. Parte de la materia prima que utilizaban era "plástico" comprado a un depósito polirrubro (el de la Cooperativa Nuevo Rumbo). También visité una fábrica de papel higiénico que, a pesar de ser calificada como "chica" por varios informantes, ocupaba un espacio de cien metros cuadrados en el partido de Tigre, y según uno de sus operarios, consumía al menos un fardo de recortes de papel por hora (comprado a un depósito polirrubro de Gral. Pacheco, a pocas cuadras de allí) durante las veinticuatro horas del día. En el otro extremo puede mencionarse el caso de Scrap Services, empresa que pertenece a una firma que desarrolla sus proyectos a escala planetaria (Grupo Techint), que procesa la escoria de metal ferroso proveniente de los depósitos especializados en acopiarlas (chatarreras).

En el circuito informal del reciclaje, cada una de las instancias mencionadas –desde la recolección a la industria– es independiente y autónoma del resto, pero sólo en el sentido de que no están enmarcadas formalmente en ninguna relación contractual que las vincule. La industria no es propietaria de los depósitos ni éstos, empleadores de los recolectores. Sin embargo, se encuentran de tal modo interconectados que los condicionamientos y transformaciones en alguno de ellos incide necesariamente en el resto. En un trabajo pionero sobre las vinculaciones económicas entre las diferentes instancias que conforman el circuito del reciclaje de papeles en Cali (Colombia), y que ha sido una guía indispensable y constante para este trabajo, Chris Birkbeck había planteado que aun cuando los recolectores aparentan estar trabajando para sí mismos, de hecho forman parte de una organización industrial:

> "Si la industria del acero se encuentra en crisis, igual sucede a los recolectores de chatarras. Si aumenta la demanda de papel de desecho, lo mismo sucede con los precios y muy probablemente con el número de recolectores de basura... el negocio del reciclaje de basuras se caracteriza por la existencia de una jerarquía de vínculos verticales que van desde la fábrica al recolector de basura" (Birkbeck, 1979: 386).

Otro ejemplo de tal interconexión es el hecho de que el diámetro de la boca del horno de la industria donde se funden los metales es el parámetro que establece el valor del objeto: si supera los setenta centímetros, es grande y habrá que cortarlo, por lo tanto su valor desciende frente al mismo objeto pero más pequeño.[75] De este modo, queda en evidencia que también el recolector forma parte de un sistema que no es estático, sino que, a medida que los materiales pasan de mano en mano, crece en escala y organización.

Los distintos eslabones están además *clientelarmente* asociados, tanto cuando el depósito polirrubro le presta los medios de recolección a un cartonero como cuando un depósito especializado financia las compras del polirrubro. No es extraño encontrar casos donde los niveles superiores del encadenamiento proporcionan máquinas enfardadoras y adelantos de dinero para cubrir los gastos operativos de los depósitos

---

75. Esta anécdota me la refirió Francisco Suárez.

que, a partir de entonces, entregarán a aquéllos la totalidad de su mercadería y a un precio con poco margen de negociación. También se debe mencionar que existen muchos casos donde ex empleados de industrias utilizan su experiencia laboral y se instalan como depositeros proveedores gracias a la ayuda provista por sus ex patrones.[76]

Esquemáticamente, el encadenamiento productivo del reciclaje puede ilustrarse del siguiente modo:

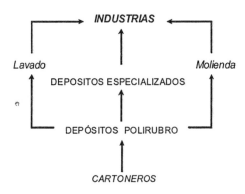

76. Chris Birkbeck encuentra que el "depósito central" que toma como caso es abastecido por seis depósitos "directos" que son de su propiedad y doce "indirectos" con los que sólo existe un acuerdo verbal de compras. Resulta muy interesante que en la consideración del administrador del depósito central, los depósitos indirectos aparezcan como mucho más "productivos" que los directos, que no tenían mayores preocupaciones por su salario (Chris Birkbeck, 1979).

CAPÍTULO 8

DEPOSITEROS

Al igual que lo que sucede con el resto de los estamentos que componen el circuito del reciclaje de residuos, una única definición globalizadora acerca de los depositeros construida en función de sus rasgos comunes ignora irremediablemente sus profundas diferencias y heterogeneidades. Existen depositeros que ejercen su oficio desde hace décadas, como consecuencia de haberlo heredado de su entorno familiar. Otros, por el contrario, han abierto sus galpones en épocas recientes, aunque es difícil que no acrediten antecedentes que los relacionen con la actividad. Asimismo, encontramos depositeros con perspectivas de negocios innovadoras, que buscan nuevas estrategias de crecimiento y expansión, mientras que otros podrían ser considerados retrógados o conservadores, porque no alientan ni se plantean mayores cambios. Algunos se muestran dispuestos a cumplir con las reglamentaciones y habilitaciones vigentes, mientras que otros permanecen cómodamente "en negro", en connivencia con la autoridad de turno.

Sin embargo, independientemente de estas y de otras variantes, los depositeros comparten un estigma: suelen ser considerados como integrantes de un grupo mafioso que obtiene suculentas rentas a través de la explotación de los cartoneros. Probablemente, la razón de esta generalizada opinión descanse en el supuesto de que, mediando entre la industria y la recolección, obtienen enormes ganancias sin agregar nada de valor al engranaje productivo.

Efectivamente, existen muchos casos como el de Luis, quien paga mensualmente una pequeña suma (entre veinte y treinta pesos) al jefe de calle de la policía:

> "Es un pago injusto, pero por otra parte así estoy tranquilo. Si no pago, tendría problemas yo o los cirujas que me venden. Se paran en la puerta y les empiezan a pedir documentos. Al rato ya no me viene a entregar [vender] ninguno. La policía es una gran familia. Es un mal necesario, si no estuvieran tendríamos otro tipo de problemas. Saben que no pueden apretarnos mucho, porque tendríamos que cerrar el depósito y eso tampoco les conviene" (Luis, depositero polirrubro de Remedios de Escalda, partido de Lanús).

Sin ignorar que amparados por la complicidad lograda a través de coimas a la autoridad pública (policía y/o municipalidad) muchos depositeros desarrollan conductas reñidas con el orden legal (como el sólo hecho de tener en funcionamiento sus depósitos sin ninguna habilitación), los depositeros, lejos de ser un agente pasivo o sobrante, cumplen un papel productivo fundamental que no debería ser ignorado por ninguna política pública que se plantee introducir modificaciones en la industria informal del reciclaje. Después de varios años de ejercicio de una política estatal dual, caracterizada por la difusión de propuestas orientadas a combatir y reprimir aquello que sus funcionarios a la vez consienten a cambio del pago de ciertas gratificaciones, tal vez sea razonable auspiciar iniciativas que favorezcan sinceramente la inclusión de estos actores en el marco legal vigente.

A continuación se exponen los casos de dos depósitos polirrubros que eventualmente mantienen relaciones comerciales entre sí. Se trata de uno "grande", ubicado en el conurbano bonaerense, cuyo dueño tiene más de tres décadas en el oficio y del que participan activamente sus hijos. El otro es reciente (aunque la vinculación de su propietario al oficio es anterior), mucho más chico en lo referente a los volúmenes de materiales manejados y se encuentra en el barrio de Saavedra de Capital Federal.

El depósito de Pacheco[77]

El depósito está ubicado en la zona norte del conurbano bonaerense, en General Pacheco (Partido de Tigre). Entre 1973 y 1978 su propieta-

---

77. Entre octubre y diciembre de 2000 efectué cuatro visitas al depósito de Pacheco. Entrevisté a Gonzalo y a Manuel, los dos hijos del dueño, y a algunos de sus empleados. También acompañé a Gonzalo en su camioneta a retirar cartones de un generador y posteriomente a entregarlos en una fábrica de la zona. Se pueden encontrar otras referencias a este depósito en el discurso de CG, comprador de la cooperativa Nuevo Rumbo (ver más adelante).

rio estuvo a cargo de la concesión de la quema de San Isidro y, como consecuencia, podía extraer de ella todo lo que considerara de utilidad. Independientemente de la similitud en el desarrollo de la actividad en uno u otro contexto, si hubieran estado vigentes los términos utilizados a fines del siglo XIX, habría sido catalogado como un "empresario de la basura". Por el contrario, al aplicarse los criterios de Laura cuando a mediados de la década del setenta se puso en marcha el CEAMSE, se lo identificó como integrante del reducido núcleo de "traficantes de basura".

La concesión finalizó abruptamente cuando los residuos dejaron de disponerse en la quema y tuvieron como nuevo destino los rellenos sanitarios inaugurados por el CEAMSE. En el predio de la quema, el municipio decidió construir un campo de golf. Gonzalo, el hijo mayor del propietario, comentó:

> "Mi viejo tenía la concesión del terreno que vendría a ser ahora donde se hizo todo el campo de golf de Boulogne. Todo eso era un bañado, y todo eso lo llenó mi viejo con basura. Él tenía el campo ese y era el que autorizaba el ingreso de los camiones ahí y encima él lo explotaba, sacaba lo que se reciclaba. Había trescientos tipos a cargo de él. Eso sería del setenta y tres al setenta y ocho. Me acuerdo que yo era chico y que vivía ahí, en la quema de la basura. Me encantaba estar ahí, todo mugriento, todo sucio".

Este comentario es corroborado con el recuerdo de Miñona, una mujer que cirujeaba en la quema del padre de Gonzalo y que hoy continúa haciéndolo en la vía pública, con un carro a caballo:

> "Desde que vinimos a hacer la ciruja, toda la vida le entregamos al padre de él (señala a Gonzalo). Él nos compraba primeramente en Villa Jardín, en lo que ahora es el barrio La Horqueta. Después, de ahí, él se cruzó acá, en Bancalari y le seguimos entregando a él, ahí. Después, se vino para acá y seguimos con él, para acá. Y de ahí quedamos con él, acá. Los años que yo tengo, que ya hace cuarenta y seis años con esto, toda la vida desde que empecé esto, le entregamos mercadería al padre de él".

Gonzalo permanece mucho tiempo en el depósito. Se desenvuelve prácticamente como un intermediario, ya que tiene una camioneta con la que se encarga de retirar papeles y cartones en empresas y supermercados de la zona (mencionó a Jhonson & Jhonson y a Coto), y los entrega directamente a una fábrica que los recicla. No necesariamente estos generadores de donde Gonzalo retira fueron contactos establecidos por él. Lo acompañé a una empresa que es "cliente" de una mujer ciruja a la que le regala los materiales. Gonzalo se ocupa del retiro y, tras entregarlos a la fábrica, paga a ella por ese material, descontando sus propias ganancias. Según sus propios cálculos, en su camioneta transporta aproximadamente unos cinco mil kilos de cartón.

Manuel, el menor de los hermanos, maneja el camión con el que se trasladan los fardos desde el depósito hasta las industrias. Advierte una importante diferencia en el estilo de gestión del depósito entre ellos y su padre: los hermanos comparten proyectos para modernizarse, por ejemplo, priorizando el retiro en empresas que realiza Gonzalo en lugar de la compra directa a los cirujas en el depósito.

Los precios que paga este depósito no necesariamente son los mismos para todos los recolectores. Los más fieles, es decir, aquellos que tienen muchos años entregando materiales a este depósito, pueden llegar a recibir hasta dos centavos más por cada kilo de cartón. De la misma manera, si un proveedor que siempre les entregó deja de venderles por alguna mejora circunstancial que ofrece un depósito rival, cuando los precios caen y vuelve a venderles a ellos, le pagan uno o dos centavos menos que al resto, como una suerte de castigo por la "traición".

Muchos recolectores se presentan en el depósito con su mercadería clasificada en bolsas o paquetes sujetos con alguna cinta. Otros no realizan este agrupación previa, como un recolector con carro a caballo, cuyos materiales fueron descargados en la puerta del depósito sobre el piso y a la que luego se le unieron las puntas para facilitar su carga al hombro hasta la presa.

> *"Hay clientes que son vagos y no lo van a clasificar. Está el otro que le gusta laburar y se va a ganar un manguito más si lo clasifica, si lo trae bien hecho. Pero acá por lo general se clasifica todo, porque la gente no sabe mucho, el papel acá lo conocés de los años que tenemos laburando, de tocarlo, de verlo. Muchas veces lo traen como blanco y adentro del blanco hay continuo. Nosotros sí lo clasificamos porque es una ganancia para nosotros. También es como va variando el precio. Hace un mes atrás un kilo de cartón te lo estaban pagando dieciocho centavos. Ahora te lo están pagando doce centavos en fábrica. Entonces hay que buscarle le vuelta para que te dé menos trabajo, explicarle a la gente, «mirá bajó el precio del papel así que van a tener que clasificarlo un poco mejor porque no nos dan a nosotros los números».*
>
> *La fábrica es el que sigue arriba de nosotros. La fábrica no les va a comprar a una camioneta porque hay que clasificarlo. El cartón viene en bolsas o atado con hilos, y lo que nosotros hacemos es clasificarlo, limpiarlo, sacarle la basura, sacarle los hilos, prepararlo para que esté listo. Ponele, para Ge-*

neral Pacheco (fábrica de papel higiénico) muchas veces preparamos nosotros la mezcla enfardada, no tienen que mezclar ellos, tanto por ciento de diarios, tanto por ciento de revistas, de blanco, de continuo, según la calidad cambia el porcentaje. Imaginate, si a cien kilos de planilla le echás doscientos de continua vas a tener un papel de mejor calidad que echándole cincuenta de continua. Se va preparando según la necesidad de la fábrica o del cliente que tengas. Como estamos trabajando ahora, la planilla blanca es blanca y el color va al cartón. Antes en cambio se mezclaba el blanco con el color. El diario es el peor papel que hay y es higiénico porque pasa los cien grados y no por otra cosa. El papel higiénico es lo más sucio que hay, y es higiénico porque en el monolúcido pasa los ciengrados.

En el rubro de metales, el plomo casi ya no existe, se reemplaza por el plástico, por el PVC. El zinc tampoco, ahora las canaletas son de PVC. Antes se mezclaba la pasta con el plomo para rebajar el plomo, o sea que la pasta es de menos calidad que el plomo, pero para abaratar los costos se mezclaba, para que no sea plomo puro. Ahora el plomo ya no existe y la pasta casi ya tampoco porque las manijas de los autos son de plástico, los espejos de los autos ya son todos de plástico. Lo que se maneja mucho es el cobre, el aluminio y el bronce. El cobre se mezcla con estaño para hacer el bronce. Hay muchas clases de aluminio; tienen todos el mismo precio pero se clasifican, empezando por el de menor calidad: la segunda, la primera, el perfil, el cárter, y las latitas entran en aluminio, pero ya es otra cosa porque va a otro tipo de horno, es un horno rotativo porque son tan finitas que se queman. Los aluminios se mezclan y según, por ejemplo un muchacho necesitaba hacer esculturas y necesita un aluminio que sea duro pero a la vez liviano, entonces lo mezclás con cárter, que es el de las piezas del motor de autos, con un poco de segunda o de primera para que sea más liviano. La segunda es ollas, todo eso, lo que viene achatado, lo duro no va, va todo lo que es ollas, sartenes, pavas, todo es segunda. La primera vendría a ser los marcos de ventanas y puertas. El perfil es lo que sale después de limar" (Manuel).

Además de los hijos y otros familiares del dueño, en este depósito trabajan habitualmente seis personas, cuatro de las cuales tendrían aproximadamente treinta años de edad y las otras dos alrededor de sesenta. El horario de trabajo se extiende entre las 6.30 y las 17 horas, de lunes a viernes, con un descanso de treinta minutos para almorzar en un bar contiguo y con los gastos a cuenta del depósito. Los sábados sólo atienden hasta el mediodía.

El depósito cuenta con aproximadamente veinte metros de frente por cincuenta metros de fondo. En el frente encontramos una balanza para los carros y una báscula para los vehículos más grandes. Ambos instrumentos de medición dividen al depósito en dos. En la balanza pequeña está "el viejito", el más antiguo de los operarios, quien comenta:

"Yo hace más de treinta años que trabajo con el dueño de acá. Para mí no es patrón, por la confianza que me tiene. Hacé de cuenta que vengo a ser como el pibe de él. Haceme esto y yo hago; conmigo es muy bueno, yo no me puedo quejar de él. Yo no tengo hijos, soy juntado nomás. Nací en Las Palmas (Chaco), mi papá trabajaba en la compañía grande esa que está en La Palma, trabajaba en las hornallas, en el ingenio. Yo vine cuando tenía trece años con un hermano mayor. Vine a Lomas de Zamora y después compramos un terreno en Laferrere, kilómetro veinticinco. Trabajé en el mercado Dorrego que estaba en Álvarez Thomas y vivía en una pensión en Belgrano R.[78] En el mercado estuve como dos años. Después ya me largué solo, anduve solo ya, me separé de mi hermano".

El viejito pesa los materiales que le acercan desde los carritos y las bicicletas que esperan estacionadas en la puerta. A continuación, anuncia en voz alta el resultado de la medición, y el cartonero se dirige a cobrar a la piecita ubicada a un costado, donde el dueño del depósito o una de sus hermanas le abona.

Los papeles y cartones son trasladados por otros operarios (generalmente reclutados en el entorno familiar del viejito), hacia el fondo, mientras que el resto de los materiales (distintos tipos de metales) se alamcenan adelante, en bolsas y tachos enormes.

"Hace unos cuatro meses que estoy, antes era panadero, achicaron personal, llegué acá por él, que es mi padrino (dice uno de ellos señalando a "el viejito"). En la panadería estuve ocho años".

Otro operario controla la báscula para pesar vehículos y lleva los registros en un "libro de actas". En este caso, los materiales se distribuyen en un entrepiso cuya construcción aún no ha sido acabada; allí los cartones se acomodan en un sector y el resto de los papeles en otro. Desde ese entrepiso se cargan las dos máquinas prensadoras de doble cajón, una ubicada en la zona delantera (de cara hacia la entrada) y la otra hacia atrás (mirando el fondo). Cada máquina permite prensar simultáneamente dos fardos de quinientos kilogramos cada uno. En este depósito se prensan diariamente unos treinta fardos de cartón y la misma cantidad en fardos de papel.

En una de las prensas trabaja un pariente del "viejito", quien está en el depósito desde hace un año; antes trabajaba con su padre en otro de-

---

78. Respectivamente, calle y barrio de la ciudad de Buenos Aires.

pósito más grande, ubicado en el barrio de Flores (Capital Federal). Pero optó por el depósito donde trabaja su abuelo porque el otro quedaba muy lejos de su casa, ubicada en una villa en Boulogne a la que él y los demás trabajadores, que también viven allí, calificaron de peligrosa.

Los fardos prensados se apilan debajo del entrepiso, en el patio, donde también se encuentra un pequeño basural perimetrado con maderas en el que se arrojan los materiales inservibles, como los lomos de los libros y revistas, y las bolsas de plástico (llamadas "films") en las que son envueltos los papeles que se venden. Esas bolsas son recolectadas por un adolescente que no es operario de este depósito, quien luego las vende en otro depósito que sí comercializa este material.

"Antes había más papel, o sea, no había tantos comerciantes con el papel, con los cirujas no había y después, también, tenías el hecho de que la plata te servía. Mi viejo tenía los empleados que vivían en la villa y te lo dicen «Vos con lo que ganabas un día te comprabas un terreno cirujeando», y ahora viven en una villa. Valía la plata y con el trabajo a los cirujas les alcanzaba y vivían muy bien. Por lo que contaba el capataz, ellos eran tipos que se gastaban fortunas en el hipódromo, en mujeres, fortunas con todo lo que sacaban de la quema. Había de todo, ropa, comida. O sea, vivías de ahí, vivías de la basura. Ahora no se puede. Antes nosotros comíamos, hasta en casa mismo, cuando íbamos al mercado teníamos la yerba, el arroz, los fideos no hacía falta comprarlos porque mi viejo, cuando vino Carrefour, limpiaba (retiraba cartones) Carrefour, y era impresionante, era medio camión de cartón y medio camión de mercadería. Te daban una lata abollada, una bolsa de azúcar pinchada, unos huevos de pascuas rotos. Con los helados fallados o... Frigor tiene una producción en tira de cien helados, por un helado mal no van a buscar cuál es, descartan la tira entera de cien helados, así que imaginate los que salen por día. Stani cuando iba a la quema te tiraba un camión de caramelos por día. Iba la Philips y te tiraba un camión de lamparitas por día. Por eso se vivía mejor, o sea, no tenías en que gastar la plata, la plata te quedaba libre. Comías de ahí, sacabas la ropa de ahí, sacabas todo de ahí, y era todo el día laburando y laburabas todo el día. La ropa era la que sacabas de ahí, te la ponías, la ensuciabas y la tirabas y sacabas otra ropa, que estaba limpia, porque era ropa de trabajo.

Pasa que a esa gente (cirujas) nunca estuvo enseñada, nunca se le enseñó a decir tenés que tener tu terreno y tu casa. Era todo muy fácil. Ahora ya no es más así, ahora tenés que laburar. Ahora quizás es peor porque yo creo que a veces es como que Perón les enseñó que ellos tienen que recibir, y no a sacrificarse y conseguirlo, vos no pensás en tener esto o aquello sino en que te lo den, son gente así.

Ahora también se tira, lo que pasa es que no te dejan recuperar. Yo fui al CEAMSE la vez pasada y un camión entero de zapatillas que las tiraban porque la costura va por el medio en vez de ir por el borde. No te lo dejan sa-

car. Igual que la vez pasada fui a IBM, trajo no se cuantas fotocopiadoras nuevas que hizo IBM, impresionante la cantidad de modelos que hubo, hubo treinta o cuarenta modelos de fotocopiadoras que sacó IBM, de la chiquita a la más grande y entonces trajeron una de cada una acá a IBM Martínez, para que las copien, bueno, de esas, las tiraron todas al cinturón ecológico, nuevas, en vez de regalarlas a un colegio.

Mi viejo puso una librería a mi hermana, y los libros prácticamente salen de acá. Se recuperan los libros. Mi viejo buscó la forma para que mi hermana también labure. En vez de romperlos, ¿por qué no recuperarlos y venderlos o canjearlos? Mi hermana está ahí en las Lomas de San Isidro y hay mucha gente europea, hay libros del año 1800 y pico, de 1940, 1930, 1920, es gente europea que le gusta la historia y busca esos libros. Si vos agarrás un libro hoy en día es un resumen: Carlitos bajó del barco, agarró un cacho de tierra y lo conquistó, te dicen los libros de hoy, pero agarrás un libro viejo y te dice toda la historia de cómo fue paso por paso. El otro día vinieron los de las Biblioteca de La Nación y tiraron todos los diarios porque los microfilmaron, encima los microfilmaron mal, y los diarios vinieron a parar acá, y mi viejo los llevó al museo de acá, de Pacheco, hay algunos guardados por ahí. Había diarios de 1847, imaginate las noticias de ese momento. En uno, por ejemplo, decía: «Se remata chacra, lamentablemente el señor Juan Carlos tuvo un acontecimiento familiar negativo y lamentamos tener que rematarle la chacra por tal motivo...», o sea siempre pidiendo disculpas. Después hay un libro que tiene mi viejo que dice: «Para el cansancio, el agotamiento, la lucidez: cocaína». La cocaína era de venta libre en 1920, la comprabas en la farmacia, era un medicamento" (Gonzalo).

"Vivimos de esto, pero nos interesa que se recicle, que se recuperen las cosas, que no se corten los árboles, que no se ensucie" (Manuel).

"Aparte nos hemos criado en un ambiente así, carpa, campo, caballo, perro, gato, pájaros" (Gonzalo)

"El camión está lleno de basura adentro por no tirarla afuera. Yo me tomo una coca y la tiro en el camión para no tirarla afuera" (Manuel).

"Vos agarrás Orange, Delta.Com, son empresas que te dicen «al servicio del medio ambiente», y vos estás viendo que eso es un comercio y que es mentira. Lo que hace Orange, Delta.Com, eso es una careteada, se cagan en el medioambiente y se cagan en todo. Delta.Com hizo mucha plata coimeando[79] gente y tirando residuos peligrosos en el CEAMSE. Era la única empresa que vos tenías un ácido prohibido para tirar en cualquier lado y los tipos te lo tiraban, porque el tipo iba con la cometa. Y vos vas a una empresa y querés sacar el cartón y van ellos y ¡plaf!, te rompen el culo. ¿Ellos qué hacen? Van y la tiran al cinturón ecológico, lo tapan, desaparece y vos perdés tu negocio, de ganar tu plata y encima de hacer algo bueno.

Ves la televisión: Punta del Este. Estamos en campaña de reciclaje, y van todos los conchetos con la maquinita y ¡tac!: aplastan la lata, y después ve-

---

79. "Coimear", en lunfardo: pagar ilegalmente dinero a alguien para obtener un beneficio.

nís acá para Buenos Aires y los ves que son los mismos hijos de puta que tiran la latita por la ventana, se tapan las cloacas, va a parar al Río de la Plata, tirás una caña con tres chicotes y sacás en uno un forro,[80] *en otro un carefree*[81] *y en otro sacás el anzuelo pelado porque ni pescado sacás, y si lo sacás no lo podés comer porque tiene los dos ojos llagados. Y toda esa gente la ves allá, en Punta del Este, careteando con el medio ambiente.*

Por el hecho de que una fábrica te dé el cartón a vos o el papel y te lo venda, hay pocas fábricas que lo hacen porque realmente el dueño siente una necesidad de cuidar el medio ambiente. Te digo que lo hacen para no tener una multa, porque a vos te piden un papel que justifique que tu basura se recicló, ¿entendés?, para no pagar una multa. Bueno, a mí me sirve el negocio de comprar el papel, pero vos ves que algunas personas lo hacen por el hecho de zafar de una multa y nada más.

Yo tenía, a veces, problemas con la gente porque me decían ciruja cuando era chico. Y yo me crié en esto y nunca me calentó, o sea que lo tengo asumido, y ahora vos ves gente que me decía ciruja y te pregunta: ¿para hacer negocio con esto, ¿cómo es?; pero por qué no te vas a la puta que te parió, si lo estás haciendo por plata, no lo estás haciendo porque realmente te interesa la naturaleza o cuidar al medio ambiente, lo hacés por plata. Acordate cuando vos me cargabas.

Ciruja viene de quien es cirujano. Eso lo dijo mi viejo, cuando los médicos estudiaban, iban a la quema porque tiraban cosas de los hospitales. Entonces iba el cirujano y para poder estudiar le pagaban a un tipo, que es al que le dicen ciruja, para que vaya a buscar una pierna o un brazo o una cabeza. Ciruja viene de cirujano. Y así el ciruja empezó juntando las piernas y después el papel y metal y todo. Entonces le quedó ciruja, si no sería basurero.

Yo me acuerdo una vez que había limpiado el cementerio de Boulogne y tiraron todos los cajones a lo que es la quema de mi viejo. Fuimos con mi primo a revisar los cajones, y después vinimos con esta parte y esta (se señala la rodilla) y veníamos con los huesos taca, taca, taca, taca hasta que nos agarró mi vieja y mi tía. Era muy interesante, era copado" (Gonzalo).

El depósito de Fernando, en Saavedra (Capital Federal, junio de 2004)

El depósito de Fernando, de aproximadamente cuarenta metros cuadrados, está ubicado en una esquina frente a la urbanización conocida como barrio Mitre, integrado por trescientas veinte modestas vivien-

80. Preservativo.
81. Marca de apósito femenino.

das construidas por el Banco Hipotecario Nacional en la década del cincuenta. Sus principales proveedores habitan en el barrio o en las zonas aledañas, aunque algunos también viven en el conurbano.

"*Ciruja es una forma de vida, por lo menos en mi caso. Mi padrino Marcos (el cordobés) era ciruja, y acá en este barrio (Mitre), el cincuenta por ciento de los laburantes eran cirujas. Había muchos carritos, los famosos «botelleros». No sé si los viste a Miguel o al Mencho, todos tenían su carrito y salían a la calle a comprar. Y la gente los llamaba. Esa es la gran diferencia con lo que hay ahora, era un laburo de comerciante, compraba cosas viejas y se las vendía a mi padrino. Yo me crié en ese ambiente, empecé a conocer los distintos materiales, pero no porque estuviera interesado, sino como forma de vida, como los conocen acá en el barrio todos los pibes de mi edad. El vidrio, el hueso en aquella época pero que ahora no se vende más; el cartón, el plástico no existían, lógicamente. Estamos hablando del setenta, yo ya tenía ocho años.*

Mi padrino era ciruja, después se pone depósito con la ayuda de mi viejo y de otros más. El capital del chabón era ese. La mujer es la dueña del lugar donde ahora estoy yo. El fue padrino mío de confirmación, que es el padrino que elegís vos.

Durante la época del menemato nada valía nada, los materiales valían tan poco que ya no había más botelleros. La fábrica llegó a pagar 0,05 centavos el kilo de diario. ¡La fábrica, eh! Y el diario es uno de los materiales que, a través del tiempo, siempre se mantuvo, siempre se compró y se vendió, y se recicló toda la vida.

¿Sabés como nace la palabra ciruja? En los basureros, en la quema de Parque Patricios, bueno, en realidad había muchos basurales, cada zona tenía su basural. Entonces los tipos iban a buscar a esos basurales lo que tiraban los basureros, y no sé qué periodista famoso dice «escrutando con precisión de cirujano». Porque ellos iban con una bolsa y un fierro y detectaban hueso y a la bolsa, aluminio y a la bolsa. Por deformación del idioma quedó ciruja. Creo que fue Escardó o el padre de Borocotó, alguno de esos periodistas importantes que se dedican a la cosa popular. El que sabe mucho de eso es Cherquis Viale, ¿lo conocés?, el periodista deportivo, judío, hincha de San Lorenzo. Él sabe porque vivió en Almagro, barrio de muchos cirujas.

El gran auge que tiene (el cirujeo) es después de la Segunda Guerra Mundial, cuando no se podían traer cosas de afuera como ahora, y se empezó a usar lo de acá. Así también es como nacen las villas, las traen los tanos, no los paraguayos. La traen los tanos porque si te ponés a analizar, las chapas y todo eso salen del dejo de la industria. Acá el pobre vivía en rancho de adobe, no en una villa, para el pobre de acá era más fácil hacerse el rancho de adobe. Entonces los tanos vienen con otra cultura, y los que vienen del interior imitan eso, el rancho de reviroi y eso. Normalmente van todos a la construcción, que no necesita preparación, y a la ciruja. Lo aprendimos de los tanos, para mí lo apren-

dimos de los tanos, en ese sentido son los maestros. Igual que los gallegos. Esto es compra y venta. Tenés que conocer los materiales, pero es compra y venta.

Cuando llegá el menemato todo eso muere. Y ahí arranca otra etapa que es en la que yo me engancho. Yo andaba de tachero, pero veía un calefón y lo levantaba, tenía la terraza llena de porquerías. El diario también lo juntaba, te pagaban poco y nada, pero si sabés que hay dos pesos tirados en la calle, ¿lo dejás? No, lo agarrás. Y esto es material que vale guita. El otro día apareció un chabón que consiguió empleo, pero que como se acostumbró a estar en la calle, chau, no fue más a laburar. Además, en un laburo corriente le pagan quince o veinte pesos por día, más el viaje o qué se yo. Y acá, por ahí tienen la suerte de embocarse cincuenta pesos en medio día. Está bien, no es lo normal, pero los tipos veinte pesos por día, si laburan, se los llevan.

Ciruja se es toda la vida, es una forma de vida. Yo tengo secundaria industrial y comercial. Me recibí de técnico textil y debo cuatro materias de técnico comercial. Trabajé de textil, fui subdirector de una fábrica y me echaron a la mierda. Estuve en la Wrangler y ahí me ofertaron ir a San Luis para desarrollar un proceso de control de calidad que es el que traen de Estados Unidos. Y acá los muchachos se la hacíamos de taquito, ganábamos plata a lo pelotudo y lo hacíamos mejor que ellos, más rápido y más barato. Yo, cuando estuve en la fábrica como subdirector, manejaba trescientas cincuenta personas; daba trabajo, distribuir el trabajo era el principal laburo mío. Y después de terminar ese laburo, me dedicaba a diseñar telas. Pero yo soy peruca y milito desde los doce años. Hubo una huelga y me metí. Yo no podía porque era el subdirector. Me ve el trompa dueño de la fábrica, llegamos a un acuerdo y me fui.

Me fui a La Pampa, donde ya vivía mi hermana, a poner un criadero de conejos. Me fui con ciento treinta y siete kilos de peso, porque la cosa mía es morfar. Y me volví, con una mano atrás y otra adelante. Me vuelvo de La Pampa y empiezo a buscar laburo. Me enganché de peón tachero. Me estaba pagando el auto, y después mi viejo me ayuda y en el noventa y tres y me compro mi primer auto. Laburo como un burro, tenía dos peones a la mañana, yo a la tarde y a la noche tenía un peón más.

Al poquito tiempo, se muere mi viejo. Había que pagar las cuentas. Vendo la licencia. Me quedo con los autos, uno me lo chorean y otro me lo quedo. Y empiezo a laburar acá, en el bar, con mi vieja, los dos. Me quedo con poca guita pero sin deudas. Bueno, algo de guita tenía y me la agarró el corralito. Habíamos juntado dólares, y nos agarró el corralito. Cuando pesificaron los dólares al principio a 1,40 pesos, yo agarré esa guita. No sabíamos qué hacer. Ya se había cortado la importación. Le digo a mi vieja "mirá qué lindo está para poner un depósito". Hicimos las cuentas y no me alcanzaba ni a gancho. Hablo con la señora de mi padrino y le digo que le quería alquilar, sin contrato ni nada, probemos un par de meses; si va, va y si no... en esa época estábamos todos pelados y agarró viaje.

Empecé a laburar solo. Mi vieja todavía tenía el bar. Las primeras cargas me fueron para la mierda. Porque subía y bajaba el material. Llegó a va-

145

ler sesenta centavos el kilo de cartón. Cuando lo agarré yo, ya estaba en baja, lo pagaba a 0,45 y lo vendía a 0,46. Así no sólo no salís hecho, sino que perdés. La primer carga pierdo, la segunda pierdo, y en la tercera recién salgo hecho. A todo eso laburaba solo, todo el laburo que hoy hacen los pibes lo hacía yo solo. Seis meses estuve laburando solo. Desde las seis de la mañana hasta las once de la noche. Todos los días. Bajé veinte kilos así. Me empiezo a recuperar. Me viene ayudar Daniel, que es este chico que laburaba con mi vieja. Ayudar es un decir, él me cebaba mate y me daba una mano con los lienzos. Hasta que un día tomo un pibe. Después tomo otro. Las cosas comienzan a ir mejor. Yo tenía en esa época el Renault 12 que era tacho (taxi). Lo cargaba de cartón hasta el hecho. Iba a buscarle las cosas a los vecinos. Ahí arranqué. Después le compro la camioneta Dodge a mi padrino de bautismo, el hermano de mi viejo. Era un cachivache, pero como yo soy mecánico, porque de los catorce hasta los diecisiete trabajé de mecánico mientras hacía la secundaria. La dejé bien y con los papeles en orden. Recién en este verano le puse gas. La caja de atrás que tiene ahora la hicimos nosotros. La cana me paraba y me decían ¿cómo podés andar con eso? Donde voy a entregar yo, ahí en Scrap los fierros, al principio no me querían recibir, pero les gané por cansancio. Ahora sí, porque soy un buen cliente, voy con el camión.

Laburando a lo pelotudo, haciendo cagadas. Primero compraba papel, diario y metal, después comencé a comprar fierro, después comencé a comprar vidrio, ahora plástico. La cana te jode. Al principio, me tantearon porque esto se presta mucho para los que afanan y te traen. Por ejemplo, un block de motor no lo podés comprar, todo aquello que está registrado no lo podés comprar, a menos que seas el titular y lo quieras vender con los papeles. Cuidándote de esas cosas, lo demás se compra todo. Entonces, al principio, me tantearon, pero cuando fue la purga de la policía no me vinieron a hinchar más las pelotas. Después, la contra (un depósito rival que está desde antes) comenzó a decir que yo vendía falopa, porque como a mí me empezó a ir bien, él empezó a inventar boludeces. Quieras o no, a la corta o a la larga la cana te empieza a caer. Viene la brigada como cuatro veces y revisaban. A mí me venía bien que vinieran de tanto en tanto porque también hay muchos malandras que vienen y te la pueden dar, porque vos comprás de contado, estás con la guita ahí. Además, yo soy uno de los pocos depósitos que no tengo reja, no tengo nada. ¿Viste como están los otros depósitos? Además, para sacarme un mango a mí, vamos a tener que discutir un rato largo. Por ahí en otro lado me achicaré, pero acá en Saavedra, no. Yo me estoy jugando la vida, tengo cuarenta y dos pirulos, dónde voy a ir. Es un gremio muy jodido, heavy, vos no sabés con quién estás hablando. Pero si vos les pagás más o menos igual que todos y los tratás bien, les permitís pasar al baño, lavarse las manos, en otros depósitos no se lo dan.

Acá en Capital siempre se pagó menos que en provincia. Los tipos venían, hacen la recorrida, te dejan y lo otro se lo venden allá. Entonces, vos tenés que especular con eso también. Yo el cartón acá lo estoy pagando 0,18, pero por ahí en provincia está 0,20. Por esas dos guitas los tipos no te lo dejan, ni siquiera por una guita te lo dejan. ¿Pero, qué pasa? Los tipos vienen, llenan el changuito, descargan y pueden seguir juntando mientras vuelven. En cambio de esta otra forma llenan una vez el changuito y cagaste. O por ahí vienen, te dejan el cartón y el diario, pero el metal se lo llevan allá porque lo venden más caro. Ese es el laburo que hacen, y eso es con lo que vos laburás.

A la mercadería le hacés entre 0,2 y 0,05 centavos, este es el margen con el que laburás en el papel y el diario. Tengo gastos fijos, tengo dos pibes: Osvaldo, que es el que maneja la camioneta, cobra ciento ochenta; y el otro, ciento cuarenta pesos por semana. También está Darío, pero él hace changas y está por bocha de heladera (las abre y les saca el cobre). Él lo único que pone es el laburo, porque yo pongo la moladora, la luz, los discos, todo. Tenés la factura de la mañana, el café, el mate, el azúcar. A fin de mes son gastos, de ese boludeo tengo casi ciento cincuenta pesos por mes. Es plata. Ahora voy al Mercado Central, compro diez kilos de azúcar, de yerba. Paso por Migueletes, donde hay un piquete policial, y le dejo una vez por semana un kilo de yerba y azúcar, café, mate cocido, depende la oferta que encuentre en el Central. Y después voy al otro y lo mismo. Los tipos nunca me pidieron nada, pero como son gauchos... En Migueletes, yo entrego el fierro, entonces tengo una garita ahí y otra del lado de Capital. A esos retenes les dejo cosas de vez en cuando.

Yo ya iba a entregar ahí, con mi padrino, cuando era chiquito. Cuando empezó el Cordobés estaban Esteban, mi hermano y el Chiqui. Mi padrino nunca quiso que yo laburaba en esto, para él yo estaba para otra cosa, pero yo iba igual. La vida te va llevando. Lo importante es no perder los principios. La guita del laburante es sagrada. Yo me quedo tranquilo cuando junto la guita de los pibes. Yo toda mi vida laburé, con mi viejo, desde los seis años laburé. Fabriqué churros, tuve máquinas para fabricar poullóveres, hacía gorritos de Boca y de River que vendía en la cancha.

Como los tipos ven que yo estoy creciendo mucho, saben que yo a la corta o la larga me voy a agrandar. O me agrando o muero. Entonces me retacean los precios para no dejarme crecer. Yo llevo cuentas del día por día, y cuando ves que manejás una cantidad que podés entregar en fábrica... Porque el problema de entregar en fábrica no es ningún misterio. Vos tenés que entregar tantos kilos y firmás un contrato. Y si no llegás tenés que salir a comprar como sea para cumplir con los kilos. Por lo menos, al principio, hasta que te conocen. Yo, con el fierro, tuve el ojete de que los tipos necesitaban, entonces me decían «sí, traé». En cambio, andá a querer entregar fierro hoy. No te lo toman. En cambio, yo ahora llamo y les digo: «Alicia, preparame el pago que vengo muerto de guita».

Yo estoy juntando por semana entre cinco y seis toneladas de diario y cartón, y entre dos y tres toneladas de fierro. Al principio, me pagaban con patacones, y no había patacones grandes. Llegué a cobrar como ocho mil patacones de a billetes de veinte. Pero gracias a Dios existían los patacones, porque no había guita. Otra cosa por la que la gente venía acá era porque yo pagaba con guita nacional, y después me daban patacones. Los Lecop se los mandaba

*a La Pampa a mi hermana, y ellos me mandaban plata nacional. La iba re-
mando. Hay otros tipos que se ahogan, dicen que esto es un quilombo y se van
a la mierda.*

*El fierro me lo pagan en cheques, porque es fábrica; en cambio, los otros
son depositeros como yo, que se dedican a un solo rubro, y los tipos manejan
efectivo. Para no dejarme crecer te mueven los precios, te lo suben, te lo bajan.
El ideal es que vos entregues en dos depósitos, entonces si te peleás con uno, tenés el otro, y tranquilo te dedicás a buscar otro. Esto es lo que se llama «cani-
lla de dos bocas»; esto te lo enseña la vida: mi viejo en el bar tenía dos sode-
ros. Y eso lo vas usando en la vida. Cuando tenía los dos tachos iba a un lavadero, y entonces le digo: Si me hacés precio, te traigo siempre a vos.*

*Después está el tipo que te jode en la balanza, y en vez de pesarte diez
te pesa nueve. O el que te dice que en vez de pagarte 0,18 te paga 0,21. A ese
desconfiale, porque te está volteando en la balanza. Si tenés enfardadora es
otra cosa, es otro precio. Es así, no hay secreto.*

*Hoy un tipo, si vos lo tenés en blanco te sale ochenta mangos. La ART
(Aseguradora de Riesgos del Trabajo) es barato, creo que está veinticinco pesos por mes. Ahí nomás tenés cien pesos. Después tenés ingresos brutos, jubilación tuya, entre pito y flauta te está saliendo hoy, tenerlo en blanco, ciento cincuenta o doscientos pesos por mes. Esa guita es una semana de sueldo que yo
se la doy a los pibes. Además siempre se llevan chapas, lavatorios, ropa para los
chicos, eso no se lo cobrás. No es que uno hace caridad, pero si no, nos come-
mos entre nosotros.*

*Se trabaja por un 30%. Cualquier negocio que te deje más de un 20%
ya es negocio. Los textiles trabajan un 60%; el metalúrgico, ahora debe estar
en un 50%.*

*Es redituable tener una prensa, pero ¿sabés cuánto sale? Dieciocho mil
dólares. Está bien, podés conseguir una por cinco mil, pero tenés que andar re-
negando todo el día. Además tenés que pensar en dos personas más, y no es fácil. ¿Sabés la gente que cambié yo acá adentro? Ahora mismo, estoy en juicio
con uno que eché porque me estaba afanando. Venías vos y me entregabas diez
kilos de cartón y el tipo me cantaba veinte en la nariz mía. Después iban afuera y arreglaban mitad y mitad. Lo llamé la atención un par de veces, hasta que
le dije basta. Después, estaba otro que me robó la llave, entró y me afanó una
bolsa de monedas.*

*Con los que traen, cualquiera se va a prestar a que los entrevistes. Es
gente humilde, laburante. Te va a costar más con los de arriba. El papelero es
un buen pibe, pero no va a querer, encima se está agrandando. Ellos la encontraron hecha, no son gente de laburo. Habrán pasado algunos meses mal, pero la encontraron hecha. A Gonzalo (del depósito de Pacheco) le entrego yo los
papeles y ellos entregan directamente en la fábrica, en papelera Santa Ángela.
¿Te acordás que hace un tiempo secuestraron a un papelero? Bueno, era ese.
¿Sabés la seguridad que tienen ahora? Después de Gonzalo para acá, a una
cuadra y media tenés otra papelera.*

Después, en el fierro tenés: la acería Gurmendi en Campana, Gragado en Bragado y Acindar en Villa Dálmine. Gurmendi y Acindar son de Techint, y Bragado es de otra familia y fabrica mayormente aceros para la construcción. Yo no llego para entregarles a ellos.

El siguiente paso que me sigue a mí es la prensa. Me la estoy haciendo yo la prensa. Estoy esperando conseguir una bomba hidráulica piola. Ahí sí puedo entregar en las papeleras, y los precios cambian. Pero, para llegar, tenés que entregar enfardado".

CAPÍTULO 9

PASTA Y RECORTES

En el caso de la producción de papeles, el insumo básico y esencial –la materia prima– es la **pasta celulósica**. Esta pasta se elabora fundamentalmente a partir de las fibras que proceden principalmente de la madera de los árboles, aunque también de otras especies vegetales y de ciertos desechos agrícolas, como la paja del trigo, el bagazo de caña de azúcar, el bambú, el algodón, el lino, etcétera.

De acuerdo con el tipo de producto que se desee obtener y con la tecnología disponible, en la fabricación de papeles también pueden emplearse como materia prima algunos elementos de descarte.

El reciclaje, independientemente de los beneficios que pudieran comportar las políticas públicas vinculadas a la protección del medioambiente, es una actividad eminentemente económica. En estos términos, para las empresas su existencia se justifica sólo si es posible adquirir, a menor costo, un insumo recuperado de entre los desechos capaz de reemplazar a la materia prima virgen. En tanto materia prima, el material reciclado no tiene ninguna cualidad superior al material virgen, por lo que su precio nunca supera al del material que reemplaza. Descontando el costo de su procesamiento en el consumo industrial, que a su vez es superior al que demanda este otro tipo de elemento virgen, nos encontraríamos ante un valor que actuaría como "techo" o tope. Por consiguiente, si el material virgen es caro y escaso, se incentivará el reciclado, pero si es barato y abundante, no habrá mayor demanda de los residuos sustitutivos. Esta lógica fijación de precios actúa verticalmente hacia el resto de los actores de la cadena.

Casi un siglo después del informe elaborado por la Comisión Especial nombrada por el Intendente Municipal Adolfo Bullrich en 1899, que descartaba un aprovechamiento industrial de los recortes provenientes de los residuos, el esquema parece haberse invertido. En este sentido, Schvarzer soslaya la importancia del uso de recortes y llega incluso a sugerir que su disponibilidad a bajo costo promocionó algunos de los cambios ocurridos en el sector papelero. Al referirse a la reconversión tecnológica de una planta industrial que buscaba aumentar el uso de recortes en lugar de pasta como materia prima, este autor afirmar lo siguiente:

"La utilización de recortes (muy conveniente por su menor precio relativo) había perdido sus incentivos durante la década del ochenta debido a los cambios aplicados en los sistemas de recolección de residuos en las grandes ciudades (coincidentes con la privatización de los mismos); el método aplicado de recolección urbana dificultaba la separación de diversos insumos (papel, vidrios y otros), reciclables en los respectivos procesos industriales. Aún así, una masa de desocupados impulsó a numerosos individuos a encarar la selección de residuos para su venta como medio de vida. Esa oferta de residuos ya clasificados, basada en una mano de obra de muy bajo costo, permitió aquella reconversión fabril que no hubiera sido posible de otro modo" (Schvarzer, 1993: 26 y 27).

Los papeles reciclados o recortes se catalogan de acuerdo a sus diferentes calidades. Una primera clasificación grosera pero clara es entre cartones o papeles marrones por un lado y el resto de los papeles por el otro. A su vez, dentro de los papeles se distinguen los económicos de los blancos. Entre los primeros se encuentran revistas, diarios, cartón gris (cajas de pizzas, estuches de alimentos o medicamentos) y color (que incluye a los anteriores cuando no se pueden clasificar o resulta antieconómico hacerlo). Entre los segundos están (en orden de calidad creciente): planilla o blanco 3, formulario o blanco 2, y obra o blanco 1.

"El blanco 1 obra es un papel sin impresión. Hay poco en el mercado porque en general es rezago de producción. Ledesma, o Papelera Sarandí o alguna de esas hacen resmas de papel. Lo cortan, ese corte cae, y eso queda como papel blanco. Se comercializa en el mercado y es un papel muy bueno para fabricar papeles porque no tiene impresión. Al no tener impresión y ser muy blancos tenés que tener menos proceso de blanqueado porque es casi una celulosa. Es lo más cercano a la celulosa.

Después tenés el formulario o el blanco 2 que es un papel de oficina con escritura de una sola cara, con bajo nivel de escritura. Se llama formulario porque históricamente era el formulario continuo de las impresoras. Y la planilla es la planilla de oficina, la hoja impresa. Se admite algo de color, colores suaves como los de algunas facturas. Ahí tenés las tres categorías. Todo el resto está dentro de los económicos" (Ignacio, responsable del abastecimiento de recortes de una importante industria papelera).

El esquema gráfico de los distintos tipos de recortes es el siguiente:

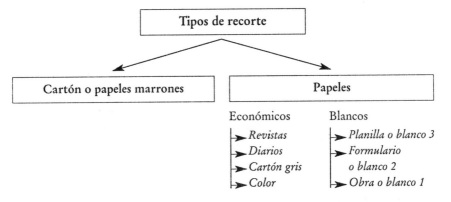

Si bien también admite otros tipos de recortes y puede ser usado en la fabricación de otros productos, el cartón se emplea generalmente para fabricar cajas de cartón. Las principales fábricas de cartón que tienen integrado el proceso productivo –es decir, que fabrican el papel cartón, lo embobinan y fabrican las cajas de cartón– son Smurfit, Zucamor y Cartocor, que es la fábrica principal de la empresa Arcor en cuanto a cajas de cartón.

El resto de los recortes se utilizan para fabricar diferentes tipos de papeles, que podrán variar de acuerdo con la calidad del material empleado. Los económicos servirán para productos más baratos, y los blancos para fabricar productos de mayor calidad. Por ejemplo, con todos los papeles se puede fabricar papel higiénico, pero dependerá de la calidad del recorte utilizado que sea gris y áspero o blanco y suave.

Las fábricas de papel de diario también emplean papel reciclado.

"Papel Prensa, que es el más grande fabricante de papel de diarios en Argentina, que los dueños son *Clarín* y *Nación*, utilizan papel de diarios para fabricar papel de diario. Hacen las bobinas de diarios y después se las mandan a las imprentas, a *Clarín*, a *La Nación*, a *La Prensa*, que ellos ahí imprimen el papel de diario. Papel Prensa debe estar comprando el 60% de los diarios. De hecho, recupera todo lo que es devolución de los diarios *Clarín* y *Nación*, y recupera todo lo que es pérdida de producción en sus fábricas de papel de diarios. Así que, sólo con eso, ya tenés un porcentaje alto porque es el que más fabrica y el que más vende. Y además, cuando no le alcanza eso, compra en el mercado diarios. Papel Prensa es sin dudas, en Argentina, el mayor consumidor de diarios usados, aunque no necesariamente el principal comprador, ya que en realidad mucho no compra porque lo tiene" (Ignacio).

Cuando las industrias no están integradas, es decir, cuando las bobinas producidas en las fábricas de papel son vendidas como tales y no como otro producto terminado, surgen empresas denominadas **convertidoras**. Son plantas que transforman la bobina en un proceso productivo que no requiere elementos químicos, sino que emplea máquinas rebobinadoras y cortadoras mediante las cuales se obtienen distintos tipos de productos finales (como los diferentes tipos de cajas de pizzas, de zapatos, etc.). En este caso, no todos los informantes utilizan la misma denominación, aunque definen en los mismos términos a los actores que intervienen en el circuito:

"Hay fábricas que compran el recorte y terminan con la caja, es el caso de Zucamor, Smurfit; son empresas muy grandes. Compran el recorte y venden el producto terminado, que es la caja. Mayormente, en el papel higiénico venden el producto terminado. En cambio, los que hacen cartones, sólo algunos hacen cajas, más bien venden bobinas. Compran el recorte, fabrican el papel y venden la bobina. El comprador de la bobina se llama **corrugador**. Y nosotros, a su vez, le compramos el recorte al corrugador, al imprentero, a los que hacen cajas de zapatos, de pizzas" (Julio Barbarito, recortero, ver sus referencias más adelante).

Gráficamente, el circuito de los recortes sería el siguiente:

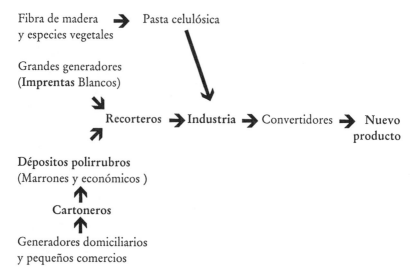

La cantidad de pasta y recortes que consume el conjunto de la industrial local es registrada estadísticamente por la Asociación de Fabricantes de Celulosa y Papel (AFCP). El siguiente cuadro elaborado por esta fuente muestra esos datos durante los últimos años:

Años	Consumo de Recortes miles de Tn.	Consumo de Pastas Celulósicas miles de Tn.
1999	657	606
2000	705	648
2001	731	654
2002	698	603
2003	824	Sin datos

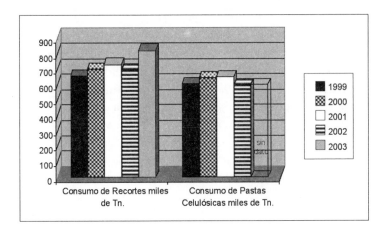

Estos números y su tendencia coinciden relativamente con los de otra fuente:

"el 52% de la materia prima consumida para la fabricación de papeles y cartones corresponde a papeles reciclados. En los últimos años se ha observado una tendencia a la mayor utilización de papeles reciclados respecto de las pastas de madera" (La Rosa, Liliana y Brandán, Susana, 2001: 8).

Resulta oportuno mencionar que los papeles reciclados que la industria consume no provienen exclusivamente del circuito que inauguran los cartoneros. Además de los depósitos polirrubros, los recorteros también tienen como proveedores a grandes generadores de residuos de papeles y cartones, como las empresas que componen la industria gráfica y editorial, las cadenas de supermercados, entre otros. De este modo, el material del que los recorteros se abastecen se diferencia por su origen: puede provenir de *la calle,* a través de cartoneros o depósitos que les compran a éstos; en este caso, se tratará principalmente de "marrones" y "económicos". Por el contrario, el papel *de imprenta* (sean o no imprentas sus generadores en todos los casos) es fundamentalmente "blanco".

Ahora bien, ¿qué porcentaje de los recortes que la industria consume como materia prima proviene de *la calle* y qué porcentaje procede de *la imprenta?* Lamentablemente, no es posible saberlo, ya que no se practica este tipo de discriminación en los registros con los que cuenta la AFCP. Esta Asociación genera las estadísticas para el sector de acuerdo a la información que le suministran las industrias, pero el fardo de recortes que allí se recicla puede contener papeles procedentes de la calle, de las imprentas o de ambos. De todos modos, es plausible alcanzar algunas estimaciones, considerando que la mayoría de los recortes que provienen de la calle son cartones y papeles económicos. Dado que de acuerdo con la AFCP este tipo de material representa la mitad de los recortes que se emplean como materia prima, un interesante estudio sobre el sector calcula que entre el 25% y el 30% de los recortes consumidos por la industria provienen de la calle (Borello, 1997). Frente a estas proyecciones, esgrimidas incluso algunos años antes de que la actividad alcanzara su máxima expresión, resulta innegable, entonces, que los recolectores, lejos de ser vagos que deberían dedicarse a trabajar, son actores económicamente importantes para la industria papelera, ya que abastecen como mínimo un cuarto de los recortes que este sector productivo consume.

CAPÍTULO 10
RECORTEROS

- Julio Barbarito era un importante *recortero* de la zona de Soldati, en Capital Federal. Su participación en la actividad se remonta al año 1973, cuando se inició con su suegro, quien hacia fines de la década del treinta había comenzado a frecuentar las usinas incineradoras con una chata (carro y caballo) para comprar "bultos". Según relató Julio, en esa época los carros municipales recolectaban y separaban lo reciclable antes de llegar al lugar de disposición. Una vez allí, se encontraban con los propietarios de los depósitos que les compraban los bultos. A continuación, era preciso discriminar en esos bultos distintos tipos de materiales reciclables y vendibles. Este mecanismo se empleaba también en La Quema, donde los mismos cirujas efectuaban la distinción. A partir de la década del ochenta, Julio asumió el negocio y hacia fines del noventa se incorporan sus dos hijos, quienes lo heredaron cuando su padre falleció en el año 2004.

- Javier posee, junto con su hermano Juan, un depósito de recortes de aproximadamente doscientos metros cuadrados en Valentín Alsina que heredaron de su padre. Su empresa cuenta con dos enfardadoras, dos camiones con acoplados y aproximadamente diez operarios.

- Darío nació en el año 1968. Al igual que Javier y Juan, fue su padre –ya fallecido– el que en 1972 comenzó con la actividad. Darío se incorporó plenamente a ella a los dieciséis años, cuando abandonó definitivamente sus estudios. Admite comercializar aproximadamente ochocientas toneladas al mes, contando todos los tipos de papeles (70% de los cuales serían retirados de las "imprentas"). Vende directamente a las industrias que reciclan, aunque ocasionalmente, si precisa disponer de dinero rápidamente, entrega material a otros colegas recorteros de igual o mayor envergadura, ya que de esta forma "cobrás un poco menos, pero cobrás antes". Además de un gran depósito en Valentín Alsina, Darío cuenta con otro ubicado en Villa Fiorito atendido por su mujer, que se dedica casi exclusivamente a los "marrones" y es provisto por cartoneros y depósitos polirrubros.

- Jorge tiene cerca de cuarenta y seis años. También se inició en el rubro con su papá, quien "iba a La Quema, que quedaba en el terreno donde actualmente está el Autódromo Municipal". Su padre compraba allí el material y lo vendía en los depósitos de Pompeya y Valentín Alsina. La transacción era gestionada por el capataz de La Quema, quien contaba con alrededor de veinte cirujas a su cargo. En 1982 se independizó de su padre y alquiló un depósito en Villa Martelli; dos años después instaló una prensa hidráulica y, en 1990, compró el depósito que actualmente posee en Tigre.[82] Compra a depósitos más chicos y retira de grandes generadores como fábricas, imprentas e hipermercados.

- Desde hace más de sesenta años Pepe Lafitte tiene su depósito de mil metros cuadrados ubicado a una cuadra de la cancha del Club Huracán, cuyos simpatizantes son conocidos como *quemeros*, por la cercanía de las instalaciones del club y la antigua quema de basuras. Siempre se dedicó a la actividad, comenzada por su padre, un inmigrante español, más precisamente aragonés. Sobre la pared de su escritorio cuelga una foto antigua, donde se observa a su padre atando un lienzo de papel. Al parecer, había sido operario de una papelera sobre la Avenida Sáenz, propiedad de un tal Felipe Burgasel. Luego se independizó y comenzó con su propio negocio. Pepe tiene dos hijos,

82. Localidad del Gran Buenos Aires.

pero ambos desarrollaron estudios universitarios y se dedican a sus respectivas profesiones. Augura con preocupación la suerte que correrá su empresa cuando él se retire, porque aunque tiene hijos, el rubro no encuentra en ellos herederos. El depósito tiene una enfardadora horizontal de origen español, marca Moros, comprada a principios de los setenta por ochenta y cinco mil dólares. También hay una trituradora de papeles, "si no se lo tritura, no se comprime bien" explica. Tiene cinco camiones y una báscula.

Los recortes –aquellos papeles y cartones que vuelven a ser empleados como materia prima para la fabricación de nuevos papeles y cartones– si no se consumen directamente en el mismo establecimiento como rezagos de producción ni son retirados por la propia organización industrial en su intento por integrar verticalmente el proceso productivo, llegan a la boca del pulper[83] a través de **recorteros**.

"Nosotros somos recorteros, no recicladores. Los que reciclan son las industrias" (Julio Barbarito).

"Nosotros nos llamamos recorteros, somos el recolector en las imprentas. Hay mucha gente que se cambia el nombre por el de recicladora de papeles o papelera, pero papelera se utilizaba en la época en la cual no asistíamos nosotros a las gráficas con el servicio de canastos. Hoy se trabaja en una forma muy diferente a la que se trabajaba años atrás. Hoy nosotros a las gráficas las abastecemos de un material de servicio, les servimos a las gráficas retirándoles el rezago de papel" (Javier).

Efectivamente, sin excepción, todos los recorteros consultados por su actividad se identificaron como **oferentes del servicio de retiro** de los recortes generados como residuos de procesos industriales. No obstante, a pesar de tratarse de un servicio profesionalizado –retiran el material en los horarios acordados, acude un personal bien vestido y responsable– los recorteros **pagan** a sus proveedores a los cuales, paradójicamente, se los denomina "clientes". Es decir, los recorteros ofrecen a sus clientes diferentes calidades y condiciones de retiro de residuos reciclables, pero siempre pagan por llevarse este material. Precisamente, este hecho fue destacado también por otros recorteros como un gran cambio entre "antes" y "ahora". Según el testimonio de Darío y el de otros recorteros, an-

---

83. Gran embudo semejante a una batidora desde donde se alimenta con insumos el inicio de la línea de producción de papeles.

tes no sólo no pagaban por el material que retiraban de las imprentas, sino que incluso habrían sido éstas las que pagaban por la "limpieza", es decir, por el retiro de los residuos del lugar donde se generaban. Por el contrario, en la actualidad, los recorteros compiten entre sí y ofrecen mejores precios de compra de rezagos, menores plazos de pago, personal mejor presentado y cumplimiento de los días y horarios acordados para el retiro.

Este servicio de retiro tradicionalmente se realizaba con lienzos que, cargados sobre los hombros. Pero esa modalidad ha sido reemplazada desde los primeros años de la década del noventa por el empleo de "canastos" rectangulares de alambre tejido, cada uno de los cuales permite transportar alrededor de trescientos kilos de recortes.

Darío, al igual que otros recorteros entrevistados, comentó que la adopción de esta práctica no implicó sólo un cambio operativo:

> "Los canastos dignificaron la actividad de los recorteros. Antes se retiraba con lienzos que no pesaban menos de cien kilos y que había que cargar al hombro para bajar las escaleras de los Bancos y después subir a los camiones. La gente terminaba enferma, con problemas en la columna. Hoy todos los recorteros usan canastos".

Algunos de ellos también han instalado en las fuentes generadoras con las que trabajan, personal y maquinas prensadoras para extraer y compactar los recortes (ver más adelante el testimonio de CG y del gerente de Reciclar S.A.).

La diversidad de origen de los papeles con los que trabajan también connota diferencias en los propios recorteros. Peter, representante en América del Sur de una fábrica de enfardoras de nacionalidad española y de asiduo trato con recorteros manifestó que "el que se dedica al blanco odia a los cirujas, los ve sucios, le mojan los papeles, no quiere saber nada con ellos". Jorge, recortero y propietario de un gran depósito en la zona de Tigre, manifestó en este sentido: "Nunca compré al ciruja directamente, eso te traía problemas, robos, etcétera. Tenés que tener un carácter especial para tratar con este tipo de gente".

Este intento de diferenciación reside en que los recorteros prefieren pocos proveedores que los abastezcan de grandes cantidades de un mismo tipo de material, por lo que evitan atender a los cirujas.

> "En nuestro ramo, lo que es blanco es muy diferente [que en el caso del cirujeo], porque el papel blanco no está en la calle. Pero ¿por qué no está en la ca-

lle? Porque nosotros, al pagarles a las gráficas, las gráficas se encargan de cuidarnos el material para nosotros. Entonces esto es una cadena" (Javier, recortero de Valentín Alsina).

En palabras de un recortero de otra generación, nacido en 1927 y dedicado siempre a la misma actividad:

"Siempre trabajamos con la parte gráfica, que es un nivel distinto de la gente que cirujea. Es otro tipo de material, más limpio. Esta [la suya] es una empresa habilitada. Si yo recibo a un carrito acá en la puerta al otro día viene un inspector y me clausuran. Los que compran de la calle no van a comprar, les llevan a sus depósitos. En cambio nosotros vamos, y por eso es que prestamos un sevicio" (Pepe Lafitte).

En muchos casos, para evitar recibir a los carritos en sus depósitos sin perder al circuito de la calle como proveedores, los recorteros adelantan el dinero de la compra de materiales a depósitos más chicos.

"Les conviene que los cirujas y los depósitos barriales les vendan a un proveedor suyo y no directamente a él. No les conviene tener carritos en el depósito. Para ellos es una pérdida de tiempo" (Peter).

Así, es común que un mismo recortero se abastezca de materiales provenientes de las dos fuentes mencionadas, como lo testimonia Julio Barbarito, de Soldati:

"En el caso mío, yo trabajaré aproximadamente unas seiscientas toneladas mensuales, de las cuales más o menos entre un 85 y un 90% viene de mis proveedores habituales de la industria, y el resto sí viene de la calle, de los depósitos. No es que yo salgo a comprar a la calle. Los depósitos sí, son otro rubro a baja escala. Yo no me puedo poner a comprar a los carritos. Me vienen veinte carritos acá y me estropean todo. Antes era distinto, era directamente de los tachos de basura. Después cuando se cerró el circuito de la quema, pasó a recolectarse directamente en los carritos de la calle. *El carrito le vende al depositero, el depositero le vende al recortero y el recortero le vende a la fábrica*" (Julio Barbarito).

Asimismo, existen casos de recorteros que tienen depósitos distintos para trabajar materiales de diferente origen, como el del ya citado recortero Darío, que utiliza el depósito de Valentín Alsina para los "blancos" y el de Villa Fiorito para los "marrones".

Existe un sistema nacional de recortes que conecta a los depósitos de las ciudades del interior con los recorteros más importantes del conurbano bonaerense e incluso con las industrias. Es decir, el papel de desecho que consumen las industrias es producto de la recolección o retiro en todo el país.

Para aproximarnos a la magnitud del descarte de diferentes generadores, todos los recorteros entrevistados informaron que una gran industria gráfica y editorial (como Perfil o Atlántida) puede generar alrededor de trescientas toneladas de recortes al mes, mientras que la sucursal de una importante cadena de supermercados (como Carrefour o Coto) descarta no menos de veinte toneladas de cartones en el mismo período.

Según diversos pero coincidentes testimonios, un recortero "grande" puede trabajar con hasta aproximadamente cuatro mil quinientas toneladas de recortes mensuales, mientras que uno pequeño se aproximaría a las trescientas toneladas. No obstante, la cantidad de material que se trabaja no define necesariamente la posición que se ocupa en el negocio, ya que pueden existir casos de grandes proveedores de industrias que, paradójicamente, no tengan "nada". Se trataría de circunstanciales intermediarios que invierten exclusiva y eventualmente en períodos muy redituables. Y recurren para ello a la capacidad instalada de algún recortero, como lo hacen ciertas industrias recicladoras. Precisamente, como una experiencia distinta de su forma habitual de trabajo, Darío comentó que durante dos o tres meses del año 2002 retiró de un supermercado (Ekono), gracias a un acuerdo entre esa empresa y una industria recicladora. Es decir, no era él quien compraba los rezagos, sino sólo el que los retiraba del generador y los entregaba en la industria. "Ahí yo cobrara por kilo de servicio entre generador y fábrica" (Darío).

Además de la cantidad de materiales, existen otros aspectos que marcan distinciones entre recorteros. Uno de ellos es la situación fiscal e impositiva. Muchas fábricas exigen a sus proveedores las habilitaciones correspondientes como requisito indispensable para establecer una relación comercial. Peter comentó que generalmente las industrias de origen internacional, por motivos ligados a las reglas que establecen sus respectivas casas matrices, trabajan todo "en blanco", al igual que algunas industrias nacionales de análoga importancia. Asimismo, sostuvo que, hacia "abajo", muchas industrias pequeñas y medianas compran y venden partes de sus productos en negro.

En relación con ese nivel, otro informante señalaba:

"Ahí es donde los recorteros tienen más dificultades para ver a quién venden. Si una fábrica compra en negro, no tiene problema de comprarle a un ciruja. Pero si no compra en negro, le compran a alguien que en la cadena ya empiece a ser blanco y le pueda facturar. Ahí empiezan a haber escalas por capacidad de recolección, capacidad de acopio, capacidad de clasificación y capacidad de blanquear". De todos modos, "la mayoría de las fábricas compran un gran porcentaje del material en negro. Son las menos las que tienen su negocio totalmente en blanco" (Ignacio).

Si bien los plazos de cobros de las industrias recicladoras a los recorteros se redujeron –desde noventa a ciento sesenta días antes de la devaluación de principios del 2002 a un plazo entre treinta y cuarenta días a partir de entonces– siempre se trata de transacciones a plazos, nunca al contado. Cumplir con la reglamentación impositiva permite contar con uno de los requisitos para ser recortero proveedor de las grandes industrias recicladoras, que suelen tener los mejores precios del mercado y que, además, ofrecen mayor seguridad de pago. Esta fue una de las razones esgrimidas por Javier para dar cuenta de ciertos beneficios de estar en regla, impositivamente hablando:

> "Siempre se trabaja a cuenta corriente, nunca con el pago al contado. Tenemos que manejar muy bien nuestro trabajo porque si no, no llegamos a pegar la vuelta. Por eso a veces andamos mal que mal los recorteros, pero no porque queramos, sino porque las fábricas están rodeadas de abogados, buenos águilas, a los cuales les conviene convocarse cada tres o cuatro años, cambiar de nombre o decir que se venden entre ellos, y a vos te dejan colgado y no te pagan más. Por eso nosotros casi no podemos trabajar en negro. Todo el mundo te dice fácil, no me acuerdo, no te pago porque no te vi. Tenés que trabajar sí o sí más IVA porque es lo único que te queda a vos para que el día de mañana poder hacer un reclamo" (Javier).

Además de este aspecto, el precio ofrecido por los recortes, la capacidad de trabajo y el espacio disponible para el acopio resultan aspectos ineludibles para marcar diferencias entre recorteros "grandes" y "chicos". Sin embargo, también existen diferencias referidas al tipo de servicios que prestan y a algo que varios informantes coincidieron en señalar como "la trayectoria". Con respecto a la trayectoria, esta no implica sólo antigüedad en un rubro que, conforme la oscilación de los precios, puede congregar una mayor o menor cantidad de participantes, sino que se trata de la posesión de valores tales como el respeto por la palabra empeñada, los compromisos asumidos y los acuerdos logrados en función de un trato personalizado del recortero, tanto con los generadores como con las fábricas.

Dos anécdotas recogidas durante el trabajo de campo tal vez contribuyan a darle sentido a esta noción de trayectoria. La primera fue protagonizada por Javier, quien en el momento de la entrevista se manifestó muy enojado con el jefe de ventas de una imprenta donde retira, porque le había comunicado que reduciría la prestación de sus servicios ante la aparición de un nuevo recortero que ofrecía un centavo más por cada kilo de recortes:

"Si a él le parece que por un centavo en el kilo, o sea por 100 pesos en 10.000 kilos, me puede cambiar en mi servicio, me parece que es un poco ridícula la decisión de este jefe de ventas de la empresa. El a mí me conoce, no de hoy, sino de la cantidad de años y de la trayectoria del servicio que yo le estoy vendiendo" (Javier).

El relato de Javier también permite observar la lógica del *desplazamiento*, tal vez el principal motivo de su enojo:

"Me cambió, me desplazó, este tipo no me echó. Lo único que hizo es desplazarme una carga. En vez de darme cinco cargas por semana me va a dar cuatro, y esa que queda se la da a otro tipo. Lo que hace es ir probándolo a ver cómo este tipo se desempeña, cómo paga, cómo reacciona, qué gente tiene. Las grandes empresas tienen dos o tres recorteros para que vos no los cuelgues, para que no los dejes tirado. Nunca te cambian de un día para el otro por un centavo. Por eso me extraña la actitud de este tipo que deja entrar a otro cuando ya somos tres adentro y sólo por un centavo" (Javier).

La segunda anécdota fue relatada por Ignacio y refleja la cuestión de la trayectoria desde una perspectiva sentimental:

"Un Anselmo Morbillo (un gran generador de recortes) tiene todavía una relación hasta sentimental con el recortero, con el que el padre o el abuelo jugaban al truco juntos. Hay una historia que hace que la relación se mantenga. Yo tengo un recortero, por ejemplo, que retira el papel de una empresa que ya está media mal, pero él tiene que ir todos los meses a la casa de la dueña, una mujer de noventa y cinco años, y le lleva un sobre con plata. Son cien pesos, no sé cuánto le llevará. Porque ella siempre fue en su juventud la que manejaba el recorte. Todavía esto queda como una costumbre, y el recortero que le retiraba el papel va a la casa de la abuela y le lleva ese sobre con plata como un símbolo de mantener esa relación histórica. Eso se da todavía. Hay mucho de sentimental en todo el tema del recorte. Hay códigos que son muy de calle, pero que tienen que ver con respeto y con rectitud; acá la rectitud se paga y los problemas morales, de palabra, se pagan, en el mercado del recorte" (Ignacio).

Fueron varios los entrevistados que señalaron al "mercado" y a la relación entre la oferta y la demanda como el gran árbitro que determina la cotización de los papeles. También hubo coincidencias en el hecho de que se trata de un *commodity* que responde a una cotización internacional en dólares.

"Los precios los fija el mercado. Los precios se fijan por la oferta y la demanda, y hoy (agosto 2002) la demanda es mayor que la oferta existente. Además se exporta, y al haber recesión hay menos papel. Eso también sube los precios" (Jorge, recortero de Tigre).

"La devaluación ha hecho resurgir a la actividad. Venimos de ocho o nueve años de trabajar nada más que para cubrir. Fue terrible. El que no estaba bien estructurado, era para cerrar. A pesar de todo, en dos años cambió totalmente. Esto es oferta y demanda, no es un problema de estacionalidad. Oferta y demanda. Si las fábricas necesitan, toma valor el recorte. Siempre se maneja con un parámetro de los precios internacionales. Nosotros estamos mucho más alto que los precios internacionales. Acá se juega con otros valores, si se tiene que importar el recorte de afuera tiene que haber sobrante en otro país para poder ingresar el recorte acá, porque si no, no lo vende tampoco. El traslado y todo tiene un costo. A veces tienen que importar aunque el costo sea alto para frenar los precios de acá. El año pasado (2002) el recorte de acá valía el doble que los precios internacionales. Se trajo un mes, dos meses, y con eso bajaron. El recorte que hay acá no alcanza para la industria. Alcanza hoy porque la industria no tiene trabajo, porque si no en estos momentos el recorte no alcanzaría ni para la cuarta parte de lo que la industria demanda, si hubiera consumo" (Julio Barbarito).

Para Pepe La Fitte, el recorte estuvo siempre alrededor de ochenta centavos de dólar por kilo puesto en fábrica, mientras que el precio de compra gira en torno a los 0,30 centavos de la misma moneda. "Los cambios ocurridos con la devaluación obedecen a una situación excepcional que tiende a normalizarse", dijo durante una entrevista en 2003.

De todos modos, no existe un precio de compra ni de venta común para todo el mercado, sino valores mínimos y máximos por cada tipo de transacción. De acuerdo con el criterio de varios informantes, en julio de 2004 el precio de compra podría variar entre veinte y setenta centavos de peso por kilo, mientras que los precios de venta a la industria podían oscilar desde veinticinco centavos a un peso.

Es importante destacar que, al igual que las imprentas, las industrias que reciclan también cuentan con varios recorteros.

"Yo le vendo por lo menos a seis industrias distintas. Las industrias tienen muchísimos proveedores. No es que la fábrica sólo depende de mí. Te doy un parámetro. La fábrica a la que le entrego consume mensualmente dos millones de kilos. Yo le proporciono más o menos cuatrocientas TN. Si bien yo soy un buen proveedor por el porcentaje que le estoy alimentando, tiene que depender de otros, no de mi solo. Hay fábricas de cinco, seis millones de kilos mensuales. La que consume dos millones es una fábrica chica, mediana. Yo conocí en España, cuando estuve en el noventa y cuatro: una fábrica que consume dos millones de kilos por día, son sesenta millones de kilos al mes. Una sola fábrica como esa, si estuviera acá, se consume todo el recorte" (Julio Barbarito).

Según varios entrevistados, antes la oferta de papel era mayor:

"Los bancos tenían galpones con archivos, ENTEL[84] tenía galpones de archivos, en cambio hoy el archivo es una caja. No había cajeros automáticos donde se retiraba el sueldo, y por cada trámite firmabas un montón de papeles, hoy todo se ha informatizado. Antes los colectivos te vendían los boletos, hoy te dan un papelito cada vez más chico. Si te fijás, hasta las revistas son cada vez más chicas" (Darío, recortero de Valentín Alsina).

"Ahora se retira el 50% de lo que se retiraba antes. Había clientes a los que le retiraba dos veces por semana y ahora sólo uno. Ya nadie manda a hacer tarjetas, ni almanaques, ni tarjetas de fin de año" (La Fitte)

Darío dijo en julio de 2004:

"Ahora la demanda (de papeles por parte de la industria recicladora) no es mucha. En una época de mucha demanda yo llego a trabajar mil doscientas toneladas. Ahora tengo fardos acumulados esperando para entregar, y hasta hace poco eso no pasaba".

84. Empresa Nacional de Telecomunicaciones, empresa estatal ya desaparecida.

CUARTA PARTE

El caso de Pepe Córdoba y la *Cooperativa Nuevo Rumbo* de Lomas de Zamora

En abril del año 2001, Francisco Suárez y yo fuimos invitados a una reunión de integrantes de cooperativas de cartoneros en la sede del Instituto Movilizador de Fondos Cooperativos (IMFC). Estas reuniones, realizadas semanalmente desde hacía varios meses, eran promovidas por directivos del IMFC para reunir en un mismo espacio todas las iniciativas de cartoneros a los que asesoraban sobre los trámites necesarios para el reconocimiento formal de las cooperativas ante el Instituto Nacional de Asociativismo y Emopresa Social (INAES). Obtener este reconocimiento era el paso previo a la posibilidad de que el propio IMFC les otorgara un crédito.

En esa reunión conocí a Pepe Ceferino Córdoba, el Presidente de la Cooperativa de Cartoneros y Botelleros Nuevo Rumbo de Lomas de Zamora. A patir de este encuentro, la investigación tuvo un importante giro. Me acerqué a él con un propósito utilitario: Lomas de Zamora es un municipio lindante al de Lanús, donde se encuentra la Universidad en la que trabajo; supuse que la cercanía facilitaría las cosas, ya que no contaba con la posibilidad de dedicarme exclusivamente al trabajo de campo. Pero también me acerqué cautivado por su manera de expresarse y de vestir, que me resultaron más auténticamente representativas de lo que, creía, era el ser cartonero. A mi entender, el resto de las personas que participaban de la reunión no contaban con este requisito. Me presenté y acordé con él una entrevista, que se concretó la semana siguiente en la casa de José Sigilo –el síndico de la cooperativa, ya fallecido–; también participó Domingo Fresco, uno de los vocales titulares de la cooperativa.

Recuerdo que durante aquella entrevista Pepe expuso, con suma claridad y detalle, las funciones y responsabilidades específicas de cada integrante de Nuevo Rumbo. Sigilo, por ejemplo, se ocupaba de confeccionar artesanías con los materiales que compraba el depósito. Orgulloso, el gordo me mostró varias piezas de su arte *kish*: un portarretratos fabricado con la herradura de un caballo, sifones de soda antiquísimos que hacían las veces de adornos, o soportes para veladores, cañillas y otros objetos de bronce transformados en elementos decorativos.

Domingo Fresco era el encargado de los *aspectos sociales* del emprendimiento, y una de sus principales tareas consistía en desarrollar el espíritu cooperativista en cada uno de los socios. "No hay que formar cooperativas, sino cooperativistas", repetía con insistencia para explicar las funciones a su cargo. Asimismo, por su experiencia laboral anterior en un taller de reparación de heladeras, Mingo se dedicaba al arreglo y comercialización de heladeras, lavarropas y todo electrodoméstico que la cooperativa comprara como chatarra.

Verónica, la hija mayor de Pepe, se ocupaba de las tareas administrativas. Charlie, sin cargo en el Consejo de Administración, era el responsable de la recepción y el pesaje de los materiales en la balanza. Así, cada integrante tenía un cargo y una función concreta en la cooperativa. No obstante, a pesar de la precisa división del trabajo, el verbo adecuado para describirla debería haberse estado conjugado en tiempo futuro, puesto que, en ese momento, cada una de las personas mencionadas se dedicaba a otras actividades: Pepe era cartonero y recorría con su carro a caballo las calles de Lomas; Sigilo había sido viajante, y ahora reparaba en su hogar máquinas de escribir e impresoras viejas; Domingo arreglaba electrodomésticos y vendía a los vecinos del barrio el pan que fabricaba; Verónica terminaba el último año de la enseñanza media y Charlie hacía changas como albañil y pintor. La cooperativa era una ilusión compartida, pero no operaba en la realidad. Era un proyecto.

La dinámica de gestación en que se encontraba la cooperativa en ese tiempo desdibujó por completo mi intención de ser un mero recolector de información. Me ofrecí para lo que pudieran necesitarme, y Pepe me confió las funciones de un asesor "técnico" de la cooperativa. Por lo menos, éste era el modo como me presenté ante desconocidos a partir de entonces.[85]

85. Más adelante, incluso me propuse integrar formalmente la cooperativa en calidad de socio, pero me negué aludiendo que esa situación implicaba un nivel de compromiso y participación incompatible con el necesario distanciamiento que requería mi tarea de investigador. No me parecía adecuado formar parte de aquello que sólo tenía intenciones de retratar.

Combinando mi rol de técnico de la cooperativa con el de antropólogo investigador sobre ésta, desarrollé trabajo de campo en el ámbito de la cooperativa desde ese otoño del año 2001. Durante aproximadamente dos años, mi contacto con Pepe y la gente de Nuevo Rumbo fue constante: visitaba la cooperativa dos o tres veces por semana y los llamados telefónicos eran prácticamente diarios.

A partir de mediados del año 2003, esta sistematicidad comenzó a distenderse, pero tuvo nuevamente un período de intensidad durante los primeros meses del año 2004, cuando a instancias de la cooperativa fui contratado por la Organización No Gubernamental italiana "Cooperazione per lo Sviluppo dei Paesi Emergenti" (COSPE), que había obtenido financiamiento de la Unión Europea para afianzar y promover el desarrollo de Nuevo Rumbo.

Aunque me comunico telefónicamente con Pepe y con algunos de sus familiares, mis visitas a la cooperativa son cada vez más extraordinarias, por lo que para los nuevos integrantes, proveedores y compradores resulto ser un personaje desconocido.

CAPÍTULO 11
LA HISTORIA DE PEPE[86]

*Me instalé en la Villa 11-14 siendo oriundo de Pocitos, provincia de
Salta. Durante unos meses no aparecí por la casa de mis hermanos. Vivía en lo
de un coreano. Trabajaba. Entré en un taller a trabajar porque quería saber
algo de mecánica para cuando me compre un vehículo. Ahí tenía horario. Salía de mañana y volvía de tarde. Antes, iba a trabajar cuando se me cantaba
la gana. En mi otra casa, al frente, vivía Pedro y Reina, hoy mis suegros. Pedro y Reina son analfabetos y eran alcohólicos. Pedro trabajaba en la quema
del Bajo Flores. Reina hija me dijo que tenía dieciocho años, después me dijo
quince años y al final la madre me quería denunciar porque tenía once. Era
bastante robusta. Nos veíamos a escondidas. Volví a trabajar con los coreanos.
Los militares empezaron a desalojar la villa. Se acercaba el Mundial 78. Vi el
mundial en lo del coreano donde trabajaba. Contra Perú era un fanático de la
Selección, pero no lo soportaba a José María Muñoz cuando vociferaba: "Los
Argentinos somos derechos y humanos". El partido con Holanda me encontró
deseando una derrota de la Selección Argentina, sobre todo para aplastar el
exitismo que los medios inculcaron a la población a través de periodistas obse-
cuentes y consecuentes con la dictadura.*

---

86. Grabé la historia de Pepe en varias oportunidades. Además, accediendo a mi pedido, él
mismo escribió extensas partes de su experiencia de vida. Ambos registros constituyen las
fuentes empleadas en esta parte. De todos modos, soy responsable de la edición de su relato, teniendo como criterios fundamentales el orden cronológico y los temas que me parecieron relevantes en relación con esta investigación.

El coreano traía ropa de Corea, radiograbadores y relojes. Era la época del "deme dos". Nosotros teníamos esas cosas. La villa se iba despoblando, las topadoras trabajaban todos los días. Los camiones erradicaban gente a distintos puntos del conurbano. Salieron mis suegros, que son los iniciadores del asentamiento "Las Casurainas" en San José- Temperley. Los siguieron sus tíos. Otros parientes de ella se fueron a Laferrere, Santa Marta, Villa Albertina. El gran Buenos Aires recibió los miles de ocupantes de la Villa 11-14. Algunos regresaron a su lugar de origen en el interior. En el lugar donde yo vivía en la 11-14, mi ranchito era el único que quedaba.

Trabajé un mes en una empresa constructora. Allí saqué la libreta del fondo de desempleo. Era el único documento que tenía. Se fue Casto al barrio Sitra en Banfield. Jesús a Villa Albertina, Betty a Marcos Paz. Los suegros de Casto me cagaron, no me dieron la casa que me debían. Me distancié de Casto. Jesús llevó sus hijos a Pocitos para que los crie mi mamá. Los milicos me dieron plazo para irme y me fui a Temperley, al lado de la casa de mis suegros. Los villeros son así, se van, si no hay una villa la hacen. Había martilleros que vendían predios en el gran Buenos Aires no aptos para vivienda, inundables y sin ningún tipo de infraestructura. El crecimiento demográfico fue impresionante. No es verso que más de la mitad de los santiagueños no viven en Santiago y superaban el millón los bolivianos y los paraguayos.

Yo de Temperley iba a trabajar al Bajo Flores. Los coreanos también comenzaron a mudarse. Yo trabajaba con uno que vivía en Pompeya hasta que vino Nereo a buscarme para trabajar con un coreano que se mudó a Merlo. No lo pensé y me fui a Merlo.

En el año 1980 alquilamos en Merlo un local de la casa de un pampeano de apellido Cisneros. En el 1982 le propongo al coreano que me entregue las máquinas, nosotros trabajaríamos y se las pagaríamos con el 50% de la producción. Aceptó. En seis meses cancelamos la deuda y ya teníamos una empresita. Continuaba la época del "Made in Taiwan" y el "deme dos". Hasta el ochenta y dos, la confección de artículos de puntos aún se daba, pero decayó abruptamente hasta llegar al ochenta y tres. Se me ocurrió inventar un modelo que me salve. Hice varios modelos y la pegué. Con uno fui a las fábricas y lo mostré y se volvieron locos. Todos lo querían. Pedían cantidades enormes. Le propuse a Hugo alquilar una casa, trasladar ahí el taller que estaba en mi casa, que él lleve el modelo y traiga la lana (hilado) para cinco mil prendas. Aceptó. Las fábricas vinieron, vieron el taller y comenzaron a enviar lana. Tejíamos día y noche, con entregas semanales de doscientas prendas, mientras acopiábamos hilado para cuatrocientas prendas. Sabíamos cuántos kilos eran cuatro mil prendas. Cuando tuvimos esa cantidad nos repartimos mitad y mitad. Fui a una tienda frente a la estación de Merlo, y el dueño me compró todo. No tenía ese día ni para comer, y a las doce del mediodía tenía una fortuna en los bolsillos. Se me pasó el hambre. Ya había nacido Natalia, tenía un año. Se me ocurrió viajar a Salta, desde el setenta y siete que no iba.

Llegué de nuevo a Buenos Aires donde yo alquilaba. No me quedaba hilado, sólo las máquinas. Pero no había casi trabajo de tejido.

Llegó el 14 de mayo, Menem Presidente. La hiperinflación oxigenada por una actitud desestabilizadora del PJ que produce un golpe de estado económico, logra la huida de Alfonsín. El 14 de mayo, a las diez de la noche, dentro de mi ignorancia política observando la actitud soberbia de Menem, cuando todos esperamos que se ponga por la gente a calmar los mercados. Los precios variaban a cada hora. Dice "que me llame el Presidente" y se va a Anillaco dándoles la espalda al gobierno y a la gente. Allí me dije cómo nos equivocamos. Asumió el 8 de julio. Esa noche Verónica se levanta, abre la puerta del aparador donde se ponía el pan y no había ni migas. Me miró, tenía hambre. Yo ya había vendido la tele, la heladera. Me dolió la impotencia de no poder hacer nada. Se fue a dormir.

Al otro día, 9 de julio, salí, vendí la bici y me vine a Temperley a despedirme de mi suegro Pedro. Había decidido vender la casa y volver a Salta. Cuando llegué Pedro hizo un asado, tenía vino y bolsas de mercadería que hacía no sé cuánto no se veían en mi casa. Vi que tenía un carro a caballo. Le pregunté qué hacía. Me explicó, mientras tomaba, que seguía siendo ciruja, que el carro era del dueño del depósito. Me quedé hasta el otro día. Salí con él en el carro. A la tarde fuimos a vender lo que juntamos. Hizo dieciocho pesos o algo así.

El 12 de julio de 1989 a la seis de la tarde volví a Lomas de Zamora. Le había propuesto a mi hermano Nereo que me diera quinientos pesos por mi casa de Merlo. Él había vendido la suya y alquilaba. Estuve dos semanas en la casa de Pedro. No lo bancaba, no lo tragaba, tomaba mucho. Pedro ahora no toma. Yo salía a laburar y él tomaba. Hasta que por cien dólares compré el lugar donde vivo. Compré unas chapas, hice el rancho número dieciséis. Este lugar antes era un depósito. Quedó una montaña de basura de cuatro metros de alto. Limpié veinte metros y lo demás lo cerqué con chapas. Me hice un carro de mano con ruedas de fitito que me dio Nereo. Recuerdo que fue el primer carro de mano así, todos eran con ruedas de hierro.

En relación con el reciclaje, mi única experiencia antes de agarrar un carro acá en Lomas fueron un par de salidas con mi compadre desde Merlo a Capital. Había empresas que estaban ensanchando la avenida Garay por ejemplo, y nosotros veníamos de Merlo con plata, comprábamos la fundición, esos caños gruesos que van por debajo de la tierra. Hablábamos con los encargados y en dos horas teníamos una carga. Ibamos y vendíamos a Quindimil. La cana tenía un tacho de doscientos litros, y había que dejarle algo, por eso después ya no convenía. También hacíamos por los alrededores de la Facultad. Teníamos siete porteros que nos daban atados de diarios y revistas que pesábamos con la romana, una balanza a la que le hacíamos un agujero para que treinta kilos pesaran diecisiete. O sea que había una pequeña experiencia, pero agarrar un carro nunca. Cuando íbamos a retirar el papel y el diario día por medio, llamábamos a Fletes Salta, cargábamos y nos íbamos. Lo vendíamos en

una papelera un poquito más acá de lo de Quindimil, que creo que todavía es-
tá. Desparramábamos en la vereda, lo clasificábamos y lo vendíamos. Yo no
sabía eso, mi compadre sabía porque él desde chiquito estuvo en La Quema en
el Bajo Flores y ahí aprendió a clasificar. Y yo como tenía las máquinas, tenía
la lana, llevaba la plata para comprar.

El primer día que salí con el carro de mano fue un momento que no ol-
vido nunca más. Se te mezcla todo, bronca, hambre, desilusión de todo. Pensa-
ba cuando ya sea jovato, qué me esperaba, qué sería de mis hijos. A Verónica le
gustaba estudiar y yo no podía ni darles de comer. Me imaginaba un porvenir
negro. En Merlo mi señora siempre tenía pan o yerba, un poquito de azúcar pa-
ra los vecinos, y ahora éramos nosotros los que necesitábamos. Me acordé de Va-
leco en Pocitos, que vivió en los montes y allí murió en una tapera. Conocí a gen-
te que mandaba a sus hijos a pedir. Todo eso pensaba yo. Si bien me vi obligado
a dejar Salta, también soñaba con un futuro mejor y todo se me truncó.

Los primeros días levantaba las bolsitas de pan que la gente sacaba o
pasaba por los negocios donde el pan que sobraba me lo daban y me di cuen-
ta que no jodía a nadie. La cana me reconoció en mi recorrido y muchas veces
paraba el patrullero para decirme andá por tal lado que hay cosas. Cuando llo-
vía echaba mano a lo que ahorraba, los metales. Logré juntar tres mil kilos de
aluminio, cobre, bronce, zinc, plomo. Los vendí y dejé pagado en el corralón
diez metros de arena y seis metros de piedra, tres mil ladrillos huecos y trein-
ta y seis varillas de hierro.

Salía a las once de la noche y volvía al otro día a las nueve. Ya venía
entregando a los depósitos. Dormía la mañana y a las dos de la tarde salía has-
ta las dieciocho. Verónica y Gloria salían conmigo en este horario. Después,
volvía a salir a las veintitrés. Ganaba bien, era el único que trabajaba de no-
che. Si yo no me hubiese hecho ciruja, el cumpleaños de quince de las chicas no
lo hubiera podido hacer.

En el depósito me decían "Cabeza", nunca supe porqué. El depositero,
de apodo "Cali", tenía arreglo con la cana. Entraba mucho material robado y
autopartes que iban del depósito a un desarmadero. La cana sabía además que
él sacaba del ferrocarril. Me propuso trabajar para él. Había que cargar la ba-
lanza a la noche en el camión, ir a los talleres del ferrocarril en Escalda, pesar
y cargar cobre y fierro pesado. Es decir, a robar con la complicidad de los fe-
rroviarios mientras la cana liberaba la zona. Me negué, pero me entendió y me
ofreció carro a caballo. No acepté.

Después Cali dejó la actividad. Compró cinco colectivos, los puso en la
línea 266. A los dos hermanos que trabajaban con él les dejó el depósito y cien-
to veinte carros a caballo. Lo fundieron en cinco meses. Por el año 1993 Cali
se hizo drogadicto. Terminó en la miseria, murió.

Comencé a guardar todo lo que me podía servir para hacerme un carro
a caballo. Conseguí todo, madera, ruedas, ejes, varas, cueros, y lo fui hacien-
do por las noches. Cuando cirujeaba si encontraba algo lo cargaba sí o sí. Siem-
pre hacía lugar. Tenía salones de baile donde me daban las botellas y lo que so-

braba de las fiestas. Menudo de pollos, pedazos de queso, pavos, asado. Del supermercado La Genovesa a las cuatro de la mañana los repositores me daban cartón y bandejas que se vencían.

Una vez estaciona una camioneta y me dicen "mirá la camioneta, la voy a estacionar a tres cuadras. Andá, te voy a dar algo". Fui, levantó la lona y me dijo "cargá todo lo que quieras". Era un repartidor de Arcor. Tenía toda clase de golosinas. Yo iba cargando, estaba con Gloria, y el señor me decía "acomodá bien". Me prestó sogas para asegurar la carga. Llegué a casa. Mi señora hizo bolsitas con golosinas y repartió entre todos los vecinos. Yo no era bien visto en la villa Las Casuarinas, donde vivo. Era el último en llegar, y como estaba en proceso de regularización dominial, yo y mi familia sobrábamos. En una reunión de vecinos manifesté que no era mi intención joder a nadie, y que si tenía que salir de allí lo entendía, pero a su debido tiempo. Una semana después que cargué las golosinas era el día del niño. Con un vecino organicé una fiesta. Frente a mi casa había un depósito (chatarrero). El dueño prestó un camión, cortamos la calle. Yo había comprado un equipo de música. Las mujeres hicieron chocolate, pastelitos, buñuelos. Los chicos se divirtieron toda la tarde. Llegó un político y nos felicitó, me preguntó mi nombre y me preguntó qué necesitaba. Le pedí chapas y maderas. Me las dio al día siguiente. Agrandé el rancho y quedamos en organizar el día de la primavera. Mi vecino era el negociador o encargado. Llegó la primavera. Apareció el político con pasacalles que decían "Osvaldo Mércuri Conducción". Me calenté. Terminé con ese contacto político. Igual al otro día, el político llamado Franco vino en su camioneta con mucha mercadería. Quiso descargar en mi casa y no lo dejé. Descargó en la del vecino que estaba desesperado por manotear lo que sea.

El depósito donde yo entregaba era de Papazzo, hijos de los depositeros que compraban en la quema del Bajo Flores donde trabajó Pedro, mi suegro, en los años setenta. En este depósito de aquí me daba cuenta cómo en cada pesada nos robaban un 30%. Yo hice atados de diarios de cuarenta centímetros de alto y los pesé. Pesaban veinticinco kilos. Allí pesaba dieciocho o quince kilos. Lo mismo con el vidrio roto. Pesaba hasta dieciséis kilos, y en el depósito diez o doce.

Buscar para vivir entre la basura no se veía en el interior, y yo aquí lo hacía. No lo oculté a nadie de mis conocidos en Merlo. En Salta, a todos. Iba armando el carro a caballo, hice la caja, puse las varas, y la calza sobre el bajo eje. Cosí las monturas. Tenía horno de barro. Allí calentaba y doblaba los hierros para los estribos, yuquiyo (el fierro de la pechera) y tiros. Lo pinté de punta a punta. En Lanús compré en cuotas una yegua que había pertenecido a un ciruja del barrio llamado Bicho, que la entregó por mañera. Yo no la golpeé nunca. Nunca usé rebenque. Le di avena. Si le gritaba fuerte ella paraba las orejas. La probé por las calles de tierra, avenidas, y respondía bien, no se asustaba. La acostumbré a mi manera.

Desarmé el carro de mano. Adorné el carro con objetos de bronce. Lo pintaba siempre. Encontré un cencerro y lo colgué de la pechera. Me compré un poncho y de Salta me traje un sombrero. Intentaba diferenciarme y mejorar lo que es el cirujeo. Nunca salí en short. Trataba de comunicarme con la gente, siempre tenía un argumento. Así me hice muy conocido. A cada cliente lo llamaba por la característica del momento. El "hombre de la máquina de escribir", la "señora de la callecita de tierra", el "amigo del sábado", el "señor del auto gris", el "almacén de la virgen", el "hombre de los caramelos", el "hombre del plomo", la "señora de la callecita dos", el "importador de la esquina del agua", el "almacén antiguo", la "verdulera de campos", el "hombre del chaca" (chaca era un loro), el "tano de Lamadrid", "don Antonio", "Luis el carbonero", etcétera.

Llegó a visitarme el padrino de Natalia. Es un tucumano pintor. Me ofreció trabajo. Acepté. Tenía varias obras en San Isidro. Al mes de trabajar con él vendí el carro. Fue un error. Al poco tiempo me quedé sin trabajo. De nuevo me hice el carro de mano y me volví a armar un carro a caballo. Esta vez compré un macho. Era bastante mañero. Se me desbocó dos veces. En una lo quise parar y el carro me pasó por encima.

Cirujeando pude, en dos oportunidades, viajar a Salta. Trabajaba con mis hijas. Nunca íbamos más que dos, hasta que mi hijo Panta a los cuatro años comenzó a salir conmigo. No estaban obligados. La ciruja los entusiasmaba porque les permitía tener juguetes y ropa que la gente nos daba. Mis hijas al ir creciendo ya no salían conmigo de día. Armé un recorrido nocturno yendo en zig-zag desde una calle hacia el sur, y mis hijos en bici hacia el norte. O si no, de este a oeste. Pude festejarles los quince a las chicas. También hubo tragos amargos, como cuando un policía me trató de explotador por llevar a Natalia o cuando una policía me basureó porque la miré. Pero fueron los menos. Los mismos vecinos al saludarme, al conversar conmigo, impidieron malos entendidos. Llegué a tener ofrecimiento de trabajos en albañilería, pintura. Algunos los hice, pero como me convencí de que la ciruja era mi trabajo, no podía comprometerme. Ya estaba comprometido con almacenes, supermercados, talleres, y cumplía en retirar materiales.

CAPÍTULO 12
ANTECEDENTES Y FUNDACIÓN DE LA COOPERATIVA

La Cooperativa de Provisión de Servicios para Cartoneros y Botelleros Nuevo Rumbo fue reconocida por el INAES, en el mes de octubre del año 2001. Dos meses antes, el grupo había alquilado un predio sobre la calle El Mirasol (en el barrio San José de Lomas de Zamora) que, una vez limpio de chatarras, escombros y malezas, fue acondicionado como depósito para la comercialización de los materiales reciclables.

De todos modos, aunque en los hechos la concreción de la apertura del galpón y la obtención del reconocimiento público como cooperativa constituyen hitos que marcan el inicio de Nuevo Rumbo, la conformación de esta cooperativa comportó varios años de esfuerzos previos encarados fundamentalmente por su líder. A continuación se desarrollarán estos intentos que anteceden a la Cooperativa Nuevo Rumbo, y que fueron conocidos como grupo Las Casuarinas y grupo San José.

Primer intento: grupo Las Casuarinas, 1992

El primer intento de Pepe por organizar un emprendimiento que implicara una mejora en el intercambio individual entre los cartoneros y los depósitos tuvo lugar en el año 1992. Se trató de una iniciativa que duró aproximadamente cuatro meses.

Pepe recuerda que mientras esperaba con su carro en la puerta de un depósito el turno para vender sus materiales, entabló una conversación con dos colegas que se encontraban en la misma situación: uno tenía un carro a caballo y el otro un carro de mano. Calcularon que los atados de diarios que traía uno de ellos debían reunir sesenta kilos. Sin embargo, la balanza del depósito marcó apenas treinta. Pepe considera que ese hecho desencadenó el interés por juntarse y tener un depósito propio, de reunir en un solo montón lo que recolectaran todos y luego venderlo a mejor precio a otro depósito. Eran conscientes de que se trataba de un proyecto difícil. En ese momento la desventaja residía en el hecho de que eran pocos los cartoneros propietarios de sus carros, ya que la mayoría utilizaba los que pertenecían a los depósitos donde debían vender la recolección.

Según Pepe, este fue el intento más transparente, más sano y más auténtico. Se realizó sin ningún apoyo externo, "sólo había utopía detrás de una aventura", comenta. Se juntaron seis cartoneros que tenían sus propios carros, cuatro con carro a caballo y dos con carro a mano. En una de las esquinas del barrio San José, al costado del arroyo Las Casuarinas (de ahí el nombre del grupo) y a una cuadra de la casa de Pepe, había un terreno baldío, un pequeño basural donde los vecinos arrojaban basuras propias o las "limpiezas" ajenas. Ellos lo acondicionaron y rellenaron hasta lograr una superficie sin demasiados desniveles. Con unas pocas chapas lograron armar un techo y, entre todos, compraron una balanza por cuarenta pesos. A los pocos días, entusiasmados, comenzaron a dejar ahí la mercadería.

Establecieron turnos para cuidar lo que juntaban y consignaban en una libreta el peso de los materiales que cada uno llevaba con su carro. Algunos entregaban diariamente, otros lo hacían sólo dos veces por semana.

Juntaban todo tipo de materiales y los vendían una vez por semana. Algunos compradores llegaban con sus vehículos hasta el lugar para retirar el material. Para vender los otros materiales, como las botellas por ejemplo, cargaban los cuatro carros a caballos y se dirigían al depósito del botellero comprador. Pepe aún conserva en la memoria la imagen de los cuatro carros abarrotados de botellas saliendo al paso en procesión desde la villa.

Después de la venta, el dinero obtenido era dividido proporcionalmente a las mercaderías aportadas, de acuerdo a los registros anotados en la libretita. Aparecieron otros carreros interesados en participar de la iniciativa, y al cabo de unas semanas llegaron a ser treinta y dos. No obstante, el trato con muchos de los nuevos proveedores era diferente: actuaban como si fuera un depósito y preferían cobrar en el mismo momento en que entregaban.

Cierto día llegó al lugar un patrullero de la policía, con el objetivo de pedir una colaboración económica a voluntad, y el carrero de turno le entregó diez pesos. Pepe no estuvo de acuerdo con ese pago, y decidieron redactar una nota dirigida al comisario de la zona para explicarle que estaban dispuestos a colaborar con la institución comprando nafta para el patrullero, pero no con dinero en efectivo para los policías.

No hubo tiempo para recibir una respuesta. Pocos días después, se presentaron funcionarios de la Municipalidad y exigieron que en menos de cuarenta y ocho horas desalojaran el predio que ocupaban, ya que se trataba de una propiedad fiscal adjudicada a una mutual que en poco tiempo comenzaría los trabajos de construcción. No hubo posibilidades de negociación ni aun inscribiendo al emprendimiento de los cartoneros como parte de aquella mutual. Pepe está convencido de que uno de los funcionarios municipales que vivía en la zona fue quien, al constatar que los cartoneros ponían en marcha una iniciativa sin su injerencia, temió perder espacios de poder y buscó los medios para impedir su continuidad.

Pocos días después, empleados municipales desarmaron el precario galpón. Los carreros se dispersaron y volvieron a vender en forma individual a los depósitos. Ninguna construcción se erigió en aquel lugar, que volvió a ser el eterno basural de la villa.

Segundo intento: San José, 1999

El segundo intento ocurrió en el año 1999, aunque en los hechos nunca llegó a concretarse. La Alianza que conformaban básicamente el Frente Grande y la Unión Cívica Radical había ganado las elecciones nacionales y las correspondientes al municipio de Lomas. Un militante de ese partido, quien le compraba a Pepe distintos materiales para después venderlos en una feria, le propuso que se reuniera con un funcionario municipal recientemente asumido con el que tenía una buena relación. El objetivo era conversar sobre las posibilidades de ayuda por parte del gobierno municipal para conformar una cooperativa de cartoneros. En la reunión, el funcionario les presentó a un ingeniero asesor suyo, especializado en la gestión de los residuos y que impulsaba en el municipio un proyecto de reciclaje basado en plantas de clasificación y selección en origen.

Al ingeniero le pareció interesante que los cartoneros pudieran capacitarse para trabajar como operarios en esta planta. No obstante, la perspectiva de trabajar para el municipio no satisfizo completamente a

Pepe, quien pretendía organizar un depósito administrado por una cooperativa de cartoneros. A pesar de estas diferencias, las conversaciones entre Pepe y el ingeniero continuaron, e incluso recorrieron la zona de San José para encontrar un lugar que pudiera utilizarse como depósito. El ingeniero no objetaba que el primer paso hacia el armado de la planta fuera un depósito administrado por los propios cartoneros. Pepe, por su parte, comenzó a reunir interesados en sumarse al proyecto, pero esta vez la convocatoria no estuvo solamente dirigida a colegas cartoneros, sino que incluyó a miembros de su familia, a clientes y a compradores con los que tenía una buena relación. Así sumó, entre otros, a Reyna, su mujer, y a Verónica, su hija mayor. También convocó al cliente José Sigilo, a quien denominaba "el señor de las máquinas de escribir", porque le entregaba este tipo de materiales cuando no los podía reparar. Además integró a un comprador de plomo que se dedicaba a fundirlo y a preparar plomadas para pesca. A su vez, estas personas reclutaron a otras, generalmente entre sus propios familiares o amigos.

Por su parte, el ingeniero gestionó trece Planes Trabajar[87] durante seis meses para el grupo de Pepe, para que con un porcentaje de esa asignación el grupo alquilara un galpón para la compra, venta y reparación de materiales reciclables que trajeran los cartoneros de la zona. Los trece Planes se efectivizaron, pero cuatro de ellos con una demora de cinco meses debido a algunos errores en los formularios de inscripción. De los nueve integrantes del grupo San José que comenzaron a cobrarlos, sólo algunos seguían dispuestos a entregar al proyecto el porcentaje acordado.

En esos momentos se produjeron algunos cambios en el gobierno local, y el ingeniero dejó de ser asesor del municipio.[88] Las nuevas autoridades se interesaron en el emprendimiento, pero fundamentalmente por el rédito político y económico que, estimaban, podía proporcionarles. Pepe recuerda que uno de ellos le confesó que, si la cooperativa comenzaba a funcionar mediante sus gestiones, él podría negociar un lugar en la lista de diputados nacionales de las próximas elecciones.

Finalmente, aunque a destiempo, cada uno de los trece integrantes del grupo San José se benefició durante seis meses con su Plan Trabajar, pero la cooperativa nunca se efectivizó.

---

87. Subsidios mensuales para desempleados que otorga el Estado.
88. De todos modos, es considerado desde entonces por Pepe como un referente técnico de consulta permanente ante cualquier desafío nuevo que tuviera que afrontar.

Tercer intento: Nuevo Rumbo, 2001

A pesar de que no había podido poner en marcha el proyecto de la cooperativa, Pepe no perdió el entusiasmo. Le pidió a su mujer que, a través de la "manzanera" del barrio, averiguara con quién se podía hablar para que lo ayudara a gestionar un proyecto. De este modo se contactó con Coqui, una responsable de las manzaneras de Lomas de Zamora, quien se enorgullecía de su asiduo contacto con "Chiche", la mujer de Eduardo Duhalde, gobernador de la Provincia de Buenos Aires en aquel entonces. Coqui le presentó a su hijo, quien le solicitó a Pepe que redactara un borrador con su proyecto: él se encargaría de pasarlo en limpio y gestionar un subsidio. Pepe comenta:

> "Nunca voy a llegar a comprender a los dirigentes. Era una cooperativa de trabajo donde me mandó Coqui con el hijo. Esa cooperativa, después me entero con el tiempo, había sido formada cuando los padres de sus miembros estaban todos en el poder. Era con el fin de agarrar todos los convenios de obras públicas en Lomas de Zamora, y más allá de Lomas también. Pero el gobierno provincial crea la UGE (Unidad Generadora de Empleo) que los cagó porque agarraron ellos todos los convenios. Ahí estaban el hijo de Tavano (intendente municipal), el hijo de Mércuri (senador provincial), el hijo de, de y de...".

El hijo de Coqui le explicó a Pepe que, para obtener cualquier tipo de subsidio, el beneficiario debía presentar alguna formalización mediante una personería jurídica o matrícula. Dado que *Nuevo Rumbo* no contaba con ella, la Cooperativa de trabajo que él integraba actuaría como entidad patrocinadora del emprendimiento. También le explicó que los papeles ya habían sido presentados en la oficina correspondiente de la Ciudad de La Plata,[89] y que todo estaba encaminado para que Nuevo Rumbo cobrara veinticinco mil pesos de un total asignado por setenta y cinco mil pesos. Si bien la diferencia a favor de la cooperativa patrocinante le pareció excesiva, Pepe había calculado que diez mil pesos era ya una cifra suficiente para poner en marcha su emprendimiento. Por este motivo, cuando le ofrecieron más del doble –aunque representaba menos del 40% del total conseguido– manifestó su total conformidad.

Pepe ignora la razón, pero jamás volvió a ver al hijo de Coqui:

> "Se cae esto, me quedo en el molde, sigo con mi caballo. Más adelante, tenía un amigo que una vez me dio botellas. Me paro porque lo tenía que ver y me

---

89. Capital de la provincia de Buenos Aires.

atiende la madre. Me pregunta si estaba enterado del proyecto de la Coqui, que le parece que van a alquilar un galpón, comprar un tractor. Ahí me di cuenta de que estaban hablando de mi proyecto. Yo le di eso a la Coqui, le digo, y ella me mandó a hablar con su hijo. ¿Vos le diste? ¿Y no te mandaron a hablar con Schuster? Yo no sabía quien era Schuster".

En las últimas elecciones, Schuster (ya fallecido) había sido electo Primer Concejal de la Legislatura del Municipio de Lomas de Zamora por el Partido Justicialista. Pepe se dirigió a su casa, un mañana de un sábado de enero de 2000. Para comenzar con la cooperativa, le explicó, necesitaba un galpón y un tractor; antes ya habían hecho otros intentos, pero sin un galpón no podían comenzar nada. Aunque al principio no se había mostrado muy interesado, Schuster le prometió estudiar su propuesta. Incluso le mostró una carpeta repleta de proyectos de reciclaje mientras le decía: "La tuya es una propuesta real, bien desde abajo. Hasta una camioneta te voy a conseguir. Pero primero te voy a presentar a unos muchachos colaboradores que te van a dar una mano con el armado de los papeles para la cooperativa, y cuando eso esté nos volvemos a ver".

"El 8 de febrero se hace una reunión constitutiva de la cooperativa en la casa de Flora, una dirigente del PJ. Viene Schuster, el hermano y el asesor que era abogado. Había empanadas, todo muy lindo. Habla Schuster, dice que estaba muy ocupado y se va. Queda el hermano, el abogado y los punteros políticos. Yo fui con Sigilo, Ponce, Fernando, Verónica, Morales. Arman el Consejo de Administración de la Cooperativa. Yo quedé como presidente, y ellos se reparten los cargos de tesorero, pro-tesoreros, secretarios, síndicos. Tanto es así que Sigilo no era nada, nada. Quedó en un manuscrito informal constituida la cooperativa. El abogado se iba a hacer cargo de tipearla y de los trámites.
Yo seguí trabajando con mi carro y pasaba todos los días por ahí. Ellos querían arrancar cuanto antes para empezar a hacer negocios. Hasta que un día, a los cuatro secretarios, pro-secretarios y tesoreros los llamé y les dije, mirá a mí me da la impresión de que ustedes quieren armar una agrupación y no una cooperativa. La cosa es simple: carrero hay un montón y ellos los ven pasar. Ven que hay un movimiento permanente de gente y observan que hay una relación cariñosa, casi fraterna con los vecinos. Lo ven desde una óptica política, como que esto es una estructura que si se politiza puede ser muy beneficiosa. Acá tenemos a los pobres y además ganamos plata.
Les digo que yo quiero armar una cooperativa, no una agrupación. A todo esto ya había arreglado otra charla con Schuster para la semana siguiente. Cuando lo veo le digo que la única manera para que esto siga es que tres de ellos renuncien, no les pido que se vayan pero no van a tener ningún cargo, y eso lo vamos a cubrir con gente que va a trabajar para la cooperativa. Sigilo, por ejemplo, que hace artesanías, Marta que iba a limpiar los trapos, Morales que

iba a vender a la feria, gente que trabaje, no gente que cuente la plata. Se ca-
lentaron, lo tomaron para la mierda, y otra vez se cayó todo.
Otra vez en banda hasta que una vez me cruzo con Schuster y me pregunta
cómo va todo. Le dije mal, nos cagó tu gente. Lo único que le planteé fue que
esto no es una agrupación sino una cooperativa. Me cita para otro sábado en
noviembre de 2000. Estaban Schuster, el hermano, el hijo y el abogado con los
modelos de estatutos en la mano. Me dicen que ellos ya decidieron no integrar
la cooperativa, que la iban a integrar la gente que yo le diga. Se hizo así, pero
ya para principios del 2001".

En ese momento, el ingeniero que había trabajado para la anterior
gestión municipal le avisó a Pepe que el IMFC estaba convocando a varios emprendimientos cooperativos de cartoneros: prometía créditos
blandos para el alquiler de los galpones. Pepe asistió a varias reuniones
en el IMFC (en una de las cuales lo conocí) y se manifestó crítico respecto de la ingerencia de sus funcionarios en aspectos internos de las
cooperativas. También mostró disidencias con representantes de otras
cooperativas allí reunidas, y al promediar la segunda mitad del año dejó
de asistir a esas reuniones.

Schuster contactó a Pepe con la Fundación Pueblo para la Paz, cuya presidente era Hilda "Chiche" Duhalde. El grupo asistió a cursos de
capacitación y presentó un listado de veinte personas interesadas en cobrar nuevos Planes Trabajar.

"Yo lo traje a Esquivel (su concuñado), Esquivel lo trajo al hijo (Julio). Yo además traje a Pedro (su suegro), Verónica (su hija) y Reyna (su mujer). Sigilo trae a
Carmen (su mujer). Yo lo conocí a Coronel (un cartonero), Coronel trae a Charlie (un vecino) y a Humerés (cartonero). Hacemos una reunión en La Cachuera,
un club donde nos reuníamos, y el hombre que cuida ahí lo acerca a Cáceres (vecino). En el depósito yo lo conocí a Jara (cartonero), que trae a la mujer y a Mauricio (cartonero). Y Coronel también lo trae a Titi. A Fresco, un día me lo encontré por Pasco,[90] yo lo había conocido en una reunión con una maestra que estaba en política y me gustó como hablaba. A César lo trae Gloria (otra hija de Pepe). Sigilo la trae a Susana (vecina), pero ella no cobraba, cobraba el hijo.

En julio de 2001 nos dicen que cobramos. Cobramos por el número de documento. Varios no quisieron poner [el dinero] pero el asunto es que pusieron.
El que nunca más apareció fue Humerés. Después de ahí, algunos se fueron
quedando en el camino. Pusieron una vez y nunca más nos vimos. En agosto
de 2001 alquilamos el galpón y en septiembre comenzamos a funcionar".

90. Avenida de la zona.

185

Efectivamente, en menos de sesenta días los planes fueron otorgados y, excepto uno, todos los beneficiarios cumplieron con el compromiso de contribuir por única vez, cuando se cobrara la primera cuota, con ciento veinte pesos. Lo recaudado en este fondo común sería destinado al alquiler de un galpón y a la constitución del capital de trabajo para que la cooperativa comenzara a operar su propio depósito. Ese compromiso, asumido previamente, era condición excluyente para formar parte del grupo.

Para mediados de julio, la cooperativa alquiló un predio de veinte metros de frente por cuarenta metros de fondo ubicado en la calle El Mirasol 3978 del barrio San José, a unas pocas cuadras de la casa de Pepe, en el municipio de Lomas de Zamora. En ese mismo lugar había funcionado pocos meses antes el depósito de "Doña Ana", también destinado a la compra de reciclables a los cartoneros, por lo que el lugar, aunque en otras manos, volvía a identificarse con la misma actividad. Incluso la balanza que se utilizó al comienzo era la misma que había sido abandonada por la anterior inquilina.[91]

Después de varios días dedicados a la limpieza y armado de una pequeña estructura metálica con techo de chapas,[92] el depósito de la cooperativa abrió sus puertas a mediados de septiembre. El grupo contaba con treinta equipos de trabajo compuestos por camisas y pantalones de gabardina color naranja (color con el que se identificaban los empleados de ese municipio), botas, antiparras y guantes, que habían sido provistos tiempo po atrás por el ingeniero.

Verónica (la hija mayor de Pepe) y César (un amigo de ella) quedaron a cargo, en diferentes turnos, del pago a los cartoneros proveedores y del registro de las compras y ventas. El primer día que abrieron, el depósito hizo compras por alrededor de sesenta pesos y una semana después, las compras se hicieron por ciento noventa y siete pesos.

Sigilo, Charlie y Esquivel eran los responsables de pesar los materiales en la balanza y de acomodarlos en el terreno del depósito. Pepe, en ocasiones acompañado por Sigilo y por mí, se encargó de la búsqueda de compradores.

---

91. Desde mediados del año 2002, por desavenencias con los propietarios del galpón que alquilaban sobre la calle El Mirasol, la Cooperativa desarrolló su actividad en otro depósito alquilado en el mismo barrio pero sobre la calle Venezuela 978.

92. Parte del dinero utilizado para la compra de las chapas fue proporcionado por la esposa de Osvaldo Mércuri, Presidente de la Legislatura de la Provincia de Buenos Aires, quien en el año 2003 perdió las elecciones como candidata a intendente del municipio de Lomas de Zamora.

CAPÍTULO 13

ALGUNAS NOTAS SOBRE LA ORGANIZACIÓN DE LA COOPERATIVA

Los integrantes

Como fue expresado por el propio Pepe en su relato, el grupo inicial de la cooperativa fue convocado entre parientes, vecinos y allegados de éstos. A diferencia de una iniciativa colectiva anterior ("Las Casuarinas"), los miembros de la "Cooperativa de Cartoneros y Botelleros" (tal la denominación reconocida oficialmente) no fueron citados para realizar la misma actividad de recolección de reciclables en la vía pública o en basurales, sino que aquellos miembros que pudieron haberla ejercido, como el propio Pepe, dejaron de hacerlo cuando comenzó a funcionar la cooperativa. Esto no significa que no pudieran realizarla fuera del horario del trabajo en el depósito, como a veces suele hacerlo uno de los hijos de Pepe, pero en este caso, su relación con la cooperativa es la misma que cualquier otro cartonero que se acerque allí a vender sus materiales: un proveedor más.

De todos modos, no todos los miembros del grupo fundador lograron insertarse con una actividad laboral concreta en el emprendimiento. Para ellos, el comienzo comercial de la cooperativa implicó su paulatino alejamiento. En la medida en que siguen siendo socios de la cooperativa, son convocados para asistir a ciertas reuniones o eventos en los que es preciso contar con su presencia, e incluso están habilitados para participar con voz y voto en las asambleas anuales. Sin embargo, no puede decirse que tengan una real ingerencia en los asuntos organizativos ni en las cuestiones cotidianas de Nuevo Rumbo. Por el contrario, se fueron integrando nuevos sujetos que no formaban parte del proyecto original pero que, con el aval de Pepe, encontraron trabajo desarrollando alguna tarea como operarios en el depósito. Si bien se trata de pocos casos, varios de ellos también son familiares cercanos suyos, como sus otras hijas y sus hermanos.

La cooperativa cuenta con tres tipos de integrantes: en primer lugar, encontramos los que conforman lo que podría denominarse un **núcleo duro**, encabezado por Pepe, los miembros de su unidad doméstica y algún otro participante fundador del grupo original, como Charlie y, eventualmente, Mingo. Este grupo ha tenido continuidad desde el momento de la gestación del emprendimiento hasta la actualidad, independientemente de que en ciertos casos puedan identificarse períodos de distanciamiento. Los integrantes de este grupo han logrado desarrollar sentimientos de pertenencia y de propiedad sobre la cooperativa, y participan en alguna medida en la toma de decisiones organizativas. Paralelamente, existe otro grupo de entre cuatro y seis personas al que podríamos identificar como el **personal** de la cooperativa. Se trata de las personas que no formaron parte de la fundación de la cooperativa, pero que realizan alguna actividad rentada para ésta, fundamentalmente en tareas de descarga de la mercadería que se compra a los cartoneros, su pesaje en la balanza, y su posterior re-clasificación y acopio. Algunos de ellos fueron inicialmente cartoneros proveedores de la cooperativa, como Marcelo[93] o Carlitos,[94] quienes, ava-

---

93. Marcelo (1979) se define como el "encargado de ventas" de la cooperativa. Efectivamente, se ocupa de entregar los materiales que la cooperativa vende a los distintos compradores. Trabajó como cartonero durante un año, entre mediados del año 2001 y mediados del 2002, cuando ingresó a la cooperativa. Consiguió su primer trabajo –ayudante de panadero en Avellaneda, localidad del Gran Buenos Aires– a los dieciséis años y luego se desempeñó como ayudante de cocina para el sindicato de los obreros de la construcción (UOCRA). Antes de volverse cartonero trabajó ocho meses en una empresa peruana que prestaba servicios para la compañía Telefónica, de la que lo despidieron cuando su mujer, una oficial costurera desempleada, estaba próxima a dar a luz por primera vez. "De algún lado tenía que sacar, y empecé juntando botellas en un carrito", rememora. Marcelo logró avanzar hasta el tercer año de la enseñanza media. Tiene dos hijos.

94. Carlitos (1985) se ocupa de pesar los materiales en la balanza y es secretario de la cooperativa. Fue uno de los cartoneros que participó del "Plan Piloto" con la Municipalidad de Lomas de Zamora (ver más adelante) y luego se incorporó como operario en el depósi-

lados por Pepe, comenzaron a trabajar como operarios en el depósito y abandonaron el carro. Los miembros de este grupo que han tenido más continuidad se han asociado formalmente a Nuevo Rumbo, e incluso han asociado a sus propios familiares. No obstante, no conciben a la cooperativa como algo que les pertenezca y consideran en cierta medida a Pepe y sus hijas como a "patrones" propietarios de ésta.

Tanto los integrantes del núcleo duro como del personal cobran mensualmente una suma fija de dinero por la tarea que realizan, que se extiende de los doscientos a los cuatrocientos pesos, independientemente del volumen de los materiales comercializados por la cooperativa. Las diferencias en las percepciones salariales dependen de los cargos detentados y de la antigüedad. Asimismo, casi todos los miembros del núcleo duro cobraban, hasta fines del año 2004, algún tipo de plan social de asistencia al desempleo de ciento cincuenta pesos gestionado por la cooperativa.

Por último, un tercer conjunto lo integran los **marginados**, ciertos miembros del grupo fundacional que no han logrado insertarse en las actividades diarias de la cooperativa, como la viuda de Sigilo o Jara y su mujer. Si bien no constituyen un grupo organizado, han dejado trascender su disconformidad con lo que consideran un manejo discrecional y arbitrario de las cuestiones de la cooperativa por parte de Pepe, y propugnan la venta de los bienes que ésta ha adquirido y la participación en el reparto del dinero que se recaude. Recientemente han comunicado que, si no se alcanza un acuerdo en estos términos, están dispuestos a realizar un reclamo judicial.

Los materiales que se comercializan

Los cartoneros llegan con sus carros cargados. Esperan su turno para vender en la vereda o directamente sobre la calle Venezuela, poco transitada. Los sábados a la mañana son los momentos de mayor afluen-

---

to. Comenzó a cirujear en diciembre del año 2001, cuando terminó el ciclo de la enseñanza media. No fue éste su primer trabajo, puesto que antes había sido promotor de televisión satelital (Direct TV). Su papá, repostero, se había quedado sin empleo pocos meses antes. Ante esa situación, su mamá decidió volver a la provincia de Santiago del Estero (en el interior del país,de donde era oriunda), llevándose a la hermanita de Carlos, de seis años. Desde mediados de 2003, cuando se enteraron de que su novia estaba embarazada, se fue a vivir a la casa de la familia de ella. Su suegro es electricista, y sus cuñados trabajan en la industria de la construcción.

cia, y las esperas trascienden en ocasiones los treinta minutos. Mientras aguardan conversan, intercambian información sobre la actividad y sobre otros temas.

El personal de la cooperativa que los recibe los ayuda a descargar los carros y a pesar los materiales en la balanza. El listado de los materiales recibidos y su peso es registrado por los operarios en anotadores fabricados con talonarios usados. El boleto es entregado al recolector, quien, a su vez, lo presenta a una ventana enrejada, tras la cual una de las hijas de Pepe procederá al pago correspondiente. Ella asienta en una planilla general el nombre del recolector, la cantidad de materiales comprados y la suma pagada.[95]

Debido a su propia experiencia como cartonero, sabe que éstos prefieren entregar todos los materiales a un mismo depósito que recorrer varios buscando los mejores precios para cada tipo de material, por lo que, desde el inicio, Pepe insistió que el depósito de la cooperativa fuera un "polirrubro". Si bien esta decisión puede considerarse una estratégica para captar proveedores, desde su punto de vista se trata fundamentalmente de una adecuación a la comodidad de los cartoneros, un servicio que se ofrece a éstos. La cooperativa incluso compró a los cartoneros ciertos materiales antes de conocer las condiciones que impondría un potencial comprador, por lo que en ocasiones no hubo diferencias entre los precios de compra y los de venta, y en ocasiones los últimos fueron inferiores a los primeros.

El listado de materiales que la cooperativa se dedicó a comprar se fue ampliando con el tiempo, y los aproximadamente diez que adquirían al comienzo se convirtieron en cerca de treinta hacia fines del año 2004. Además de los materiales más comunes ya mencionados en otras partes de este estudio, se añadieron los siguientes: trapo, lana, hojas de radiografías, tapones de corcho y baterías de automóviles. Esta diversificación fue consecuencia de la aparición de nuevos compradores demandantes de materiales que la cooperativa no comercializaba o que lo hacía en el contexto de una clasificación más general. Por ejemplo, inicialmente no se compraban botellas de Pet y, cuando empezaron a comprarse, no se las distinguía según su color (verde o cristal), clasificación que comenzó a hacerse después.

---

95. Aunque no siempre tuve éxito en la insistencia sobre la importancia de llevar estos registros para una evaluación comercial de la marcha de la cooperativa, al menos logré que parte de este proceso sea informatizado desde fines del año 2003. Propuse que parte de la ayuda financiera brindada por COSPE (Cooperazione per lo Sviluppo dei Paesi Emergenti) fuera destinada a la adquisición de dos computadoras y una impresora, y a la contratación de los técnicos que desarrollaron el software adecuado y brindaron la capacitación necesaria para su uso.

Los materiales comprados se clasifican y acopian en determinados espacios del depósito. Los papeles y cartones se guardan siempre bajo techo para evitar que se mojen en caso de lluvia. Los talonarios se separan, porque sirven como anotadores, y en ocasiones ciertos libros y revistas se seleccionan para una biblioteca. Los materiales se colocan en bolsones o contenedores, o se enfardan, de acuerdo a la modalidad del comprador. Las botellas se apilan según su tipo contra una pared en el patio: las de gaseosas chicas y transparentes se lavan y embolsan aparte. Los metales ferrosos se apilan en contenedores, al igual que los vidrios, y los plásticos se arrinconan en el patio según su tipo.

Cuando no aparecen cartoneros proveedores, el personal ordena los materiales adquiridos y limpia los metales, es decir, discrimina de las piezas compradas como fierros, aquellos elementos que tienen un valor superior, como el cobre, el bronce, el aluminio y el plomo. Estos materiales son vendidos por el personal nuevamente a la propia cooperativa, que de este modo los compra dos veces: primero como fierros y luego como metales no ferrosos.

Los materiales acopiados son vendidos por la cooperativa a distintos compradores. Algunos son trasportados en los vehículos de Nuevo Rumbo (adquiridos mediante crédito de FONCAP S.A.) que maneja el propio Pepe u otro personal responsable de esa tarea, pero la mayoría son retirados por los propios compradores. La venta de estos materiales se cobra generalmente en efectivo.

La cooperativa nunca definió con claridad una política de precios, es decir, no estableció un criterio fijo que normara la diferencia entre los precios de compra y de venta para cada tipo de producto. No obstante, es posible identificar dos variables consideradas habitualmente por Pepe y una de sus hijas para el establecimiento de esa relación: los precios de venta y los valores de los materiales en otros depósitos de la zona, conocidos por referencias de los propios cartoneros proveedores. Por el contrario, el traslado a los precios de compra en el depósito de los aumentos conseguidos en la venta, independientemente de los valores de los productos de la competencia, fue una norma a la que se atuvieron con regularidad.

El siguiente cuadro refleja la evolución de los precios de compra de algunos materiales en el depósito de la cooperativa, en un período que se extiende desde octubre del año 2001 hasta agosto de 2005. En él puede apreciarse el formidable aumento ocurrido en el primer semestre del 2002, cuando como consecuencia de la devaluación del peso, algunos materiales como los celulósicos se incrementaron en un 1000%. Sin embargo, a partir de entonces descendieron hasta encontrar una relativa estabilidad hasta la fecha. También puede observarse que no necesariamente el incremento se reflejó proporcionalmente en todos los materiales. El crecimiento del precio de las botellas 3/4 y del cobre fue sostenido, aunque el aumento de los precios no alcanzó los valores porcentuales que de los papeles.

Evolución precios de compra en el depósito de Nuevo Rumbo											
Tipo de materiales	Período										
	2001	2002			2003			2004			2005
	Oct.	Ene.	Jun.	Dic.	Ene.	Jun.	Dic.	Ene.	Jun.	Dic.	Ago
Cartón	0,06	0,04	0,4	0,2	0,18	0,24	0,2	0,2	0,19	0,15	0,22
Diario	0,05	0,03	0,3	0,15	0,1	0,18	0,18	0,17	0,18	0,13	0,12
Papel blanco	0,05	0,04	0,4	0,3	0,3	0,33	0,35	0,35	0,35	0,5	0,5
Botella 3/4	0,02	0,02	0,03	0,04	0,04	0,05	0,06	0,06	0,06	0,08	0,08
Cobre	1,1	1,1	2,7	3	3	3,5	4,2	4,6	5,6	7,3	7,5
Las cifras están expresadas en centavos de pesos											

Asimismo, para tener idea del nivel de actividades de la cooperativa, se presenta la evolución de las compras de algunos materiales.

Evolución volúmenes de compra en depósito			
Materiales	Período		
	Enero 2002	Junio 2003	Enero 2004
Cartón	6.009	9.712	10.545,7
Diarios	3863	5.741,5	6.512
Las cifras están expresadas en centavos de pesos			

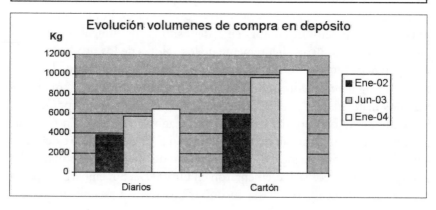

Algunos otros datos cuantitativos

La cantidad de un determinado tipo de material recolectada por cartoneros que utilizan el mismo tipo de transporte es muy variada. Sin intención de constituir una representación estadísticamente válida, pero como muestra de la heterogeneidad de las entregas, el siguiente cuadro refleja esa variedad a partir de algunos registros de compras realizadas por la cooperativa durante los meses de septiembre de 2001 y enero de 2002, de acuerdo a dos tipos de carros. Como puede observarse, un recolector en un carro a pie puede transportar hasta ciento cinco kilos, aunque desconocemos si vende estos productos inmediatamente después de finalizado un recorrido o si lo hace después de acumular varios.

Tipo de materiales	Tipo de transporte												
	Carros a caballo							Carros a pie					
Cartón	49	74	70	60	25	35		350	36	12	7	50	105
Diario	22	73	183	30	85			16				12	
Botellas		6		66	43	19	670		50	21	65	60	
Botellas sidra	97			8		2							
Vidrio Blanco				20	3	13		19					2
Vidrio Mezcla	53			19	10	18	65	128	40	10	20	17	
Hierro				150	6								
Chatarra				14					20				
Aluminio				14									
Trapo							49						

Nota: Las cantidades están expresadas en kilos, excepto las botellas, que son unidades

Para tener una idea aproximada de movimiento comercial de la cooperativa, el siguiente cuadro refleja las compras efectuadas en el depósito una mañana de enero de 2002.

Tipos de Materiales	Cantidades
Cartón	313
Diario	187
Botellas	1181
Vidrio blanco	28
Vidrio mezcla	356
Chapa	40
Aluminio	3
Trapo	55
Nota: Las cantidades están expresadas en kilos, excepto las botellas, que son unidades.	

Relaciones con agencias / fuentes de financiamiento

Municipalidad de Lomas de Zamora

Además del contacto original con el ingeniero medioambientalista, la relación entre la Cooperativa Nuevo Rumbo y la municipalidad de Lomas de Zamora atravesó dos períodos. El primero tiene como protagonista a Luis Schuster, quien fue Presidente del Consejo Deliberante y luego Secretario de Hacienda. Por iniciativa de Schuster, el Departamento Ejecutivo y el Honorable Consejo Deliberante del Partido de Lomas de Zamora declararon de interés municipal a la Cooperativa (Decreto 434/02 y Ordenanza 10076). En la sede de la Fundación que dirigía, se llevaron a cabo una serie de reuniones en las que participaron varios funcionarios del municipio. Allí se planificó que los cartoneros asociados a la cooperativa, contando con el apoyo municipal, realizaran una recolección selectiva de los residuos reciclables en determinadas áreas residenciales y comerciales de la zona. A tal efecto, la cooperativa avanzó con sus propios recursos en lo que se denominó "Plan Piloto" y fabricó cinco carros de mano muy amplios y resistentes, con estructura de metal y base de madera (ver foto más adelante).

Estos carros, junto con pecheras y volantes explicativos de la campaña de retiro selectivo (financiado con dinero de la cooperativa) fueron entregados, con la aprobación de Pepe, a ciertos cartoneros proveedores habituales de la cooperativa, como Marcelo y Carlitos.[96] La modalidad operativa que llegó a ejecutarse durante unos pocos meses fue la siguiente: los

96. Sara, una de las historias de vida que retrata el libro de Eduardo Anguita, también participó del Plan Piloto.

cartoneros retiraban los carros de la cooperativa, los subían a la camioneta adquirida con el crédito de FONCAP S.A. (ver a continuación) y eran trasladados aproximadamente treinta cuadras desde el depósito hasta el centro de Lomas de Zamora. A medida que terminaban su recorrido, se acercaban a un corralón municipal[97] a esperar que la camioneta los recogiera. Cargaban los bultos y los carros, y volvían a la tarde a la cooperativa, donde pesaban los materiales recogidos y cobraban la liquidación correspondiente.

Como se indicó, este sistema de recolección selectiva se mantuvo, con interrupciones, durante aproximadamente dos meses. Algunos de los inconvenientes que impidieron su continuidad se relacionan con el deterioro de los carros y desacuerdos entre la cooperativa y los cartoneros respecto de quién debía asumir su reparación, la utilización de la camioneta en otras actividades que impedían trasladar a los cartoneros en los horarios acordados, la discontinuidad por ausencia de cartoneros o de la camioneta por problemas mecánicos. No obstante, lo que finalmente impidió su continuidad fue la negativa del personal del corralón municipal a seguir recibiendo a los cartoneros, argumentando que como consecuencia de la clasificación a la que procedían en los momentos de espera, generaban una suciedad de la que ellos debían hacerse cargo. Como se mencionó, la cesión de este espacio era el único aporte del municipio al Plan Piloto.

FONCAP S.A.

Días antes del estallido social del 19 y 20 de diciembre de 2001, me reuní con Pepe en el microcentro porteño para buscar créditos y/o subsidios para la cooperativa. No existía en ese momento una idea clara de la necesidad que cubriría con el dinero que se pudiera obtener: la aspiración máxima era comprar el galpón que se alquilaba, un camión y una enfardadora, y guardar capital de trabajo para adquirir materiales a los proveedores. Días antes me había comunicado con una funcionaria de la sucursal de Banfield[98] del Banco Nación, quien me recomendó dirigirme a la Secretaría de Pequeñas y Medianas Empresas (SEPyME) de la Nación. Después de informarnos acerca de las escasas posibilidades de ayuda financiera, nos dirigimos a las oficinas del Fondo de Capital Social Sociedad Anónima (FONCAP S.A.), una entidad constituida con aportes públicos y privados que otorga créditos flexibles a micro emprendimientos nacionales.

---

97. Espacio destinado a los vehículos y bienes muebles municipales que necesitan reparación, ubicado en el centro de Lomas, cerca de la estación de tren.
98. Localidad del municipio de Lomas de Zamora.

A pesar de que compleatamos los formularios necesarios y llamamos durante las semanas siguientes, no obtuvimos novedades respecto de FONCAP S.A. hasta el encuentro *El trabajo no es basura*, organizado en la Legislatura de la Ciudad de Buenos Aires, el 22 de abril de 2002. Allí, funcionarios de esta entidad se contactaron con Pepe y, después de varios meses de tramitaciones, en octubre de ese mismo año la cooperativa recibió un crédito de diez mil pesos. Con ese monto y un 30% a cargo de la cooperativa, se adquirió una camioneta Ford 100 modelo 1987. El crédito fue fijado a tasa de interés del 0%, con seis meses de gracia y un plazo de dieciocho meses para la completa devolución.

La cooperativa canceló el crédito antes de que se cumpliera la mitad del plazo estipulado. A pesar de esta excelente performance, de la difusión de imágenes de la cooperativa en un afiche donde se promueve al 2005 como el año internacional del microcrédito (http://www.foncap.com.ar/images/anio_mundial_chico.jpg) y de la permanencia de comunicaciones con algunos de sus cuadros técnicos, FONCAP S.A. no se volvió a mostrar interesado en continuar apoyando financieramente a la Cooperativa. Después de solicitar varias veces sin éxito reuniones con las autoridades de la entidad, durante el invierno del año 2005 la Cooperativa se quejó formalmente por el uso desautorizado de las imágenes mencionadas.

COSPE / Fundación del Sur

Pepe conoció a Paola en el encuentro organizado por la *Fundación Conciencia* en Saldán (provincia de Córdoba) en septiembre de 2001, que contó con apoyo del Banco Mundial. Ella trabajaba en la Comisión Nacional para la Erradicación del Trabajo Infantil (CONAETI) en el Ministerio de Trabajo y Seguridad Social de la Nación, y desde allí promovía la formación de una cooperativa con los cartoneros del "tren blanco" que hace su recorrido entre José León Suárez y Capital Federal. De nacionalidad italiana, antes de venir a la Argentina había trabajado en Brasil en un proyecto de desarrollo auspiciado por COSPE, una ONG con la que seguía manteniendo una fluida relación.

Tiempo después, se encontraron nuevamente en Buenos Aires. A diferencia de la cooperativa del Tren Blanco, Nuevo Rumbo ya estaba formalmente reconocida ante el INAES y tenía su propio galpón funcionando. Esta situación le permitió a la cooperativa constituirse como "beneficiaria" del proyecto *Trabajo, Medio Ambiente y Economía Social* que prácticamente ya estaba elaborado y del que también participaba, como necesaria contraparte local, la Fundación del Sur.

Los conflictos de Pepe con Paola comenzaron desde que se conoció, al finalizar el invierno de 2002, que el financiamiento por más de doscientos cincuenta mil euros para tres años de desarrollo había sido aprobado por el Gobierno de Italia. Según Pepe, el eje de los desacuerdos giró siempre en torno al margen de maniobra permitida en relación con la letra del proyecto aprobado. Pepe había advertido que no se había contemplado "capital de trabajo", es decir, un fondo de dinero destinado a aumentar las compras de materiales reciclables por parte de la cooperativa. Asimismo, quería que los técnicos que se contrataran fueran propuestos por Nuevo Rumbo. Sirvan como ejemplo del nivel de tensión que alcanzaron los enfrentamientos algunos párrafos de la nota dirigida a la representante de COSPE en Argentina, en junio del 2003, que a pedido de Pepe contribuí a redactar:

"...La informalidad con la que se nos ha transmitido la información sobre el financiamiento del cual nuestra Cooperativa es objeto, se ha visto agravada por las constantes idas y vueltas de diferentes versiones y trascendidos. Para hacer mención nada más que a un solo ejemplo, la fecha en la cual serían girados los fondos desde Europa a nuestro país para su disponibilidad por Nuevo Rumbo de acuerdo al proyecto financiado, fue modificada al menos unas diez veces a lo largo de 8 meses. También ha habido versiones una y otra vez modificadas respecto de la modalidad del desembolso. Inicialmente se nos dijo que todo el dinero vendría de una sola vez, luego en dos partes, más tarde en tres. Finalmente nos dicen que se encuentra acreditado el 10% del total. Incluso se nos llegó a decir que no todo el monto que viniera para Nuevo Rumbo sería para Nuevo Rumbo, ya que Cospe debía asistir financieramente a otros proyectos que patrocina y cuyos desembolsos habían sufrido demoras. Si esto último fuera así, quisiéramos advertir sobre nuestra absoluta falta de mérito ante la posibilidad de incurrir en maniobras delictivas por el desvío de fondos para destinos no previstos... Como Ud. podrá apreciar, esta situación despierta una enorme ansiedad entre los socios de la Cooperativa. Pero además, impide la posibilidad de planificar el desarrollo de Nuevo Rumbo y de establecer acuerdos con terceros, precisamente uno de los objetivos que el financiamiento estaba destinado a cumplir... Por otra parte, asistimos perplejos a la forma en que se estarían resolviendo varias de las actividades previstas en el proyecto original. Entre otras cosas, allí se indicaba que el personal contratado para la ejecución de determinadas actividades sería consensuado entre Cospe, la Fundación del Sur y Nuevo Rumbo. No obstante, en la última semana simplemente se nos informó (también sólo en forma verbal) quienes serían esas personas, pero ni siquiera se nos consultó nuestra opinión al respecto... Lamentamos tener que trasmitirle que debido a estos y otros hechos, va ganando aceptación entre nuestros miembros y allegados la idea de que tanto éste como otros financiamientos gestionados por ONG como la Cospe, aunque dirigidos a la mejora y el desarrollo de proyectos de los sectores populares de los países del denominado Tercer Mundo, están no obstante encarados para el sustento y el enriquecimiento de los primeros, a costa de los últimos...".

Pepe cree que

"toda la plata que viene se maneja por estructuras burocráticas hechas con la mejor voluntad, pero que impiden hacer bien las cosas. Yo nunca me opuse a que ganen lo que tengan que ganar, pero que no se gasten la guita que consiguen a nuestro nombre. Además, cada funcionario le agrega su personalidad, su soberbia. Estamos obligados a fracasar porque no se piensa en la gente, se piensa en cómo quedarse con la plata. Cospe nunca quiso asegurarnos que las máquinas iban a quedarnos a nosotros".

Las máquinas a las que hace referencia son: un camión con seis volquetes, una enfardadora hidráulica, un autoelevador, una televisión, un reproductor-grabador de videos, una cámara fotográfica digital, dos computadoras y una impresora. Lamentablemente, la mayoría de estos materiales se encuentran subutilizados. El camión permanece casi todos los días estacionado en la puerta del galpón, porque los costos de su uso no constituyen una ventaja respecto de las condiciones de retiro que ofrecen los compradores que se acercan a la cooperativa con sus propios vehículos a llevarse los materiales. Por la misma razón, los volquetes tampoco se utilizan, aunque han comenzado a alquilarse a depósitos más grandes. La enfardadora sólo se emplea para prensar las botellas de Pet, que son retiradas también en vehículos del comprador. El uso de la televisión y del reproductor es exclusivamente doméstico, ya que han sido trasladados a la casa de Pepe.

Mediante el financiamiento de Cospe también se cubrieron aproximadamente veinticuatro meses del alquiler del galpón, sus gastos fijos (luz eléctrica, impuestos municipales, seguridad), los salarios de los integrantes y operarios de la cooperativa y otros gastos menores, como la instalación eléctrica trifásica, acondicionamiento del galpón, librería, etcétera.

Por su parte, desde la perspectiva de la ONG, Pepe aparece permanentemente atentando contra el desarrollo del proyecto y negándose a propiciar la integración efectiva de socios sin parentesco con él, que participen en la toma de decisiones de manera consensuada y democrática.[99]

---

99. Es interesante destacar que esta exigencia no formó parte del momento en que se elaboró el proyecto, instancia de la que, a sabiendas de la ONG, sólo participó Pepe.

QUINTA PARTE

Proveedores de la cooperativa

Aunque eventualmente la cooperativa recibe materiales de otras fuentes, como donaciones de papeles viejos por parte de FONCAP S.A., sus principales proveedores son los cartoneros que se acercan al depósito a vender lo que han recolectado. Como sucede con todos los depósitos polirrubros, la mayoría de los cartoneros proveedores residen en sus cercanías, y muchos son vecinos del propio Pepe.

En esta parte se incluyen solamente dos capítulos. El primero presenta algunos rasgos cuantitativos del conjunto de proveedores, obtenidos en base a una encuesta aplicada en enero del año 2003 y que se complementan con los testimonios de algunos cartoneros proveedores que enriquecen la caracterización del conjunto. El segundo capítulo intenta retratar un día en la vida de Carlos, un fiel proveedor de la cooperativa y practicante del oficio con gran experiencia, a quien acompañé en el carro, en el marco de la observación participante, por las calles de Lomas de Zamora y Lanús.

CAPÍTULO 14

ALGUNOS RASGOS CUANTITATIVOS Y VARIOS TESTIMONIOS

En enero del año 2003, como parte de un regular monitoreo que FONCAP S.A. realiza a los emprendimientos que asiste con créditos blandos, se realizaron encuestas a los cartoneros proveedores de la cooperativa. Antes de llevarla a cabo, Pepe preveía que el número de cartoneros proveedores superaba los quinientos, pero su apreciación resultó exagerada. Los encuestadores, alumnos de la carrera de Trabajo Social de la UNLa. que actuaron bajo mi supervisión, cubrieron durante más de una semana toda la jornada de atención del depósito (de 8 a 12 y de 14 a 18 horas) e incluso, en algunos casos, realizaron visitas a sus hogares. En total, lograron encuestar a ciento sesenta y dos recolectores que se identificaron como responsables de sus carros. A continuación, se exponen algunos de los resultados obtenidos con estas encuestas.[100]

- Los principales medios de transporte utilizado son los diferentes modelos de carros a mano. Emplea esta modalidad el 32% de los cartoneros encuestados, mientras que el 19% se desplaza en bicicletas con carritos y el 18% con carros a caballo.

100. La fuente utilizada ha sido el informe de la Lic. Liliana Tedeschi "Informe Ambiental de la pre Banca Micro de la Cooperativa de Cartoneros Nuevo Rumbo" (FONCAP S.A., mimeo).

- El 54% de los encuestados se identificó como responsable de la manutención de su hogar (jefes de hogar), y casi el 26% de quienes no lo son tiene menos de diecisiete años, y ejercen el cirujeo tanto para ayudar a su familia como para solventar sus propios gastos. Ambos resultados revelan que la actividad constituye la principal fuente de ingresos de más de la mitad de las familias, de la que participan varios miembros de la unidad doméstica. Esta apreciación se refuerza con el testimonio del 70% de los encuestados, que manifestó que recolectar es la única actividad laboral que le reporta ingresos.

- Si bien entre los encuestados el nivel de educación formal alcanzado es relativamente bajo, existe un 8% que completó el ciclo de enseñanza media y un 31% que terminó la enseñanza primaria obligatoria.

- El 17% de los recuperadores recibían Planes Sociales del Gobierno nacional y/o provincial. Los principales planes que reciben son: Plan Jefes/as de Hogar, Plan Trabajar, Jubilación y Plan de Desarrollo Laboral.

- La mayor parte de los recuperadores se incorporó recientemente a la actividad. El 19% durante el 2001, mientras que el 56% manifestó haberse incoporado durante el año 2002.

- El 75% de los entrevistados realizaba otra actividad antes de abocarse a la recuperación de residuos: el 25% eran albañiles, el 18% empleados de comercio y otros 18% eran estudiantes. En menor escala, 9% eran changarines, 9% eran empleados de industria y 6% pequeños comerciantes.

- Según lo manifestado por los recuperadores, los principales materiales recolectados en orden de prioridad, son: cartón, papel, botellas de vidrio y distintos tipos de metales no ferrosos. En menor proporción recolectan plásticos, vidrio suelto, hierro y trapos.

- Del 78% que respondió a la pregunta correspondiente al tema de los ingresos, el 62% afirmó que ganaba hasta treinta y seis pesos por semana, mientras que un 38% lograría un ingreso mensual mayor que los doscientos pesos por mes.

- El 69% de los encuestados vende los materiales que recolecta únicamente a la Cooperativa Nuevo Rumbo. En su mayoría, residen en zonas aledañas al depósito.

- Del 64% de recolectores que respondieron respecto a la identidad de la Cooperativa Nuevo Rumbo, en el 54% de los casos consideran que es una cooperativa de cartoneros, el 37% piensa que es un depósito común y un 9% de los entrevistados entiende que es un depósito familiar.

Varios testimonios de proveedores[101]

- Mario (febrero de 2002): Soy botellero. Soy un desocupado más

—*Ayer salí a la mañana y volví a la noche. Dejé ahí, no descargué. Descargué hoy y volví a salir. Poco, poquísimo lo que hay en la calle, poco y nada. Muy poco cartón, el vidrio no vale nada, la botella no vale nada, pero igual, si de esto vivo. El recorrido mío es de acá hasta la estación de Temperley, y después me llego hasta el Hospital Gandulfo por ahí, dando vueltas, me voy hasta Villa Alicia. Hoy salí a las nueve de la mañana, aproximadamente, y volví alrededor de las cuatro de la tarde. Con las dos carguitas (la de ayer y la de hoy) no sé si llegó a los cinco pesos (se fija en su recibo). No, no llegó ni ahí, son tres pesos con cincuenta en total con lo de ayer a la tarde más lo de hoy. Por ahí de vez en cuando, con un poco de mucha suerte, sale alguna changa para hacer, alguna limpieza, pero está muy escaso".*

—¿Cómo es la limpieza?

—*Claro, por ejemplo hay gente que poda un árbol o quiere limpiar un fondo, poda el fondo de la casa, saca las ramas. Eso, bueno, nosotros se lo sacamos. Lo traigo a mi casa y lo quemo, o adonde encuentre que puedo, un basural o algo, lo tiro por ahí. Y de ahí no se gana gran cosa tampoco. Antes el precio lo ponías vos, ahora el precio te lo pone la gente: dos o tres pesos, cinco pesos con un poco de suerte. Aparte de eso yo junto bidones de cinco litros, de ocho litros, el material plástico de los cajones de gaseosa. Voy juntando y cuando tengo cierta cantidad lo vendo. Pero igual, está durísimo. Somos muchos.*

---

101. Los testimonios fueron obtenidos en la puerta del depósito de Nuevo Rumbo entre 2001 y 2002, mientras esperaban el turno para la venta o inmediatamente después de ella. Escogí sólo las historias que me parecieron más representativas del sector. Algunos errores de expresión no han sido corregidos, pero evito indicarlos con (sic).

—¿Hace cuando que vos estás en esto?

—*Y ahora que empecé ya van para dos años. Porque en un tiempo yo tenía trabajo y se me terminó el trabajo y volví de vuelta.*

—¿Y en qué trabajabas?

—*En la parrilla. Después anteriormente también, estuve trabajando en una parrilla, cerró esa parrilla. Siempre más o menos dentro del gremio gastronómico, parrilla, pizzería, bar.*

—¿En la cocina o en las mesas?

—*En la cocina o en las mesas, también en el salón, fabricando empanadas. En la medida en que uno medianamente entiende el tema ¿no? Pero ahora desgraciadamente es muy escaso.*

—¿Cuánto tiempo estuviste en esos trabajos?

—*Y llegué a estar un año y medio más o menos. Acá en Temperley trabajaba hasta que entraron a cerrar los bolichitos de ahí de la estación. Ahí sonamos. Yo entraba a las tres de la tarde y salía cuando se cerraba, a las doce la noche, una de la mañana. Y después había un turno que entraba a las seis de la mañana hasta las dos, tres de la tarde. Había dos turnos. Primero estaba todo bien, laburaba bastante bien, pero entró la decadencia y, bueno, como todo. Es terrible, uno tiene familia.*

—¿Tenés muchos hijos?

—*Tengo cuatro pibes. Un chico y dos nenes que van al colegio, y tengo una piba que va al polimodal ya, pero desde que empezó hasta ahora nunca vimos un solo peso de la beca, nunca. Hubo algunos que otros que cobraron. Ahora parece que la beca directamente se suspendió. No hay un mango. Y bueno, hay que comprarle los útiles para los chicos, calzados, un buzo y pantalón. Hay que juntar la plata, pesito por pesito. Está rindiendo ahora y está yendo a una persona para que la ayude a zafar así pasa de año. Mi señora se quedó sin trabajo ahora.*

—¿En qué estaba ella?

—*Ella trabajaba por horas como empleada doméstica y de repente se fue cortando, se fue cortando y ahora llamó la señora hace poco y dijo que el nieto se quedó sin trabajo, que a ella le salen caros los remedios para el esposo. No se sabe cuándo la va a llamar de vuelta. Y todo así, qué le vas a hacer. Y si yo no salgo, en mi casa no se come. Yo voy y hago una limpieza en una verdulería, en una panadería, si tiene mucha basura le saco aunque sea por el pan, la fruta, la verdura. Voy a las carnicerías.*

—Hoy que estuviste en la calle desde las nueve hasta las cuatro, ¿comiste?

—*En la calle siempre se come. Voy a la feria y siempre frutas, verduras. No en el gran volumen como era antes que sobraba. Pero siempre en la calle te dan. Voy con mi viejo yo, y siempre te dan, siempre se consigue algo. Hasta nos dan una botella de gaseosa. Hay veces que a uno le embroma y le jode porque prácticamente está viviendo de la mendición. Si vamos al caso, hablando así de frente mar, si uno no manguea o se la rebusca no come. Salí ayer a la mañana y salí hoy e hice tres pesos con cincuenta. Tengo que ir pensando para comprar el gas, porque en cualquier momento se me termina el gas.*

—¿Cuánto cuesta una garrafa?

—*Ocho pesos como muy barato. También tengo que juntar para la luz, estoy atrasado como tres meses, es terrible, no sé cómo voy a hacer, voy a sacar un crédito o algo.*

—Si te preguntan por tu oficio, ¿qué respondés?

—*Que hago changas, lo que me encargan en la calle. Soy botellero. Soy un desocupado más. Soy un buscavidas que tiene una familia y la tiene que mantener, darle de comer. La chica se tiene que recibir. El pibe también quiere estudiar. A él no lo voy a llevar a la calle para que ande con un carro, no le gusta, y no puedo hacerle la contra y decirle: Sí, vení. Basta que estudie y ojalá que algún día le sirva para algo.*

—¿Te acordás cómo te iniciaste en la actividad?

—*Sí, bueno yo vine cuando la nena mía, que ahora va por los dieciocho años, tenía una semana de vida. Me mudé de Capital y me tuve que venir a vivir acá. Compré como pude ahí donde vivo, me compré la casita, pero los terrenos son del fisco. Y así, tuve que vender una heladera nuevita que tenía, ventiladores, todo lo vendí, un equipo de audio, vendí todo. En ese tiempo laburaba mi mujer y vivíamos de eso. Hasta que llegó un punto en el que había que hacer algo. Entonces vino mi compadre que vivía en Ezpeleta y me dijo que había gente con carritos que siempre traen algo. Y bueno, yo tenía una bicicleta, le hice un trailer, lo enganché y salí. Salí con la bici. Después conseguí laburitos, laburitos de un año, un año y medio, pero se cortaban. Después empecé a trabajar más o menos bien, pero de acá me tenía que ir hasta el barrio de Villa Urquiza, en Capital. Trabajaba en una cadena de supermercados que se llamaba Hawai, que se fundió. Tenían un negocio cerca del Hospital Rivadavia, otro en Santa Fe y Canning, otro en el barrio de Belgrano (en Lacroze y Cabildo, por ahí). En eso laburé cerca de dos años. Pero entraron a echar gente, echar gente y al tiempo me enteré que presentaron quiebra. Desgraciadamente es así.*

—¿Cómo supiste cuáles son los materiales que sirven para vender?

—*Con el tiempo uno va aprendiendo, de a poco. Por ejemplo, yo iba trayendo las cosas y en el depósito me decían: esto es aluminio, esto es cárter, esto es pasta, esto es metal. Ahí uno va aprendiendo. Y lo otro ya se sabe, el bronce es bronce, el cobre es cobre. En aquel tiempo se vivía con esto, ahora no se vive más. En ese tiempo durante la semana se juntaba unos manguitos, y el fin de semana se comía un asadito con la familia. Ahora no se puede.*

—¿Recorrés siempre los mismos lugares en tu recorrido?

—*Sí, casi siempre, prácticamente sí. Salgo con mi viejo. Ellos antes vivían aparte, pero ahora viven con nosotros. Ellos antes andaban mal, que sé yo; mi papá tomaba mucho últimamente, se había largado a la bebida y después ya lo vi mal y mal. Viven atrás de mi casa, mi vieja también estaba mal, necesitaba médicos, la saqué, estuvo jodida hasta que se puso bien. Se repusieron, mi viejo también esta bien ahora. Y salimos a la calle a ganarnos la vida. Por ahí junto plástico y lo amontono, y cuando tengo unos cien o ciento cincuenta kilos lo entrego. Con eso ya compramos un poquito de mercadería, la azúcar, la yerba, lo más imprescindible en la casa, el té. Yo salgo a la mañana, vengo a la tarde y ya tengo que entregar. Por ahí, salvo que haya hecho una changuita en la calle, si no junto dos o tres carguitas y traigo todo. Tengo que vender sí o sí, porque siempre falta algo en la casa, falta una lapicera, un lápiz, hojas para los chicos, carpetas.*

—¿Vendés siempre al mismo depósito o al que tenga los mejores precios?

—*Los precios antes estaban un poco mejor. Prácticamente en todos lados están los mismos precios. Si hay una diferencia es de centavos, nada más. Antes estaba acá la señora Ana y yo le vendí durante mucho tiempo. Después tenía otro depósito donde entregaba, pero no anda más porque llegaba el medio día y ya cerraba. A parte, este me queda bien, me queda cómodo. Porque yo de acá en un tirón vengo, paso por mi casa y si tengo que dejar alguna cosa dejo, si tengo que cargar algunas cosas más, algunos cartones o algo que me quedaba del día anterior, vengo, entrego, y ya estoy en mi casa. Acá en la esquina de la canchita vivo yo. Tengo cuarenta y tres. Nunca pensé que iba a llegar a esto. Soy de Santiago del Estero, del campo, cerca de Ifrán. Vine a los ocho, nueve años. Después me fui y estuve un par de años, hasta los once. Y después volví y ya me quedé y no volví más. Allá prácticamente no tengo a nadie, un par de tíos y nada más. Ya mis abuelos fallecieron, tengo unos tíos que fallecieron, tengo una tía que debe andar por ahí y nada más.*

—¿A la escuela pudiste ir?

—Sí, fui hasta quinto grado allá. Bueno, por lo menos sé leer y escribir. Fui hasta quinto nomás, me rateaba, una plaga era. El saber es como el dinero, no ocupa lugar. A mis chicos les gusta el colegio, vos te das cuenta. Tarde o temprano le puede llegar a servir.

Con el tiempo se tiene que ir solucionando la cosa. Los problemas están en lo económico, quién no tiene problemas económicos. Uno lo hace por una necesidad. Para juntar un peso tenés que juntar un kilo de vidrio. Es una locura. En todos lados está el mismo precio, o medio centavo más pero no más que eso.

Ojalá que levante, que se levanten los precios, principalmente, no sólo para los botelleros; si levanta para los vidrieros levanta también para los chatarreros y para todos. Quién te dice, por ahí se puede revertir la situación. Hay que tirar para adelante, pedirle a Dios que nos ayude y principalmente que nos dé salud, porque si hay salud, se la puede peliar, pero si no hay salud, no.

- Eduardo (julio de 2003): Teníamos negocio, un almacén chiquito que después se fue a pique.

"Tengo veintisiete años, nací en Morón, provincia de Buenos Aires. Empecé en esto hace más o menos dos años porque me había quedado sin laburo. Yo soy locutor de radio. Trabajé durante trece años en eso. También soy letrista. Pero con la crisis no se consiguió más trabajo y uno tiene que salir a hacer lo que se pueda para salir adelante. Estuve en la FM Escorpio de la frecuencia 96.5, en la FM 98.5 Radio Formidable de Quilmes, en Radio Libertador de Banfield que después la cambiaron a Lomas y después la cerraron. Después estuve en la FM Cóctel de Solano, en la Radio Ciudadana que era la 104.5 que antes estaba en la calle San Juan, acá en San José.

La mayoría de estas radios cerraron por la crisis que hay. Hay muchas que están pasando por esa circunstancia. La publicidad era lo que nos daba la pauta para poder seguir, porque ese era nuestro sueldo. Desde 1995 en adelante se nos hizo todo cuesta arriba. Inclusive yo el año pasado intenté hacer un programa, pero la crisis me mató y no podía seguir haciéndolo. Me iba caminando desde acá más o menos a diez cuadras donde vivo, hasta Bernal a trabajar. No podía levantar ni siquiera una sola publicidad.

Tenía un programa que iba desde las dos hasta las seis de la tarde. Pasaba todo tipo de música, desde música salsa, latina, internacional, un poco de tropical.

La locución se me dio de casualidad, allá por el año 1989. Yo iba a pedir temas a una radio, y una chica me invitó para que llevara unos discos y bueno. En aquel entonces se usaban los discos todavía. Y de ahí empecé. Me hicieron entrar al estudio y me hicieron hablar. Vino el dueño y le gustó mi voz y bueno. Y ahí ya quedé.

*Cuando empecé en la radio, me interesé mucho por los grupos, por co-
nocer sus historias, las discografías, los mejores temas, las intro de los temas. La
intro vendría a ser cuando comienza el tema hasta que empieza a cantar, yo
tengo ese tiempo para poder hablar.*

*Me gusta un poco de todo. Según el estado de ánimo, a veces en mi ca-
sa me pongo a escuchar un poco de tango. Según. Me gusta todo tipo de música, no discrimino.*

*También fui operador técnico. En la radio de Solano pasaba música y
hablaba. En Libertador también hacía lo mismo. Aparte me sentía mucho
más seguro haciéndolo yo que teniendo un operador, porque yo ya sabía los temas que tenía que pasar, cuáles eran los temas que estaban pegando en ese
momento.*

*La radio me daba la posibilidad de hacer el programa, yo no tenía que
pagar nada, no tenía que comprar el espacio. Gracias a Dios hasta el año pasado fue así, pero hoy en día todas las radios te cobran entre quince y veinte
pesos por día la hora solamente, y si no tenés auspiciantes, no lo podés hacer.*

*Como letrista estuve trabajando en la Fundación Sol, de Lomas de Za-
mora. Es de un partido político, del Partido Justicialista. Andaba con Jorge Ros-
si (actual intendente) y como nos mandaban a hacer pasacalles y a ponerlos, entonces yo iba mirando como hacían los pasacalles y después me prendí yo a hacer
letras, dibujos sobre la tela del pasacalles. Y como tengo buen pulso para los dibujos, me llamaban siempre a mí. Después me largué solo a partir de noviembre
del 2000, pero para febrero ya se empezó a cortar.*

*Cuando no tenía trabajo lo intercalaba con el cirujeo. Juntaba ropa,
zapatillas, juguetes, y cuando no tenía entrada de plata en mi casa, yo iba y los
revendía, y así iba zafando.*

*Mi madre falleció en 1997. Yo estoy con mi padrastro y mis hermanos,
que en total somos cinco hermanos. De mi familia el único que cartonea soy
yo. Mis viejos no, y mis hermanos no, no se animan. Mi hermano sí tuvo una
experiencia, pero el hombre con el que estaba trabajando lo hacía laburar todo el mes y le daba quince pesos. Esto pasó el año pasado. Lo hacía ir con el carro por los comercios, porque él había agarrado siete mercados grandes, entonces le daban cartón, y como él iba a dos, entonces lo mandaba a mi hermano
que vaya a buscar los otros cartones y le daba quince pesos por semana. Era
una miseria.*

*A mis hermanos les da vergüenza de salir a la calle a cirujear y que los
vean los vecinos. Pero yo no tengo vergüenza. Yo en un principio sí tenía vergüenza y salía de noche y traía un montón de cosas y ellos me quedaban mirando. Pero ellos no se animan por el tema de que nosotros en casa teníamos
negocio, un almacén chiquito que después se fue a pique. Por ese lado es que
cuesta un poco. Gracias a Dios mi padrastro está trabajando en un corralón,
entonces con eso vamos tirando; más lo que yo voy acercando en el cartón.*

*Yo veo que a mis hermanos les cuesta y no quiero ni pensar en lo que de-
be ser la gente que, por ejemplo, está acostumbrada a comer bien, que tenga*

trabajo y de repente pierda todo como lo que estamos viviendo ahora. Es muy difícil para esa persona para salir adelante. Todavía queda ese resto que te discriminan porque sos cartonero. Pasa eso, en el centro de Banfield pasa eso. Pero ahora hay mucha gente que está tomando conciencia.

Yo me largué solo. Este carro me lo prestaron acá en el depósito. Antes iba con bolsos, bolsas de papa, iba juntando los cartones, las revistas, iba separando y así. Siempre en la zona de Banfield centro. Tengo un negocio que me da los días viernes, los sábados tengo un negocio acá a tres cuadras y así voy zafando. De paso hablo con varios negocios, los encaro para que me vayan separando el cartón. Estoy sacando alrededor de doce o trece pesos por día. Soy soltero.

Ayer en el centro de Banfield éramos cinco carros que veníamos por Maipú en el mismo sentido, sin contar los que iban para la estación de Banfield. Era impresionante la cantidad de gente que había. Haciendo un cálculo así nomás yo presumo que cuarenta o cincuenta carros había en el centro de Banfield.

Mi recorrido es de tres horas más o menos. Una sola vez por día. A veces a la mañana, otras a la noche. Hoy tengo pensado salir a la noche, porque de día no pasa más nada, tengo que aprovechar. Voy cambiando de horario, viendo cuál es el que más me conviene.

Primero llevo todo a mi casa, hago la selección de todo. En una bolsa pongo los diarios, en otra pongo el cartón, en otra pongo el plástico, en una bolsita pongo el aluminio, en otra lo que es latita. Después, ya clasificado todo, vengo y lo entrego. Ya no hace falta que lo tengan que sacar acá. Acá ya me hice amigo de los muchachos, además me prestaron el carro. Estoy laburando para este depósito.

Con el carrito es mucho más fácil, con bolsa te mata.

Quería conseguirme las heladeras o las ruedas para hacerme un carrito propio, pero hoy en día es imposible. Este carrito me lo guardo en mi casa y le pongo cadenas porque te lo roban. Incluso en Banfield ya hay un caso de un chico al que le pegaron un balazo porque no quiso entregar su carrito. Ahí ya nos damos cuenta que la crisis esta nos está abarcando a todo el mundo. Imaginate si nos asaltan a nosotros, asaltan a depósitos como éste, ahí ya te das cuenta que no tenemos seguridad ni siquiera nosotros. A veces salimos y no sabemos si volvemos.

En la calle, el que va primero agarra lo que encuentra, es así. Yo abro las bolsas, trato de no romperlas porque los vecinos mismos no te dejan más laburar si no. Yo trato de desatarlas, reviso lo que me sirve y lo que no me sirve lo vuelvo y lo pongo.

En lo personal quisiera que hubiera trabajo, obviamente. Me gustaría también que el país saliera adelante porque eso es lo que nos hace falta a nosotros. Si se pudiera abrir una fábrica y dar trabajo.

Ojalá pudiera conseguir publicidad para la radio.

- Jara (11 de agosto de 2001): No tenés un patrón.

El pañuelo en el cuello es inseparable de su atuendo. Hace viente años que sale con el carro, aunque también es oficial albañil. Hace dos meses hizo un techo, y ese fue su último trabajo en la construcción. Después de decirme que como ciruja ganaba igual o más por jornada que como albañil le pregunté:

—Si hoy consiguieras un trabajo como albañil en el que ganaras más o menos igual que lo que sacás con el carro, ¿que preferirías?

—*El carro. Primero, porque no tenés un patrón. Sos vos y vos y nada más. Y además porque vos laburás y cobrás, no tenés que esperar que a ver si al final del día te tiran algo, o el fin de semana, y después está que te dicen una cosa y después te pagan otra; el peón de albañil siempre pierde.*

—Pero acaso el dueño del depósito al que le entregás, ¿no es como tu patrón? Además, cuando te dice que lo que llevás no pesa setenta kilos sino sesenta y te paga por eso vos no le podés protestar…

—*No, el depositero no es tu patrón. Te puede estafar alguna vez, pero vos tenés toda la libertad para venderle a cualquier otro si te da la gana. El depósito necesita que vos le vendas a él y no a otro, y por eso tampoco quiere que vos te vayas.*

Además de salir a recolectar con el carro, Jara también hace changas (cortar el pasto, podar, trasladar basura). Tiene como cliente a un boliche al que le "limpia" los sábados.

—¿Qué es "limpiar"?

—*Qué vos te lleves toda la basura de ellos, y en esa basura están botellas, latitas y otras cosas que vos vendés al depósito. Pero además el boliche te da la propina para que vos te lleves, te pueden dar cinco pesos, diez pesos. El hombre me espera y me entrega a mí todos los sábados. Yo tengo una camioneta, una chata, pero no puedo ir con la chata porque no me va a entregar más a mí, sino a algún otro que vaya en carro. A veces me dan ropas para los chicos. El otro día una mujer me dio un buzo para Matías. Si yo se lo hubiera tenido que comprar, seguramente me hubiera costado veincinco pesos.*
Todo lo que recolecto lo llevo a mi casa, y allí mi mujer se encarga de clasificarlo. Además ella también trabaja como ama de casa, porque eso es un trabajo. Yo lo que gano se lo entrego, y ella lo administra, y así vamos teniendo lo que le llamamos una "caja chica" que es para los gastos de todos los días, y también podemos tener unos ahorros. El otro día con los ahorros le compré un petiso para que jueguen los chicos. Me salió dos palos, o sea, doscientos pesos. Sería importante si podés escribir un libro sobre esto, no hay nada sobre esto. Yo creo que es bueno que se conozca lo que hoy no se conoce, y esto no

se conoce o se conoce mal. Además un libro es como un registro de lo que pasa; que quede asentado, es interesante.

El otro día, estaba con una señora que también es maestra y que me preguntó cuánto le cobraba por llevarme un montón de basura. Yo le decía que no le podía decir ningún precio sin ver de lo que se trataba, y que si incluso era poco no le iba a cobrar nada, por la propina nomás. Entonces la mujer me dijo que teníamos que ir a su casa, que quedaba a algunas cuadras de ahí donde estábamos. Y yo le dije, ¿quiere subir al carro? Y la mujer subió, la llevé en el carro hasta la casa. No sé que pensarían sus vecinos, pero la señora estaba contenta, me dijo que su padre tenía un carro parecido en el campo, cuando era chica".

- Pedro Segundo (22 de julio de 2002): Yo necesito laburar. Esto no es trabajo. Es para sobrevivir.

"Ahora tengo ciencuenta y seis años. Soy de Curuzú Cuatiá, vine a los veintiún años. Hice la colimba y me vine para acá. Ya vine con mi señora y dos nenas. En el caso mío, yo trabajaba un tiempo en la construcción, desde 1971 hasta 1981. Yo estaba como oficial especializado, trabajaba en el pavimento ¿vio?, para empresa particular.

Despúes en el ochenta y dos ingreso en el ferrocarril, y desde el ochenta y dos laburé hasta el noventa y cinco, hasta que se privatizó todo. En el ferrocarril trabajaba en el Roca, acá en Temperley. Era cambista primero, el que engancha y desengancha los trenes. Así que prácticamente desde el noventa y cinco hasta ahora me dediqué al carro, al cirujeo. Prácticamente ya no conseguí trabajo en ningún lado. Probé en otros lados, pero ya no había más nada prácticamente.

Yo siempre tuve carro, nunca me deshací de eso. Lo compré porque me gustaba. Lo tenía ahí en casa nada más que para tenerlo, para el día de mañana que me haga falta. Lo tenía nada más que para tenerlo, y ahora lo tengo que utilizar, qué vas a hacer.

Yo no trabajaba de esto. No, jamás, nunca, nunca. Lo tenía por herencia del viejo mío que como allá en Corrientes tenían carro, caballos y esas cosas. Entonces por ahí a mí siempre me gustó tener.

Pero desde el noventa y cinco siempre carro a caballo, juntar cartón, botellas, fierros, si conseguía metales también. Le vendía a Pappazzo, siempre al mismo hasta que ahora apareció esto acá, la cooperativa. Ahora estoy trabajando para ellos.

La calle está peor, en el sentido en que prácticamente hay mucha gente en la calle y ya no hay más nada para juntar, absolutamente nada. Si no tenés supermercados donde sacar cartón esas cosas, no hay nada en las calles. Yo tengo acá un supermercado en Villa Galicia que todas las tardes voy a sacar cartón y el film ya todo seleccionado, y de paso le saco la basura. O si no cartón no junto, si no hay nada en la calle. Familias enteras andan en los carros. Y yo cada vez veo más gente, calculá que yo hace siete años que ando en la calle y hay gente que yo jamás los vi en mi vida, muchachos jóvenes, parejas jóvenes revisando las bolsas negras buscando algo para sacar. Es impresionante.

Cada dos días vengo a entregar. Y más o menos treinta y cinco pesos, treinta y ocho pesos cada dos días. Este es mi único ingreso. Más antes venía todos los días porque antes de que sacaran el corralito y todo esto había mucha venta en los negocios, yo todos los días sacaba cincuenta, sesenta kilos de cartón de ahí. Ahora estoy sacando más o menos quince kilos, diez kilos, hasta a veces cinco kilos. Yo este supermercado que estoy limpiando hace ya dos años. Sólo uno tengo porque no hay nada.

No tengo ningún plan porque ya no tengo más chicos chicos. Tengo cuatro mujeres y dos varones que están todos casados ya. Tengo nada más una piba de veinte años que está estudiando, ella vive conmigo. Mi hija estudia química, si este año va todo bien, el año que viene le correspondería irse a la facultad. Mi mujer trabajaba antes en el Plan Vida, pero quedó afuera ahora.

Yo necesito laburar. Esto no es trabajo. Es para sobrevivir, en realidad los que estamos con los carros estamos sobreviviendo, esto no es vida por ahora. O si no que haiga más cartón, pero no hay. Está todo copado porque no hay nada en la calle. La gente se pelea. El otro día no me daba lástima, me daba pena, unos muchachos jóvenes andan con bicicleta juntando latitas, botellas, cartón, son pibes que son desocupados.

Mi oficio es la construcción, pero ahora estoy de cartonero; qué vas hacer, cartonero. Yo toda mi vida laburé, diecinueve años en la construcción y quince en el ferrocarril. Yo prácticamente cumplí el rol para laburar, pero no me da la edad para jubilarme. Tengo todos los aportes, pero hay que ver si me sirven. Yo en "Ansel"[102] tengo todos los papeles, pero no me da la edad, qué voy a hacer. Hay que seguir caminando".

- Ibarra (22 de julio de 2002): Hay mucha gente desocupada, no solamente yo.

"Empecé hace como dos años. Antes tenía trabajo yo, en fábrica, en albañilería, pero después cerró. Ahora no hay trabajo. Tengo cuarenta y seis, pero para la gente y para la sociedad somos viejos. Antes de este carrito a mano tuve una bicicleta que cambié por este carrito.

Salgo a la mañana y después salgo a la tarde. Dos veces al día. Si llueve no salgo, qué vas a hacer. A veces, te digo, ganás bien, es como cada cosa. Si tenés suerte capaz que hacés veinte pesos. No hay nada, hay mucha gente desocupada, no solamente yo. Pusieron los trenes, no sé si estás enterado, vagones de trenes para cartoneros, escuchaba esto en la televisión. Y todo el mundo viaja con los carros arriba de los trenes, y si no los llevan los tiran abajo. Está mal esto también, pero ¿qué van a hacer? Está jodido.

102. ANSES: Administración Nacional de la Seguridad Social.

Decí que yo soy solo, soltero. Me moriría de hambre sino. Calculá que hoy hice cinco mangos. Acá lo que tiene que haber es trabajo, yo lo hago de última esto, pero si hay trabajo no lo hago a esto. Acá, si no cambian los que están arriba...

Yo pensaba que este depósito era comunitario, de la municipalidad. Yo entrego acá ahora porque este paga bien. Todos vienen acá ahora. Pero ningún depósito da nada".

- Juan Bautista Loreto (22 de julio de 2002): Mi último laburo fue en una metalúrgica.

"Juan Loreto, Juan Bautista Loreto, parecido a Bailoretto.[103] *Tengo veintinueve, estoy en concubinato, juntado, tengo tres pibes, dos nenas y un nenito de tres años que cumplió hoy.*

Yo, cada vez que me he quedado sin un laburo efectivo, me dediqué a esto. Lo que pasa es que ahora hay mucha gente que no tiene laburo y que se está dedicando de lleno a esto. Antes no había tanto y tampoco estaba al precio que está ahora. Por eso también mucha gente se está dedicando a esto.

Yo hice de todo. Laburé en reparación de calzado, laburé en un cementerio, en un depósito de bolsas, ayudante de albañil, plomero, lo que más me gusta hacer es mecánica. O sea, yo me dedico a eso pero no soy mecánico, nunca me recibí de mecánico pero me dedico a hacer eso. Lo aprendí laburando. Laburé la primera vez antes de hacer el servicio militar, en un taller y por el servicio militar perdí la oportunidad de tener mi taller. Si no, estaría un poquito mejor, pero no me quejo.

Salgo todos los días (carrito en bici). Cuando laburaba, igualmente yo iba al laburo en bicicleta, siempre, sea donde sea he ido al laburo en bicicleta, ponía un canasto y algo atrás iba juntando. Lo que encontraba, antes se encontraban muchos metales, ahora no. Después, ibas el fin de semana y entregabas y te hacías una moneda.

Cuanto más junto, más rápido entrego; pero no se junta mucho en la calle porque hay tanta gente, está difícil, hay que andar mucho. Más o menos cada dos o tres días entrego, si tuve una semana de mala suerte, una vez a la semana, por ahí.

Mi último laburo fue en una metalúrgica. Aparte de la mecánica, en una metalúrgica. Pero terminó en el 2000. Hago otras cosas, lo que me sale hago, lo que venga, pintar, ayudante de albañil, ayudante de plomero. Tengo un poquito noción de todo pero no sé de nada en realidad.

---

103. Juan Bautista Bairoletto, delincuente apodado "el Robin Hood de las pampas"; después de su muerte se convirtió en "curador", "milagrero", y se le rinde culto en distintos pueblos de las provincias de Córdoba, San Luis, Mendoza, San Juan, La Pampa... A su sepelio acudieron 8000 personas, y su tumba fue costeada por colecta popular.

La gente te mezcla mucho las cosas, ¿me entendés? Si la gente en su casa tuviera un poquito más de noción del reciclaje, sería otra cosa. Porque la gente te mezcla todo. Si supiera la gente reciclar un poquito en la casa para sacar la basura. Porque ellos por ahí te mezclan cartón con barro podrido, o el diario te lo usan para levantan la basura que dejan los perros en el jardín. Las botellas las llenan de barro podrido, cosas así que ellos no se dan cuenta y a nosotros nos afectan.

También las calles, que a nosotros nos afecta igual que a la gente que anda en auto. A mí por ejemplo ayer se me rompió el carrito. Lo tuve que atar con alambres y ponerle un tornillo adentro del caño y ponerle un par de sunchos".

CAPÍTULO 15
ACERCA DE CARLOS

Carlos (diciembre de 2003)

Carlos (1960) sabe escribir su nombre. Si se detiene y se esfuerza, también es capaz de leer los de las calles incluidas en su recorrido (por supuesto, siempre que haya carteles). Abandonó la escuela en segundo grado, cuando su mamá murió y sus hermanos se distanciaron; mientras él se quedó con el papá, el mayor se fue a vivir con el padrino, y la hermana se marchó con una tía. Considera que ya está grande para retomar los estudios, y que a esta altura de la vida ya no le servirían de mucho. Pero está arrepentido de haber dejado la escuela, de no haberle hecho caso a los parientes que le decían que no se distrajera jugando todo el día al fútbol.

El papá de Carlos trabajó durante muchos años como recolector de basuras para la municipalidad de Lomas de Zamora, y se dedicó exactamente a eso cuando se quedó sin contrato, pero por su cuenta, acompañado por su hijo y un carrito a mano.

Carlos se juntó con "La gorda" el año en el que el mundial de fútbol se jugó en Argentina. Era linda y recién llegada de Entre Ríos. Se alojaba en la casa de una vecina, tenía veinte años y cinco hijos que al poco tiempo aprendieron a decirle papá.

Mientras ella consiguió trabajo como empleada doméstica en Capital, él continuó con el carrito, alternando con changas como peón de albañil o como changarín para un transportista que cargaba en el puerto de Ensenada. Pero, paulatinamente, el cirujeo se fue convirtiendo en el trabajo más estable.

Doña Ana, la dueña del depósito donde Carlos vendía lo que juntaba (el mismo que tiempo después alquilará la Cooperativa sobre la calle El Mirasol), le propuso un acuerdo: ella le prestaría un carro con caballo (tenía aproximadamente diez) y él se se encargaría de la avena diaria del animal y de la compra de las herraduras cuando fuera necesario. Por supuesto, también quedaba comprometido a salir a cirujear todos los días y a venderle exclusivamente a ella el material recolectado.

El acuerdo se mantuvo durante más de cinco años, hasta que Carlos pudo comprarse un caballo y armar su propio carro. Cuando se casó el hijo mayor de "La gorda", Carlos creyó que ese instrumento de trabajo era el mejor regalo. Consecuentemente, volvió al arreglo con doña Ana hasta que, tiempo después, un cliente le regaló el auto marca Siam que tenía abandonado y sin papeles en la puerta de su casa, y al que luego Carlos permutó por la petisa que todavía conserva.

El terreno donde vive era propiedad fiscal, pero ahora está a su nombre. Tiene aproximadamente ocho metros de frente por veinte de fondo, y reúne tres viviendas: en la de adelante viven Carlos, su mujer, su papá y Brian, que con tres años es el más mimado de sus nietos; en una de las del fondo vive una de sus hijas con "Cambá" (su marido) y sus cinco hijos, y en la última vive Roberto (el hijo al que le regaló el carro y el caballo, y que es el papá de Brian), su mujer y sus otros hijos. En el medio, dentro de una casilla de fibra de vidrio como las que usan los serenos que vigilan los barrios más pudientes, guardan el inodoro común. Finalmente, en una pequeña y rústica caballeriza duermen los caballos de Carlos y Roberto.

Además de ellos dos, otro miembro de la familia, el papá de Carlos, todavía cirujea a pesar de su edad. Durante el trabajo de campo, mientras lo acompañaba en el carro, nos cruzamos con Roberto, y le pregunté por qué no trabajaban en equipo. Se me ocurrió que, si vendieran juntos, podrían obtener mayores ventajas que las alcanzadas individualmente. Me respondió que cada uno tenía su propia manera de trabajar en la calle, y que se organizaban en forma individual para la venta.

Por su parte, Cambá trabaja como operario del único molino transnacional de origen argentino. Un día me quedé a almorzar y me regaló una botellita de fino aceite especiado que le habían obsequiado allí.

Para concluir con los ingresos más regulares, la mujer de Roberto cobra mensualmente los ciento cincuenta pesos del Plan Jefas y Jefes, y es la única del grupo que cuenta con este tipo de asistencia.

Carlos se levanta entre las siete y las ocho de la mañana y, después de uno mates, sube a su carro la carga clasificada que recolectó el día anterior. Después de entregar la mercadería en el depósito de Pepe, ubicado a cuatrocientos metros de su casa, regresa para darle a la gorda –quien administra los ingresos– la plata obtenida, excepto unos pesos que guarda para comprar cigarrillos.

Alrededor de las diez y media comienza su recorrido: entre las once y media y la una pasa por la puerta de sus mejores clientes. Me cuenta que, a principios de marzo y de diciembre, los vecinos se desorganizan un poco en sus horarios, porque comienzan y terminan las clases y a los padres les cuesta mantener la rutina de sus casas.

Atraviesa distintos barrios, siempre en dirección hacia el centro de Lanús. En su recorrido saluda respetuosamente a numerosos conocidos que se presentan a su paso. Algunos le preguntan por Brian y otros por su mujer. Una mujer le reprocha el uso que hace del caballo. "No se da cuenta que es petisa. Y además, ¿qué quiere? ¿Que me muera de hambre?", se fastidia.

En un momento preciso del recorrido, al doblar en una esquina, la yegua aminora automáticamente el tranco, y él grita bien fuerte: ¡"Boootelliieeeroooo!". No vocifera en cualquier parte de la cuadra, sino unos metros antes de la casa donde sabe que viven sus clientes. Los vecinos se asoman y le hacen señas, mientras le avisan que aguarde, si tienen algo. Algunos se acercan hasta el carro, y otros permanecen en la puerta. Carlos baja del carro y retira los diarios viejos, las cajas de cartón, las botellas de vidrio y de pet, mientras la petisa aprovecha el descenso para pastar los yuyos que crecen en torno a los árboles de la vereda.

Los clientes también le ofrecen muebles viejos, heladeras, utensillos y mucha ropa usada que "La gorda" se encargará de clasificar: la que se encuentre en buenas condiciones será repartida entre los suyos o vendida a los vecinos; la que no sirva será vendida en el depósito como trapo o lana, según corresponda. Carlos cuenta que todo lo que tiene en su casa (televisión color, lavarropas y muebles) y toda la ropa que usa proviene de este origen. Lo único que compra son las zapatillas que le gustan.

Las botellas se acomodan desordenadamente en la mitad trasera del piso del carro. Para transportar el cartón utiliza un lienzo rectangular, cuyos extremos ata en los mástiles traseros. De este modo conforma una suerte de bolsa donde coloca las cajas de cartón desarmadas y paradas para que ocupen menos lugar. Los plásticos (envases de lavandina y detergentes, sillas o cajones de envases de cerveza) son sujetos con tientos y alambres y colgados a los costados del carro.

Mientras atiende al tránsito, Carlos observa las veredas, el pie de los postes de luz y de los árboles donde los vecinos depositan las bolsas de residuos, y desciende del carro cada vez que identifica materiales útiles, aunque sea una única botella. En ocasiones encuentra botellas adornadas con flores que contienen mensajes en su interior sobre el paredón de los viejos talleres de ferrocarril de Remedios de Escalada: pertenecen a los que practican magia negra, los macumberos, pero él las recoge de todos modos.

No junta las botellas de pet, sólo se lleva las que le entregan los vecinos directamente. Las achata con su pie para que no ocupen lugar y las introduce en su bolsa correspondiente al costado del carro.

Durante un recorrido, una clienta le permitió entrar al jardín del frente de su casa para que se llevara una puerta vieja de madera. Yo quise entrar para ayudarlo, pero ella amablemente me dijo que Carlos era el único a quien permitía el ingreso a su casa.

Excepto por el picaporte de metal, esa puerta carecía para Carlos de valor de uso y de cambio. No obstante, este retiro o limpieza es parte indispensable de la relación clientelar con esta mujer mayor que cotidianamente le separa materiales reciclables. No puede negarse a llevarla si pretende mantener la relación.

Más adelante un muchacho le preguntó desde el portón de su casa si aceptaba llevarse tres bolsas con pasto y ramas por una propina. Carlos las cargó y le hombre le dio dos pesos. Días atrás le habían dado diez pesos para que se llevara un perro muerto que pesaba aproximadamente treinta kilos, y que él arrojó al arroyo Las Casuarinas.

Carlos arroja el material de la limpieza que acumula en su derrotero en un pequeño basural de Lanús, a la vista de una camioneta de la policía ecológica municipal. Sabe que, si lo arroja en otro sitio, puede tener problemas con la autoridad pública, mientras que alimentar ese basural es algo relativamente tolerado.

Un hombre mayor que lo aguardaba, se acerca y le dice: "Siempre te llevás las botellas vacías, pero hoy te doy una llena. Es un Tomba tinto, espero que te guste". Se acercaba la Navidad, y se la había comprado especialmente.

Conforme avanza en su recorrido, Carlos calcula mentalmente el dinero equivalente al material recolectado. De todos modos, aunque prácticamente no quede espacio para acumular más material, el regreso comienza después de las 13.30. Según Carlos, esto constituye una diferencia respecto de otros carreros, por ejemplo, de su hijo Roberto, quien se conforma cuando calcula que ha acumulado lo correspondiente al promedio del día (alrededor de quincepesos) y no se preocupa por finalizar su recorrido.

Poco antes de las 14.30, Carlos está de regreso en su casa. Descarga los materiales, alimenta con avena a la sudorosa yegua y la guarda en la caballeriza. Generalmente no almuerza, porque le "cae pesado". Prefiere tomar mate, dormir la siesta y cenar temprano. Por la tarde clasifica lo recolectado. Excepto los metales (plomo, cobre, bronce, aluminio) que guarda como ahorro en un tacho grande de plástico azul y que vende una o dos veces al mes, entrega el resto de lo recolectado al depósito de Pepe al día siguiente, antes de volver a salir.

De acuerdo con los registros de Nuevo Rumbo,[104] Carlos obtuvo mensualmente durante el segundo semestre del año 2004 un promedio de aproximadamente quinientos cincuenta pesos.[105] Alcanzó ese monto entregando cada mes unos seiscientos cuarenta kilos de materiales celulósicos, entre los que se destaca un número levemente superior de diarios sobre cartones y, en mucha menor medida, papel blanco. Por estos materiales, Carlos obtuvo alrededor de noventa y cuatro pesos por mes. Durante el mismo período juntó un promedio mensual de casi mil botellas (la mayoría de ellas del tipo 3/4) que vendió por unidades y por las que obtuvo setenta y cinco pesos mensuales. También juntó botellas que vendió como vidrio; en este caso, el promedio mensual fue de quinientos kilos, y el dinero obtenido cercano a los cuarenta y cinco pesos por mes.

Contar con un carro a caballo le permitió vender al depósito aproximadamente una tonelada mensual de varios tipos de metales ferrosos –"fierros" o "hierros", compuestos principalmente por chapas– por los que obtuvo un promedio de ciento cincuenta y un pesos. Con respecto a los metales no ferrosos –aluminio, plomo, cobre y bronce– juntó aproximadamente veinticuatro kilos que vendió por ochenta y ocho pesos mensuales. A pesar de ser muy livianas, Carlos reunió casi cien kilos de botellas de Pet en todos esos meses, por las que obtuvo casi treinta y ocho pesos mensuales. Finalmente, sus ingresos mensuales se complementaron

104. Agradezco la generosa colaboración brindada por Verónica Córdoba para obtener estas y otras cifras relativas a la cooperativa.
105. En ese período, la *línea de pobreza* medida por el INDEC para un hogar del conurbano compuesto por un hombre y una mujer adultos, y un menor de tres años (Carlos, La gorda y Brian) era de quinientos cuarenta y cinco pesos con ochenta y cinco.

con treinta pesos de la venta de trapos y lanas, veintiséis pesos por diversos materiales plásticos (baldes, cajones, envases, etc.) y tres pesos con treinta centavos de nylon.

El mejor mes de la serie fue noviembre, cuando obtuvo casi setecientos cincuenta y seis pesos, mientras que el peor fue septiembre, con trescientos cincuenta pesos.

En orden descendente, los metales ferrosos representan el 43% de los materiales vendidos y generan el 26% de sus ingresos totales. Le siguen los celulósicos, que constituyen el 26% de lo que Carlos vende, y por los que obtiene el 16% de sus ingresos. Es interesante observar el caso de los metales no ferrosos –aluminio, cobre, bronce– que a pesar de representar sólo 1% de los materiales venidos, generan el 19% de sus ingresos.

SEXTA PARTE

Compradores de la cooperativa

Aunque evitar los "intermediarios" constituye uno de los objetivos constantes que animan el proyecto de cualquier cooperativa, Pepe –abocado a la apertura del galpón– no se preocupó por los compradores hasta que tuvo que vender la mercadería acopiada. En primer lugar pidió referencias a un vecino suyo que había tenido un depósito en el mismo barrio. Esta fuente proveyó varios contactos iniciales. Después aparecieron otros compradores que los fueron reemplazando al ofrecer mejores condiciones comerciales. También se presentaron interesados en adquirir materiales que la cooperativa originalmente no comercializaba, pero que, a partir de entonces, empezó a recibir, como una variedad de elementos plásticos, baterías, radiografías, trapos y lanas.

Una vez establecido un grupo de compradores de la cooperativa relativamente regulares, en su gran mayoría depositeros especializados y a su vez proveedores de las industrias recicladoras, aquel objetivo inicial se ha ido diluyendo. De acuerdo con la posición que se ocupe en el mercado y con las características idiosincráticas del propio depósito, relacionarse comercialmente con la última instancia del circuito productivo –aun satisfaciendo los requisitos exigidos para poder hacerlo– no siempre resulta inexorablemente beneficioso. Para decidir el comprador, las condiciones de comercialización –modos de entrega de la mercadería, cotización, formas y plazos de pagos, etc.– son más importantes que el lugar que ocupa el comprador en la cadena.

CAPÍTULO 16

COMPRADORES DE PAPELES Y CARTONES

El primero fue Prieto, conocido por referencias de un ex deposite-ro vecino al que Pepe entregaba lo recolectado con su carro en sus tiempos de cartonero. Prieto tenía un depósito grande, no muy lejos del barrio San José, y proveyó a la cooperativa de volquetes para la carga y el retiro de los materiales. No se llevaba los diarios ni las revistas, por lo que estos elementos que la cooperativa de todos modos compraba se acumularon durante un tiempo sin tener salida.

Prieto fue reemplazado por CG (que pidió no ser identificado), quien no sólo mejoró los precios, sino que, con lienzos que él mismo proveía, retiraba todos los materiales celulósicos. Fui testigo del primer encuentro entre CG y Pepe cuando acompañé al último a una reunión en la sede del Consejo Deliberante del Municipio de Esteban Echeverría,[106] a la que había sido convocado por un asesor de un concejal para armar una cooperativa semejante a Nuevo Rumbo en esa localidad, con el financiamiento de Planes Trabajar que él podía disponer.

En un determinado período, CG dejó de enviar su camión para retirar la mercadería, a pesar de los reiterados llamados de la Cooperativa. Pepe se contactó entonces con Sanco, a quien conocía porque le había vendido material en ciertas ocasiones cuando trabajaba como cartonero.

106. En el Gran Buenos Aires.

Como CG, Sanco retiró todos los materiales de celulosa, al principio en lienzos y bolsones, y más tarde en un camión con volquetes.

Además de estos tres compradores, hubo otros esporádicos, todos intermediarios de recorteras o de industrias, pero sin depósitos propios.[107] Uno de ellos estaba ligado a la Papelera Tucumán, y se acercó por referencias de Cristina Lescano, presidente de la Cooperativa El Ceibo. Retiró durante dos meses, al cabo de los cuales Nuevo Rumbo decidió dejar de venderle porque en más de una oportunidad, al momento de pagar, bajó el precio de compra que había acordado previamente, por lo que la cooperativa debió vender el material comprometido a igual o menor precio del que había pagado antes a los cartoneros proveedores.

Otro de los intermediarios tenía relación con un depósito de Valentín Alsina (Lanús). Retiraba todo excepto el cartón, en los típicos canastos que utilizan las recorteras. La relación duró seis meses, y se interrumpió cuando la deuda contraída con la cooperativa ascendía a los tres mil quinientos pesos, saldada finalmente en cuotas.

Durante un breve tiempo que no superó los tres meses, la cooperativa le vendió este tipo de materiales a Lencina, el comprador del vidrio, que al tener contactos con muchos depósitos grandes procuraba expandirse con el retiro en lienzos de papeles, diarios y revistas.

Por último, también fue comprador un proveedor de Antón, una de los más grandes recorteros del país. Llevó diarios, revistas y papel blanco en lienzos durante dos meses, pero después dejó de comprar sin dar explicaciones.

A continuación se exponen los testimonios de Sanco y CG, los principales compradores de material celulósico de la cooperativa.

- Sanco (Monte Chingolo, 2003)

"La historia es breve, comenzó hace veinte años. Mi papá tenía un camión con el que hacía fletes para una papelera. Se interiorizó en el negocio, vendió el camión y puso un depósito. Después empezamos a trabajar con él sus cuatro hijos.

Mi viejo siempre tuvo camión, bueno, cachivaches. Mi papá hacía el flete llevando cajas que hacía la papelera. Mi viejo la vio y dijo: esto es negocio. Entonces ¿qué hizo? Primero, antes de vender el camión, compró cuatro carros, carros con caballos, buscó cuatro muchachos, viste que siempre está el

---

107. En este caso, intermediarios se refiere a las personas ligadas a recorteras o industrias a las que se dedican a abastecer sin agregar ninguna clasificación posterior al material que compran a los depósitos.

que quiere salir a laburar. ¿Vos querés laburar? Bueno, ahí tenés el caballo. Andá a laburar. Entonces lo vendía a los depósitos y vio cómo era la mano, cómo era el negocio.

Después vendió el camión que era un Dodge 68. Con esa guita alquiló un terreno y puso depósito. Como nosotros somos cuatro hermanos, éramos todos chicos, ¿viste? Pero bueno, empezamos laburando ahí en el depósito. A los dos años el tipo este no nos quiso alquilar más. Había unos terrenos baldíos que estaban ahí a la vuelta nomás y los compramos. Los terrenos eran de un metalero al que nosotros le entregábamos y se lo da a mi viejo a pagar. Mi viejo agarró y le dijo: "Bueno, a lo sumo, si no te lo puedo pagar te lo devuelvo", y agarró y se metió, y lo compró. Empezamos ahí y todavía estamos ahí, en los terrenos esos. Nosotros compramos una prensa a mano, de madera. Compramos una chiquita primero, después una más grande a mano también. La usamos como siete u ocho años. Entregábamos a tipos como nosotros que hacen el laburo de recorteros y algo entregábamos a la fábrica donde mi viejo laburaba. Mi viejo laburaba ahí, lo conocían, le compraban el cartón enfardado.[108]

Cuando mi viejo empezó era depositero con los cuatro carros de él, más lo que le traían otros con la guita que tenía de la venta del camión. Vendió el camión para tener plata para comprar la mercadería. Esto fue hace veinte años. Éramos sólo la familia, no teníamos peones, no teníamos nada. Todo lo que se ganaba era para el depósito. Yo, si necesitaba comprarme una zapatilla, iba y me compraba; si necesitaba comprarme un pantalón, me compraba; si iba a salir el fin de semana, ponele en este momento te arreglás con veinte pesos, bueno agarraba veinte, no agarraba un sueldo. Entonces iba quedando todo ahí y fue más fácil. Tenés mucho más control. Si mi viejo tenía que estar en la calle, nosotros controlábamos todo. Éramos nosotros, no nos vamos a robar a nosotros.

Así se fue haciendo todo. Hasta el día de hoy. Ponele que yo necesito plata y le digo: "Ché, viejo, dame plata" y bueno. Ahora tenemos un sueldo. Pero ponele, yo mi casa me la hice, mi viejo agarró y me dijo: "Vamos a hacer tu casa". Hicimos mi casa. Mi hermano, cuando se casó, teníamos que hacer su casa y todos hicimos la casa de mi hermano. Hasta el día de hoy. Mi viejo desde hace un año está hinchando que se quiere comprar el auto, nos pregunta a nosotros. Y bueno, compralo. Si está la plata para comprarlo, que lo compre.

Esa es la historia. Después fuimos dejando el fierro porque laburábamos mucho cartón y no teníamos lugar para comprar el fierro. Compramos una prensa hidráulica de dos cajones que todavía la tenemos ahí en el fondo. Con eso prensábamos los cartones y ya después no le vendíamos más a los recorteros, les vendíamos a las papeleras. Todo lo que producíamos se lo vendíamos a la papelera. Entonces se fue haciendo una cadena, porque no te pagan al contado. A medida que íbamos cobrando fuimos dejando el fierro, lo primero que dejamos de

---

108. El papá del entrevistado falleció al poco tiempo de este registro, por lo que desde entonces se ocupa de la relación con las industrias, mientras que su hermano menor conduce el camión.

comprar fue el fierro. Después dejamos de comprar, no me acuerdo. La botella
fue lo último que dejamos de comprar. Hace poco vendimos como cinco mil cajones que teníamos para poner las botellas. Fuimos armando el galpón para el papel, nos fuimos dedicando al papel solamente. Ahora compramos todo lo que sea
papel y nada más. Cartón, diario, revista, blanco, todo lo que sea papel, la segunda, todo. Pero antes comprábamos de todo y fuimos dejando. Dejamos el fierro,
lo primero que dejamos porque ocupa mucho lugar. Después, ponele, dejamos de
comprar el metal porque en el metal no podía ir un tornillito, nada, y los carros
te lo traen todo medio sucio, entonces te llevaba mucho tiempo para limpiarlo y
la ganancia era muy poquitita, no te quedaba nada. Lo fuimos dejando.

La papelera para la que laburaba mi viejo y a la que comenzamos entregando se fundió. Se llamaba Fabripapel La Plata, quedaba en La Plata, al
lado del manicomio. Los recorteros cierran, abren, las fábricas cuando cierran
es porque cambian de dueño. Acá nomás estaba El Cacique que hace un montón de años que cerró, y ahora lo compró otra gente que no sé como se llaman.
Estos tenían otra fábrica antes que no sé cómo se llamaba que también cerraron, quebraron, no sé qué. Mucho no quebraron, porque quebraron la otra fábrica y compraron ésta. No sé como será la mano.

Nosotros estamos en esta. Estamos los cuatro hermanos; bueno, tres
porque el otro ahora se fue con el plástico. Estamos todos ahí en el depósito.

El primer camión que tuvimos fue un Chevrolet 47 que está tirado en
la casa de mi hermano. También lo compramos a pagar, pero la ventaja que tenías antes era que había mucha mercadería. Atendías un carro a las diez de la
mañana y a las doce lo tenías de vuelta. Daba cuatro vueltas a la manzana y
volvía cargado. Esto es debido a que bajó el consumo. Fijate los desocupados
que hay. Un desocupado, qué puede tirar. ¿Vos podés cambiar la heladera de
tu casa, el televisor, el lavarropa? Como no podés cambiarlo, no lo tirás. Tenés
que poder comprar una para poder tirar la vieja. Y el almacenero no te va a
abrir una caja si no vende la mercadería que tiene adentro. Hasta que no la
venda, la caja está cerrada. El embalaje también influye algo, porque antes venía todo en cajas de cartón y ahora en bolsas de plástico. El vino ahora viene
en cajas de coso (tetra-brick) que no sirven para nada. Creo que hay un solo
tipo que las recicla. ¿Cómo hacés para juntarlas y vendérselas? Hacen un ter-
ciado que lo usan para hacer casillas y todo eso, tipo durlock. Todo se recicla.
Lo que pasa que en este país nadie da nada. Además para armar una cosa de
esas tenés que tener mucha plata.

Antes venía yo con un pibe, teníamos que levantar todos los lienzos.
Los de la cooperativa tenían que armar todos los lienzos. En cambio, de esta
manera (con el camión con volquetes), traigo el tacho (volquete), lo dejás ahí,
vos lo pesaste y lo tirás adentro del tacho. No necesitás un tipo que te haga el
lienzo. A vos te beneficia, y a mí me beneficia porque en cinco minutos me lo
cargué y me fui. La capacidad de carga del tacho depende de la mercadería. Si
le tirás cartón, le ponés dos mil kilos. Si le echás revistas, le ponés siete u ocho
mil kilos. Si le echás diarios, le podés poner seis mil kilos.

Yo lo clasifico y después lo enfardo. Si tiene una bolsita de plástico, se la tengo que sacar.

Hay muchos depósitos que me vienen a ver, pero yo más clientes no puedo hacer porque no tengo capacidad para atenderlos. No puedo ponerme a hacer de millonario cuando no puedo cumplir después. Si Pepe ahora me dice que le retire un tacho todos los días, le tengo que decir que no, capaz. Por ahí, como está cerquita, se lo vengo a buscar. Pero hay veces que me llaman y no tengo tachos, o el camión tiene que ir a otro lado. Para armar un camión de estos necesitás cien lucas por lo menos, algo más. Porque un camión vale noventa y tres mil pesos. Y el equipo te vale cuarenta y cinco mil por lo menos. Cada tacho vale seis mil pesos. Lo ideal para el papel es uno de estos (me señala a través de la ventana un volquete más grande que el suyo donde la cooperativa deposita los fierros), pero ahí ya se te va al doble.

Tengo un tío que también siempre anduvo de ciruja. Andaba con un camión, creo que compraba algo de chatarra. Empezó a comprar vidrio, pero antes no estaba sólo Cattorini, había muchas fábricas; entonces vos podías laburar. Ahora sólo está Cattorini, y si mañana dice que vale dos centavos el vidrio, tenés que llevarlo ahí, no hay otro. Pagaba a catorce meses.

Las papeleras que te pagan de contado, y contado son seis o siete días, te lo pagan monedas. Y si lo querés vender para sacarle una diferencia, te dicen que es a cuarenta días, pero te pagan a sesenta días. Si vas antes a querer cobrar, te viene el cheque de vuelta, tenés que esperar treinta días para que te lo dean. Renegás como todo. Es lo mismo que les pasa a ellos (por Pepe), les habrá pasado o les va a pasar. A nosotros, hasta hace poco nos pasa y nos sigue pasando. Siempre hay alguno que te engancha, que le entregás mercadería y después no la podés cobrar más, o te la paga pero el año que viene. El negocio es así.

Nosotros tenemos que cargarlo acá, llevarlo al galpón, clasificarlo, prensarlo y después, cuando juntás un viaje, lo cargamos al camión y lo llevamos a la papelera. Un viaje son para nosotros diez mil kilos. Lo descargás. Hacés el remito, la factura, todo. Y cuando llega la fecha de la factura, se paga. No hay papeleras que te reciban sin boletas, tenés que facturar todo.

El camión, si no tiene seguro, no se mueve del galpón. Si el seguro se venció y no te mandaron el cobrador para renovarlo, el camión no se mueve. Tenemos dos camiones tirados en un galpón, en un terreno, lo compramos para laburar con la botella, pero después dejamos de laburar con la botella, está ahí tirado. El motor no está ni ablandado. A mi viejo se lo vinieron a comprar veinte mil tipos. A todos les dijo, el camión vale diez pesos, pero tenés que traer doce, porque dos son para la transferencia, porque si no te lo transfieren, yo no te lo vendo. Antes de llevártelo, diez pesos a mí y dos pesos para los trámites del registro. No quiere tener problemas. Hoy andan dos, tenemos dos camiones y seis tachos. Podemos hacer más clientes, pero no podemos hacer más clientes porque no podemos mover más mercadería. Si después viene más laburo no lo podés hacer, no podés cumplir, entonces no te sirve hacer más clientes. Nosotros podemos trabajar trescientos mil kilos por mes. Es lo que pode-

mos hacer con las herramientas que tenemos, trabajando más de ocho horas por día, porque a veces son las nueve de la noche y estamos laburando. Tenemos que comprar otra enfardadora más grande porque la que tenemos es muy chica y vieja. Pero otra máquina vale ciento veinte mil dólares, dólares porque tenés que comprar la máquina en España o en Estados Unidos.

El representante de una fábrica de enfardadoras de España[109] vino varias veces al galpón, porque nosotros estuvimos a punto de comprarle. Teníamos en el banco como ciento veinte mil dólares, que era lo que teníamos para la máquina, que era lo que ahorramos durante veinte años. El corralito de estos hijos de mil putas nos cagó. Por eso compramos este camión, porque te lo daban para comprar viviendas o para comprar vehículos. Entonces mi viejo dijo: "Yo la guita a estos hijos de puta no se la dejo", entonces fue y compró el camión este, compró un Chevrolet y compró una casa. Encima estábamos en el Banco Quilmes, para colmo de los males estábamos en el Banco Quilmes. Le dieron cesación de pago, no sé qué carajo pasó pero nos terminan dando este camión, y la plata del Chevrolet y la plata de la casa volvió al Banco. ¿Y qué nos dieron?: ¡bonos! Si no, nosotros ahora tendríamos una prensa y podríamos laburar, que es lo que le falta al país en definitiva, laburar. Ahora nos va a llevar otros diez años más comprar la máquina.

Cuando empezamos en el galpón ese, lo primero que pasó fue que el terreno era un baldío. Entonces sacamos el metro de basura que tenía todo el terreno, porque los vecinos tiraban la basura ahí. Lo limpiamos hasta llegar a la altura del piso, lo rellenamos todo con cascote. Lo cerramos todo con chapa, hicimos un galponcito de chapa para meter la prensa, y el cartón ahí abajo para que no se moje, porque no se puede mojar. Entonces, los vecinos, ¿qué hacen? Nos denunciaron porque se juntaban ratas. Vinieron de la municipalidad para ver si se juntaban ratas. Dicen que las ratas se juntan en la villa de la esquina. Tuvimos que empezar a edificar, hacer todo de hormigón. Hoy tenemos todo cubierto.

El papel no se puede mojar. Vos vas a la papelera, los tipos te hacen un agujero en el fardo con una mecha, te ponen un aparato ahí que te marca la humedad del papel. Te lo meten adentro del fardo, aprietan el botón y te lo marca. Si tiene más de 10% de humedad, te descuentan. Si tiene el 11%, te descuentan el 1%. Tienen el 10% de tolerancia, ¿sabés por qué? Porque el papel, cuando se fabrica en la bobina, ya tiene el 7 u 8% de humedad. Si no, se partiría. Todo tiene humedad. Vos poné un cartón adentro del horno y dejás que llegue al 0% de humedad, hacés así (como quebrándolo) y se parte. Por eso tienen el 10% de tolerancia, de ahí para arriba te lo descuentan. Yo, en la papelera, todos los días que entrego tengo descuentos del 2% o 3%. Cada vez que vas a entregar, te miden. Vos tenés treinta fardos, eligen dieciséis o diecisiete fardos y te los miden. Si todo está parejo y es menos del 10%, no te descuentan nada. Si hay un fardo que te da el 2% o el 3% tampoco te descuentan, porque el resto está bueno. Pero si en todos los fardos te da el 11%, te descuentan el 1% o el 2%. Por-

---

109. Se trata de Peter, a quien entrevistamos en otras partes de este trabajo.

*que la máquina va sumando y después te saca el promedio. Después eligen un
fardo y lo abren, porque no te pueden abrir toda la carga y después decirte lo
dejás o te lo llevás. Entonces ellos te dicen:"Tenés el 2% de humedad, ¿lo ba-
jás?". "Vamos a abrir un fardo", te abren un fardo, el que ellos quieren. Ellos
vienen y le dicen al zampi: "Sacame este fardo". Lo ponen en el piso, le cortan
los alambres y lo revisan, revisan la mercadería, porque si vos le vendés cartón,
no le podés llevar revista, diarios, papeles, tiene que ser cartón. Te abren el fardo, te lo revisan. Algún papel siempre se va, pero hay una tolerancia también.
Si en un fardo de cartón que pesa trescientos kilos encuentran cinco kilos de revista o de papeles que no sea cartón, no pasa nada. Pero si te encuentran cincuenta, ya te dicen tenés cincuenta kilos por tanto fardos, tenés tanto de descuento por mugre. Para ellos es mugre, porque están comprando cartón.*

*Lo de la humedad y lo de los fardos te revisan siempre. Tienen que ha-
cerlo, porque viene el jefe y el empleado es empleado, y si hay algún problema,
¿a quién van a echar? Por ahí no te lo revisan un día, pero vos no podés llevar
mercadería sucia, porque vos no sabés si te lo van a revisar o no. Hay veces que
llego y están apurados y ni te revisan lo de la humedad. Te dicen, ¿hacemos el
2%? Listo, bajalo. Pero el 2% de humedad lo tenés siempre. Hay papeleras
que tienen un poco más alta la tolerancia. Por ejemplo, Massuh debe tener un
13% o 14% de tolerancia. Zucamor debe tener un 12% o 13%.*

*El cartón de esta cooperativa es bueno, es buena la mercadería. Lo que
pasa es que a ellos les pasa lo mismo que a nosotros. Viene un carrito y te trae
tres cartones mojados. Le decís te descuento y el tipo no viene más. Si está muy
mojado, vos le tenés que decir. Del tacho (volquete) de ustedes yo saco tres o
cuatro fardos, por ahí me lo pinchan y no tiene humedad, pero yo ya no sé de
quién son los fardos, porque yo ya los mezclé en los fardos. Por ahí me pincha-
ron justo un cartón que estaba mojado y me descuentan por toda la carga.
Ellos no andan mirando cartón por cartón.*

*Nosotros le retiramos a depósitos que trabajan mucho más que éste y a
gente que te trabaja mucho menos. Yo le retiro a cinco o seis depósitos en total, nada más. La mayoría me lo llevan. Yo lo pago veintinueve centavos el
cartón, a la cooperativa le tendría que cobrar veintiocho o veintisiete, porque
yo tengo ahí (en el camión con volquetes) un capital, y te estoy prestando un
servicio de retiro. Yo no sé a cuánto vos vendés la chapa, pero me juego cualquier cosa que si yo me la llevo a la chapa, me da un centavo o dos más que a
vos. Porque yo se la estoy llevando, el tipo no tiene que poner camión, chofer
ni equipo, que vale unos cuantos pesos.*

*Siempre se juntó. Por ahí la diferencia es que antes había uno que com-
praba, mientras que ahora hay diez. Siempre hubo alguno en los pueblos que
compraba. Si no estaba en ese pueblo estaba en el de al lado, y alguien se lo llevaba. Fijate que hasta viene cartón desde Tierra del Fuego a Zucamor.*

*Vos agarrás una caja varias veces reciclada y tiene menos fibra. Vos
agarrás una caja de Papelera Tucumán y tiene mucha fibra, porque Papelera
Tucumán trabaja con mucha materia prima de fibra. Los cartones que fabrica*

Massuh tienen mucha fibra, porque Massuh hace un buen papel, es más caro, pero es bueno, tiene mucha materia prima. Como ellos trabajan con los troncos y hacen su propia materia prima, entonces ellos le tiran materia prima al cartón. Massuh muele los troncos ahí y hace papel con los troncos.

Todo lo que tenga fibra se puede usar. Más o menos sé cómo es el proceso, de chusmear, preguntar por ahí. El palo primero lo pican, después la astilla esa va por una cinta hasta un tacho que tiene una caldera y se hace hervir, hervir hasta que la cocinan. Después sacan un jugo marrón del palo. Ese jugo lo calientan tanto que lo hacen polvillo, lo meten en bolsas. La materia prima sale blanca, la que hace Massuh, que hacen todo papeles blancos. Y el jugo marrón sale hecho un polvillo marrón que lo embolsan y lo venden a México para hacer alimento balanceado para gallinas. Vos lo mojás a eso y queda hecho una baba, pero se lo das a cualquier pibe y sale corriendo para ponérselo a la leche, porque parece el cacao ese. Yo un día me traje un poco en una bolsita, en mi casa le eché un poco de agua, lo revolví y quedó espectacular, como el color marrón de la puerta.

Tenemos tres empleados que están con la clasificación y el enfardado. Está mi hermano, que es el que pesa y atiende a la gente. Si vos me preguntás a mí el precio del cartón, ni la más mínima idea. Bueno, el del cartón lo sé, porque ando todos los días de acá para allá, llevando, trayendo y hablo con él. Pero si no, ni idea. Pero si me preguntás, el diario, la revista, ni la más mínima idea, lo maneja mi hermano. Mi viejo es el que habla con las papeleras. Y yo ando con el camión en la calle todo el día, por eso no sé ni los precios. Mi otro hermano está en la prensa, porque en la prensa tampoco podés poner a otro, porque por ahí te tira cualquier cosa adentro y después el problema lo tenés en la papelera. Entonces tenés que estar vos, en lo posible. Cuando mi hermano no puede por alguna razón están los pibes, que ya conocen cómo es el trabajo y no hay problema. Pero si vos tenés alguien nuevo, alguien que no sabe o que no le da bolilla, que dice "que se vaya a la puta...". Es lo que yo digo de manejar el negocio: si no lo manejás vos, perdiste.

Nosotros tenemos el otro camión que es modelo 94. Tiene dos pinchaduras, las gomas originales, no se le gastó nunca una moneda en el mecánico, salvo para todos los servicies necesarios. Porque lo uso yo. Por ahí lo usa mi hermano, el que está en la prensa, pero sólo si no estoy yo. No le ponemos chofer porque te lo desarman en tres días. Por eso nosotros hicimos algo, si no, no hubiésemos hecho nada. No es que tenemos que estar, queremos estar porque es de nosotros, lo tenés que cuidar. Quién mejor que el patrón para decidir. Yo vengo y puedo decidir, el de un depósito me viene y me dice si puedo tirar la segunda arriba del cartón y le digo sí, tirala. Yo sé que voy al galpón y digo "tiene segunda arriba". O si viene alguien y me dice "ché, ¿esta mercadería te sirve?", yo la miro y sé si sirve o si no sirve. Si me dice "tengo quinientos kilos de cartón mojado", y bueno, tiralo arriba que lo llevo igual, no le voy a descontar porque me dijo. Hago un fardo, voy a la papelera y le digo que aquel fardo está mojado. Entonces ya no me va a descontar por toda la carga ni los pincha, porque sabe que está mojado. Por ahí me dice: "Bueno, ponemos cien kilos menos y listo".

Tenés que tener alguien de confianza. Pero lo que pasa es que hasta en la familia hay problemas. Yo conocía un tipo que tenía depósito mucho antes que nosotros, y tenía los hijos, y el hijo mayor era un drogado que andaba hecho pelotas. Machino, lo tenés que conocer. "Huevo" iba a robar o le daban el auto y lo hacía mierda contra un palo de luz, drogado; perdía los cartones por el camino. Tenía depósito desde hacía veinte años cuando nosotros abrimos. Tenía un depósito de chapa que no servía para nada, tenía agujeros por todos lados. Se murió el tipo después, pero los hijos no servían para una mierda.

Yo ando hecho un croto, pero es la ropa de trabajo, no es porque no tengo para comprarme. Para qué me voy a comprar un pantalón nuevo para ir a trabajar, si se te hace mierda en una semana. Yo me llevo a mi casa trescientos cincuenta pesos por semana, yo y mis hermanos. Pero a mí me hace falta algo, por ejemplo, ahora estoy haciendo la pieza de los pibes arriba. El otro día fui a comprar las aberturas a un conocido de nosotros y le dije, necesito tres ventanas, dos puertas corredizas, etc. ¿Sabés quién se las va a pagar?: la empresa. Va mi viejo y le dice: "¿Qué te debo?" Tampoco el abuso. Yo le dije a mi viejo: "Necesito esto. Bueno, andá y comprala". Mi hermano tiene la camioneta y necesita las gomas. "Bueno, comprate las gomas". Somos todos dueños. Mi viejo antes de comprar este camión consultó con nosotros: "¿Qué hacemos? ¿Agarramos los bonos? No, sacala toda, qué se la vas a dejar a esos chorros". Las decisiones las tomamos entre todos. Salvo que mi viejo quiera irse con la mina al telo, eso no nos va a preguntar a nosotros. El auto hace un año que se lo quiere comprar, y da vueltas, "porque si lo compro, no podemos hacer esto" dice.

Ni vacaciones tenemos. Hace veinte años que estamos abiertos. Cerramos una vez porque había pasado que no había plata en el banco, no había plata en la calle. Cerramos dos días porque no había plata. Después cerramos dos días más porque se murió uno de mis primos, el hijo de Mario. Después cerramos dos días más porque se mató la hija de mi mismo tío, se le mató con el novio en una moto. El año antepasado me fui una semana de vacaciones, pero me fui yo, los otros se quedaron laburando. Mi hermano este año se fue de vacaciones como quince días, pero nosotros seguimos laburando. Pero no nos vamos todos los años. Yo en veinte años hace dos años recién me tomé una semana de vacaciones.

Tenemos un contador. El único que más o menos entiende es mi viejo. El contador le lleva los papeles, le va diciendo lo que tiene que pagar. Siempre tuvimos un contador.

Terminé séptimo grado. Hice dos años en la escuela de mecánica y después terminé, me recibí. Mi hermano también tiene diploma y todo. El más chico no, porque cuando terminó la escuela ya estábamos con el depósito. La mecánica no me sirvió nunca de nada, para arreglar los cachivaches míos nomás. Y mi viejo tiene sexto grado, que era hasta donde había antes. Nosotros no seguimos ninguna carrera porque a ninguno le interesó. A mi hermana nomás que estudió, tiene veintisiete años y todavía está estudiando. Se ve que no consigue novio. Ella no quiere saber nada con el depósito. Cuando comprába-

mos trapo le llevábamos alguna pilcha, pero la tiraba porque no quiere saber nada. Mientras que la podás mantener. Está en mi casa, la ayuda a mi vieja.

Qué sé yo, esta es la historia del galpón. Después uno va haciendo algo, pero porque somos todos hermanos, entonces se gasta lo justo. Así y todo, defendemos todo. A veces en la segunda sacamos cincuenta kilos de blanco, es papel blanco. Mientras que lo vamos descargando hay un puñadito, lo tiramos al blanco. La defendés toda. Si en la segunda viene un cartón, lo sacamos.

Si la papelera trabaja varias mercaderías, vas con los fardos mezclados en el camión. Pero la mayoría de las papeleras no trabajan varias mercaderías. Se dedican a una. Yo, por ejemplo, donde entrego cartón es una fábrica que trabaja cartón y nada más. Papelera del Plata tiene un depósito en Bernal, ahí podés llevar varias mercaderías. Ellos trabajan los blancos, pero hay varios tipos de blancos. Está el obra, que está sin escribir de los dos lados. Después está el papel para envolver, que le dicen capa. El obra es el más caro. Después para abajo está la planilla, que es un papel que está escrito de un solo lado, no puede tener las dos caras escritas, ya estaría demasiado sucio. Le dicen blanco dos. Y el otro es el blanco tres, o planilla pesada como le llaman ellos. En ese van los cuadernos de las escuelas, las hojas de carpeta. No lo podés clasificar para tirarlo a la planilla. Lo que no lo podés clasificar para tirarlo a la planilla lo tirás ahí. Va medio mezclado, puede tener obra, planilla, pero va todo como blanco tres. Es más barato. Después está la capa, que es el papel blanco pero el que se usa para envolver los fiambres. Después hay un montón que no sé cómo se llaman. Los que se usan para los juegos de lotería, esos tienen otro nombre. Las hojas de computadora, si tenés mucha cantidad, lo podés vender más caro, porque tienen más fibra, son papeles especiales. Massuh hace todos papeles especiales, no puede usar agua contaminada, no usa agua de la primera napa porque está contaminada, usa de la segunda o tercera napa, porque si no, le sale todo marrón el papel. Si vos guardás una hoja de computadora diez años y la ves, está blanca, porque se hizo con agua que no está contaminada. La mayoría de las industrias trabajan con agua de acá nomás.

Después tenés la segunda, el color, la revista, el diario. Hay un montón de papeles.

Ahora en Brasil el dólar está tres pesos, pero acá está dos con ochenta. Allá un obrero gana cien dólares por mes. Allá los costos son más baratos, y el dólar está más caro, entonces te lo traen para acá. Nosotros ahora no le podemos llevar para allá, porque el dólar allá está más caro que acá. Entonces los tipos para comprarte mercadería tienen que traer dólares. El papel en cualquier momento se para de vuelta. Las papeleras cada vez están trabajando menos. Porque antes fabricaban para el consumo interno, pero el consumo interno está hecho bolsa, y aparte fabricaban para exportar. Entonces Smurphy, que es una papelera grande, estaba llevando a Chile, a Brasil, al Uruguay y al Paraguay. Todos los días estaban saliendo camiones. Y como acá no había material para recuperar porque el consumo es muy poco, traían papel recuperado de allá para acá en fardos y se llevaban la bobina de acá para allá. Ahora no *lo traen porque tampoco le sirve. Le sale más caro comprarlo allá que acá. Porque allá tienen que ir a pagarlo con dólares. No. En realidad le sirve traerlo de allá, porque los dólares lo compran acá ellos, más baratos. Van allá y compran y le rinde más el dólar. Allá está más caro. En cualquier momento vuelven a traer el papel de afuera, y nosotros con el papel vamos a hacer guiso. Acá nos conviene que el dólar esté alto. Es una cagada, pero es así. Entonces los tipos venden la harina a Brasil a un dólar, y la quieren vender acá a un dólar. Pero acá el gobierno le tendría que decir que la cantidad necesaria para el consumo interno la venda a cincuenta centavos de acuerdo al sueldo del obrero. Lo que fabrique de ahí para arriba véndaselo donde usted quiera al precio que quiera. Cuando el dólar subió, las cosas subieron; pero ahora que el dólar bajó, no las bajaron, y el sueldo del obrero tampoco subió. Vos fijate que en Brasil el dólar sube y baja, pero la yerba sigue valiendo lo mismo. Es todo medio complicado, pero tenés que seguir laburando, otra no te queda.*

Llegamos a laburar meses en los que perdíamos plata, cuando el cartón valía cuatro centavos, antes del 2002. Los costos para el trabajo eran los mismos, vos no podés ganar dos centavos en un kilo de cartón porque tenés la luz, el alambre, la gente, las herramientas, esperar ciento ochenta días para cobrarlos. Mi viejo quería cerrar, pero nosotros qué íbamos a hacer. Vamos a aguantar unos meses más. Esto no puede seguir así toda la vida, mientras que empatemos vamos a seguir laburando. Salvábamos los gastos ahí. Mi hermano se puso a llevar pibes a la escuela con la camioneta. Y eso que ya estábamos armados, teníamos prensa, camión, un restito. Pero desde el corralito que hubiéramos podido laburar el doble, si hubiéramos comprado la máquina. Es guita que podés ahorrar o reinvertir. La que queremos es una máquina más moderna que tiene sólo diez centímetros de lado más grande. Nosotros sacamos fardos de doscientos kilos, trescientos kilos máximo. Con la otra hacés fardos de cuatrocientos, cuatrocientos cincuenta kilos en promedio. Tenés la ventaja de un atador automático y una cinta. Entonces no tenés que estar tirando el cartón ahí, porque la prensa es demasiado ligera, tarda tres segundos en cada bajada que le hace al fardo. La que tenemos nosotros tarda nueve minutos en hacer un fardo y esa nueva tres. Hacés cien kilos más por fardo y dos fardos más en el mismo tiempo. Podés laburar el doble y más tranquilo, podés hacer más clientes.

Nosotros le entregamos a varios. Siempre más o menos a los mismos porque entregamos acá en la zona. A Zucamor, Massuh, Paysandú, Papelera del Plata. Yo le entrego, si arreglamos el precio y más o menos cuándo lo cobro. Si me dicen que no me pagan ahora sino en seis meses, yo no le puedo seguir entregando. Si yo a Pepe le digo: 'Te pago en seis meses', me corta la cabeza".

- CG (Monte Grande, 2002/2003/2004)

"Yo soy Técnico en Aire Acondicionado Central, trabajaba en Carrier y atendía a las sucursales de los Bancos Nación y Ciudad. Hacía un informe y luego venía el técnico a arreglar. Un día me iba con el cuñado de mi hermano

a pescar a Necochea y me dice: «¿Por qué no comprás papel?» «Estás en pedo vos. ¿Querés que haga de ciruja cuando yo voy de saco y corbata con mi maletín y llevo una pinza, un tester y nada más?» Me jodió tanto que, cuando volvimos, fui al centro de cómputos del Banco Ciudad y le digo al mayordomo: «¿Qué hacés vos con el papel?» Yo tenía mucha amistad con el tipo, hacía años que lo conocía. Me dice: «Viene el sábado un ciruja y se lo regalo todo, se lo lleva y me deja todo limpio». «Bueno, el sábado que viene no se lo des al ciruja, decile cualquier cosa, que no podés, y yo vengo el lunes temprano a la mañana y lo saco y lo llevo a vender».

Yo tenía una rastrojero. No me voy a olvidar nunca más de eso. Cobraba setecientos pesos por mes trabajando para Carrier. Lo cargo con papel, lo llevo a Soldati a lo de un amigo del cuñado de mi hermano y le digo: «Tengo papel, formulario continuo, todas resmas, ¿cuánto vale?». «Cincuenta centavos el kilo». Bajé mil doscientos kilos. Yo ganaba setecientos por mes y ese día gané seiscientos pesos. Un negocio de la puta madre. Fui al banco y el empleado me dice: «¿Cuántos kilos llevaste?» «Mil doscientos», le digo. «¿Y a cuánto lo vendiste?». «A veinte centavos, tomá», y le doy ciento veinte mangos. Para el tipo era una fortuna.

Al poco tiempo tenía las treinta y dos sucursales del Banco Ciudad y como cuatro o cinco del Banco Nación. Esto fue hasta 1989, 1991, por ahí. De Carrier me fui en el ochenta y nueve. A mí no me llevaba tiempo ni nada, iba un rato antes, yo solo hacía todo".

CG se dedicó durante un tiempo a comprar papel y venderlo a varios depósitos, pero después trabajó exclusivamente como proveedor de una fábrica de papel.

"Empecé a venderles a un montón de tipos que eran amigos míos, pero tenían problemas de guita y no me pagaban. Por ahí trabajando para varios tenía más rentabilidad, pero después no la cobraba. Entonces empecé a comprar para uno en particular, y ahí empecé a comprar para la fábrica. Si vos comprás para una fábrica, es distinto el trato con el cliente y todo. El recortero, que es el que recibe al ciruja, lo enfarda y lo entrega, es distinto del caso nuestro que compramos para nosotros. Nosotros tenemos que comprar cuatro mil toneladas por mes de recortes. A mí me dicen a cuánto me pagan el papel y cuánto necesitan. Yo de ahí en más tengo que ver cuál es mi ganancia. Pero ya te digo, no es lo mismo salir a venderle a un montón de fábricas, porque te pasa lo que me pasó a mí, que quedé enganchado con un montón de guita.

El recortero por ahí tiene la suerte de que emboca una fábrica que le dice que le compra todo lo que produce y con la seguridad de que garpan; entonces se salvó. En cambio, si le vendés a un montón de tipos que además te dan en cuarenta y cinco, cincuenta días los valores, le empezás a mandar y mandar. En cuarenta y cinco días, veinte viajes a dos mil pesos cada viaje, le mandaste cuarenta mil mangos. Llega el momento en que tenés que cobrar los cheques y te entran a bicicletear, y después quedás enganchado con los tipos, porque tampoco les podés cortar, porque si les cortás, tampoco cobrás. Y si le seguís mandando, corrés el riesgo que te entren a manejar tu guita. Por ahí conviene más tratar de venderle a alguien que te pichulee un poco el precio pero que vos sepas que todos los días jueves vas y te llevás la plata, y cumplís con el compromiso con los demás, porque yo al que le compro el papel no le puedo decir: «Mire, discúlpeme, pero no me pagan». Si vos compraste a seis y vendiste a nueve, es tu negocio; si te fue mal, jodete, tenés que pagarlo. Aparte te digo que el gremio de los cirujas no es un gremio fácil, eh, es complicado.

Cuando vos comprás, depende de lo que vos comprés es lo que vos pagás y las condiciones que pagués. No es lo mismo comprar cuatro mil toneladas de papel que trescientos kilos. La otra es el poder de pago, a los más chiquititos se les complica, porque en definitiva los costos se le van multiplicando. Calculá que con una máquina podés gastar el mismo costo que un tipo que hace mucha menos cantidad, entonces los costos fijos se te van por las nubes. Hay máquinas, como por ejemplo la que ahora tiene Papelera del Plata, que está haciendo ahora dos mil metros por minuto y algo así como trescientas toneladas por día. ¿Sabés cuántos tipos tiene? Ninguno. Esa empresa cuesta hoy con galpones y todo completo ochenta millones de mangos. Además, una fábrica de papel debe estar gastando no menos de ciento cincuenta mil pesos de luz por mes. Es carísima la energía, y además la fábrica de papel tiene un costo impresionante, la mayor parte es gasto de energía. Para que se mueva una máquina de papel debés tener quinientos motores, y hay motores de trescientos caballos; tiene que tener planta transformadora.

Los negocios chicos no tienen futuro, aparte no tienen mercado. Hoy por hoy, te manejan mucho mercado los supermercados; son de terror, no sabés cuánto te van a pagar por el papel higiénico que tienen en la góndola. Porque los chiquititos no tienen poder de compra, los volúmenes están en los grandes, lamentablemente. Si vos antes podías distribuir más pero el costo de distribución se eleva una barbaridad, así que vos más perjudicado estás. Aparte los tipos tienen todas las plantas donde sacan las resmitas, que tienen un valor agregado.

Las empresas más grandes son Papelera del Plata y Smurphy. Después hay otras, pero son empresas con problemas, en convocatoria: Felpita, Muiño, Campanita, Papelera Tucumán que también tiene fábrica de papel higiénico, muy poco, casi no existen porque le fabrican a los supermercados. Eso que se llama marcas blancas y que son las marcas propias. Ahora creo que está parada. Bueno, hay un montón de chiquititas. Antes había más porque te daba.

Por otra parte, si la fábrica tiene mucho volumen de stock de recortes te tira el precio abajo. Hoy (noviembre de 2001) el diario no vale nada, pero un momento brillante era el año 1982, por ahí, cuando nosotros traíamos el diario de Estados Unidos, porque acá valía veinticinco centavos. A nosotros nos salía, puesto acá, once centavos, pero comprarlo acá salía veinticinco. Entonces viajamos allá, hicimos un convenio por trescientas toneladas por mes, en esa época gastábamos mil, ponele.

Además allá es distinto que acá, porque acá vos tenés que ir a una editorial y pagar, en cambio allá la editorial te paga para que vos le limpies. El ti-

po allá pagaba setenta dólares la tonelada para que le saquen los diarios; le sacaba casi cien mil kilos por día de devoluciones.

Yo que hablo con los tipos en los depósitos y me cuentan que antes con un carro mantenían a sus hijos, los mandaban a estudiar y todo, pero ahora el papel no vale nada, mientras que antes todo salía del carro.

Si vos comprás todo diario y es bueno, lo podés cargar y mandarlo directamente a la fábrica. Pero algunos depósitos son complicados, te ponen mucha mugre; normalmente yo lo mando a mi depósito, donde están las máquinas automáticas que lo clasifican, trituran, luego se enfarda y se va.

Las fábricas te aceptan hasta un 10% de humedad, lo que supera eso te lo descuentan de los kilos que vos entregás. Si vos agarrás a un depósito medio pícaro o a un ciruja que anda con el carro, porque acá son todos bichos, son tipos que lo agarran, lo ponen con la manguera, lo dejan orear un poco y vos lo ves que aparentemente está seco, pero tiene agua. Entonces cuando vos llegás a la fábrica te ponen la pala esa que te detecta la humedad. O cuando son proveedores medio dudosos te abren los fardos: «Bajame este, bajame el otro», porque también hay cualquier mugre. Para que te des una idea, un kilo de diario con agua puede pesar hasta cinco kilos, absorbe cinco veces el peso. Imaginate que un fardo normal llega a pesar unos trescientos kilos, trescientos veinte máximo, mientras que un fardo con agua pesa cuatrocientos, cuatrocientos cincuenta kilos.

El papel es un rubro muy complicado, como todo. Pero como todo el mundo se conoce entre sí, vos ya sabés a qué tipo es confiable comprar. A veces, por comprar volumen le comprás a cualquiera y después te quedás con el muerto. Además, la fábrica ya no es más como antes, primero recibe y después te dice tanto por ciento de humedad. No es que vos en el momento que llegás con el camión ya te dicen. Vos bajalo, después te pagan lo que te quieren pagar, si lo mandaste mojado, si vino contaminado, si como cartón venía otro tipo de producto, segunda o lo que sea, descuentos, descuentos, descuentos. Si te gusta bien, y si no, no les vendas más. El descuento te lo van a hacer.

Antiguamente, vos hablabas con los recorteros fuertes de Soldati o de Valentín Alsina y se iban sábado y domingo a Las Vegas. Todos tenían camionetas 0 Km; si se fundían un día, se hacían millonarios al otro, porque los márgenes eran tan grandes. Ya te digo, un kilo de formulario continuo valía hace veinte años cincuenta centavos, y hoy, con suerte, lo podés llegar a vender a veinte. Además, antes te lo regalaban o podías pagar hasta diez centavos como máximo, y hoy tenés que ir a pagar dieciocho para venderlo a veinte o veintiuno a plazo, pero los dieciocho lo tenés que poner. Ya no es lo que era antes.

Además del Banco Ciudad con Carrier, yo también trabajaba en el Congreso como subjefe de mantenimiento de los aires acondicionados. Era empleado del Congreso. Y por supuesto, ahí también retiraba el papel y lo vendía. Se lo compraba a las escuelas o instituciones a las cuales los diputados se lo donaban. Yo les daba la plata y me quedaba con el papel. Un día se me presenta un amigo que estaba en Tacuarendí (Santa Fe), en la fábrica de Yapur, y me pregunta si quería venderles el papel a ellos. Yo no tenía una recortera ni nada, el papel que retiraba me lo llevaba y lo clasificaba en el garage de mi casa que tenía trece metros de largo. Tenía una prensita chiquitita que hacía fardos de ciento cincuenta kilos. La mayoría era formulario continuo, papeles de computadora que en esa época venían en sábanas grandes. Venía con un camión y llevaba como quince mil kilos de eso. Y bueno, cuando ellos quisieron comprar papel blanco, me vinieron a ver a mí. Yo no tenía mucha cantidad.

Yo le vendía a cualquiera, a depósitos más chicos. Era un negocio que lo tenía como alternativa. Un día, yo estaba en el Congreso y me llaman que me quieren ver, un tal Yapur. Era un tipo de gorra, bufanda, un gaucho. El tenía mis referencias a través de un amigo mío que era socio de él. Originalmente, Yapur tenía una fábrica de dulces de batata. Ellos querían arrancar con el papel higiénico y necesitaban papel blanco. Así empecé. ¿Usted cuánto quiere comprar? Necesitamos dos mil kilos por día, todo lo que podamos conseguir. Bueno, yo se lo puedo conseguir, pero mire que no tengo mucho capital. Me dio un gran espaldarazo. Me dice, si es por problema de plata, no te preocupes; vamos al banco, el tipo tenía cuentas en varios bancos. Esto habrá sido en el año 1989, 1988. Me hicieron una cuenta de ciento cincuenta mil pesos, que es como si hoy te metieran noventa lucas en el banco para comprar papel. Yo compraba, compraba y compraba. Con plata te imaginás que era fácil, y tenía un precio más o menos bueno. Y ahí empecé a llevar los camiones con papel. Él estaba tres semanas en Santa Fe y venía una semana acá conmigo. Teníamos la oficina en la Confitería El Cervantillo, en Riobamba y Arenales, porque ni oficinas teníamos. Venía al banco y averiguaba cuánto yo había retirado y ponía la diferencia para que siempre tuviera los ciento cincuenta mil pesos.

Yapur vendió la parte de él. Ya es un hombre grande y se quiso retirar. Mi amigo sigue siendo socio. Yo habré estado diez años con ellos. Hacía de todo, me nombraron apoderado acá. Nosotros empezamos haciendo mil doscientos kilos de papel higiénico por día, y cuando yo me fui en 1998, hacíamos ochenta mil kilos por día de higiénico. Le hacíamos el higiénico a Papelera del Plata, a todos. ¿Sabés lo que laburábamos? Hacíamos cuatro millones de mangos por mes.

Yo empecé de nada, porque nada que ver con el papel, y llegué allá arriba de todo. Yo tengo relación con ellos todavía, porque soy el que le vendo. Fijate lo que es la vuelta de todo. Este Mario Esperanza, que es el dueño de todo ahora, era el que nos liquidaba el sueldo a nosotros. El viejo en su momento me quería dar el 30%, que yo me hiciera cargo de todo, pero teníamos casi cuatrocientos cincuenta y tres empleados, pagábamos casi ciento cincuenta mil pesos de luz por mes. Era un quilombo grosso. Me decían que era un boludo, porque esto se maneja solo. Pero no se maneja solo. Tenés que levantarte a la mañana y por ahí necesitas cuatrocientos mil mangos para sueldos, se te vence la luz mañana y son doscientos mil. No es así nomás. Y bueno, cuando apareció Mario yo dije: «Me voy». Yo era el jefe de planta, compraba recortes. Le compraba a Jorge, que vos conocés, de Tigre, que vive por Chacarita. Yo le compraba recortes, yo los conozco a todos.

241

Nosotros traíamos el higiénico acá, a mi depósito. Primero, al único que teníamos, como producíamos poco, era Moscón, que es Vual, uno que estaba en José Ingeniero y Rolón, en Beccar.[110] *Le mandábamos el higiénico terminado producido en Santa Fe. Comprábamos todos los insumos acá, todos los recortes, y de acá lo trasladábamos a Santa Fe. Allá fabricábamos el papel, lo embolsábamos, lo embalábamos y lo traíamos de vuelta para acá. El recorte lo mandaba a retirar en camiones propios directamente de los depósitos grandes. Yo iba, pagaba, hacía todo. Al principio cobraba un porcentaje, me daban unos centavos por kilo. Y cuando la cosa se hizo grande, en esa época cobraba veinticinco mil pesos por mes, una fortuna, eran veinticinco mil dólares. Al principio yo cobraba un porcentaje del total de kilos que traía. Pero después el viejo me puso un sueldo fijo como de ocho lucas. Laburaba de la seis de la mañana hasta las once de la noche. Todo el día. Sábados, gran parte. El viejo era un tipo que vivía solo, así que algunos domingos lo iba a buscar, íbamos a comer a algún boliche en San Isidro. Estaba como si fuera mi viejo con él.*

Los recortes los compraba a los depósitos grandes. Yo acopiaba lo que podía, y lo que no lo compraba. Después compré unos terrenos que son los galpones que ahora tengo. Para los volúmenes que manejan ellos, más o menos ciento veinte mil kilos por día de recortes, la mayor parte la tenés que sacar directamente. Ellos tienen tres fábricas. Yo, lo que les compro, me pagan. Voy, entrego, doy la vuelta y cobro. Conmigo tienen una atención espectacular. Con los demás andan a los cascotazos. Yo le estaré mandando unas cincuenta toneladas por semana. Imaginate que, si consumen ciento veinte toneladas por día, cuántos son los que les mandan.

El terreno pelado lo habré comprado en el noventa más o menos. Compré ladrillos en el horno, fui al puerto a comprar arena con el camión de un amigo. Busqué lo más económico posible. Hice un galpón que debe valer quinientos mil mangos, y cuando yo lo hice me costó veinticinco mil. Debe tener unos seiscientos metros cuadrados. Ché, tené cuidado a ver si me caen de la DGI.[111]

Tengo enfardadora, balanza, puente grúa, todo. Todo lo que yo vendo va enfardado. Va a Massuh, Papelera Tucumán, a Muiña. Lo que mando a Yapur es exclusivamente diario. Pero en total trabajo más o menos con trescientas toneladas mes contando todos los materiales.

Mi hijo y mi señora laburan conmigo. Él hace de todo: carga, cobra, entrega. Hacemos todos lo mismo. Dentro de todo me fue bien; si me hubiera quedado como socio de la papelera, estaría mejor, pero con veintiocho millones de quilombos que te arruinan la vida. La gente ve a un tipo y dice cómo gana, pero tenés que estar en el lugar del tipo. Yo arranqué de menos cero, porque trabajaba en el banco, en Carrier, en el Congreso. Salía de mi casa a las cinco de la mañana y por ahí había sesiones en el Congreso y me tenía que

---

110. Localidad del Gran Buenos Aires.
111. Dirección General Impositiva.

quedar. Un día llegué a las dos y me levanté a las cinco. Estaba congelado y transpiraba. Vino el médico y me dijo: «Usted está loco, está estresado, tiene que parar un poco, tiene que dejar un trabajo o se muere, esas son las alternativas». Ahí dejé lo del banco y me quedé con el Congreso solo.

Hay algunos que laburan mucho más que yo. Barcia, uno de La Plata, trabaja mínimo con dos millones de kilos por mes; Antón, uno que está en el Tigre, es otro. La mayoría de estos son tipos que sacan directamente de editoriales. Cuando yo estaba, hasta el año 1998, sacábamos dos mil toneladas por mes y teníamos Atlántida, Morbillo, Ipesa, Adi. Esas empresas después se perdieron por atrasos en los pagos. Cuando estaba yo, me preocupaba porque se pagara incluso antes de retirar. El recorte es como todo, cuando empieza a valer tenés muchos tipos que mueven muchas toneladas, pero que no tienen nada. Tienen la plata. Vienen a verte y te dicen si tenés cartón para vender, cuánto vale. Ponele que hoy valga treinta centavos, y te dicen: «Bueno, te doy veintinueve centavos al contado». Y hoy (invierno de 2004) las fábricas volvieron a la de antes, estás cincuenta, sesenta días esperando para cobrar. Hace un tiempo atrás estaban prácticamente al día, pero ahora empezó la bicicleta de vuelta. Y bueno, estos tipos te ponen la guita.

Yo, compromiso de entrega, tengo con Yapur y nada más. En algunos casos, esos compromisos son órdenes de compra. El otro día, Massuh me llamó y me dijo que tenía una orden de compra por cincuenta mil kilos, si se los podía mandar. Después quedamos los mismos de siempre, los que tenemos galpón. Pero cuando el papel se mueve, aparecen un montón de tipos que están en el momento, cuando pueden hacer algún negocio; no son tipos que tienen una estructura formada. Te dicen: «Andá a entregar en nombre mío que te espero en tal boliche al mediodía».

Barbarito debe juntar entre quinientos y seiscientos mil kilos. Le entrega a Zucamor, a Papelera Entre Ríos, a uno que está detrás de Atlántida y Panamericana. Ellos entregan directo, pero levantaron la cabeza hace poco, eh. Ahí trabajan también la hermana y la madre. Al finado Julio lo inició el padre, que fue ciruja de toda la vida. Laburaban bien, tenían tres o cuatro camiones.

También lo conozco al viejo Gonzalo, de General Pacheco, un viejo medio tuerto. Ellos también le entregan a Mario, a la fabriquita que tiene al lado de ellos. Esa es donde estaba yo. Ahora la modificaron toda. Yo tengo un campo en Cañuelas y el otro día fuimos a comer dos lechones ahí porque vinieron los de Tacuarandí a hacer las modificaciones. Porque antes el monolúcido, el cilindro grandes donde se seca el papel, tenía piñón y corona. Esa fábrica es la más chiquita, la más insignificante, deben estar haciendo dieciocho o veinte mil kilos por día de higiénico, pero en Tacuarendí hay cuatro máquinas. Ellos tienen entonces esa chiquita, la de San Pedro y la de Tacuarendí con la que empezaron. Todo papel higiénico.

Los dos hijos están separados del viejo Gonzalo. El viejo tiene la recortera por un lado y los pibes están por otro lado, tienen un depósito aparte. Cuando yo voy a cobrar, me lo encuentro al viejo. El viejo le hace una mezcla especial, tanto de planilla, tanto de diario, tanto de esto. Yo no, yo le llevo el diario con la revista y que se arreglen ellos, porque si no, es un quilombo.[112] *Te dan unos centavos más, pero es un despelote. El viejo Gonzalo siempre estuvo con la mugre de la quema y de los tachos.*

El viejo también entrega en Santa Ángela, pero el otro día me estaba contando que tiene quilombo porque no le pagan. Vienen atrasados con el pago. La Papelera Santa Ángela es chiquita, no es nada, no existe. Hay fábricas que hacen cualquier cantidad de toneladas. Para que te hagas una idea, te la hago simple: Papelera Tucumán, que es la Pierri, hace trescientas toneladas por día del mismo papel que Santa Ángela hace veinte o veinticinco mil kilos. Mirá si hay más grande. Los de Santa Ángela eran también los dueños de General Pacheco, la que vos viste, pero desde hace como dos años que es de Yapur.

Gonzalo es igual que yo, compra una determina cantidad y le entrega a uno o a otro. Él debe trabajar unas trescientas o cuatrocientas toneladas por mes, aunque son unos cuantos.

Si vos no sacás de una editorial que te entrega cierta cantidad, tenés que tener muchos chiquititos para sumar. Hoy por hoy, no conviene ir a cargarle a los depósitos, yo trato de que me traigan la mercadería al galpón. Prefiero pagarle un centavo más y que me lo traigan. Porque si vos mandás un camión con dos tipos o tres a cargar dos mil kilos de cartón que te lleva prácticamente todo el día, para cierto margen no es nada. Calculá que hoy te puede dejar cinco centavos; en mil kilos, son cien pesos, pero si tenés tres tipos, mínimo veinte o veinticinco pesos que cada uno se lleva, más el gasoil y todo, traerlo, enfardarlo, venderlo, cobrarlo. Hoy por hoy, no tenés mucho margen para ir a cargar y todo. Si yo a Pepe le compraba, después dejé de ir a cargarle, y todavía me debe como ochocientos mangos, de hace dos o tres años. Yo le adelantaba plata, él arrancó porque yo le adelantaba plata. Después empezó a venderle a otro y ya no fui más. El pibe mío me dice que vayamos a cobrarle. Un día de estos vamos a ir a cargarle papel aunque sea; si no tiene plata, que nos dé papel. Hace como un año y medio lo encontré y efectivamente se acuerda que me debe plata. En cualquier momento voy a ir a buscar dos o tres mil kilos de diarios. Sé que ahora le venden a Sanco, que trabajan bastante. Están atrás de Monte Chingolo.

El margen de la diferencia depende del mercado. Cuando hay demanda y las fábricas necesitan papel, como en el año 2003, llegó a valer sesenta y dos centavos el cartón. Hoy, 2004, bien vendido, vale veintiocho centavos; por ahí algunos te pueden pagar treinta y dos centavos, pero andá a cobrarles.

Ahora dejó de comprar Papelera Tucumán, que es un gran consumidor. Papelera Tucumán consume trescientas toneladas por día, sacá la cuenta por mes: te da como ocho o nueve mil toneladas. Prácticamente ahora no están comprando nada, porque están haciendo todo con bagazos.[113] *La calidad es*

112. En lunfardo: lío.
113. Los desechos de la caña de azúcar que la misma empresa cultiva en la provincia de Tucumán.

buena, pero depende del tipo de papel que hacen, se trasluce la impresión con el bagazo; y entonces le tienen que poner algo de diario, de devolución, de una recolección buena. Para hacer cartones necesitás todo fibra.

Una servilleta blanca es 100% pasta, debe tener un 30% de fibra larga y 70% de fibra corta. No todas las fábricas lo hacen, porque necesitan tener máquinas de buena calidad, no cualquier máquina te hace esto. Papelera del Plata, Muiña y Yapur te lo pueden hacer. Es un papel livianito de dieciocho o veinte gramos, en cambio en un papel marrón tenés que hablar de hasta trescientos gramos. Te imaginás que el espesor del papel no es el mismo, y un poco de variación en la formación no lo afecta tanto como a esta servilleta. Además, en el higiénico no podés errarle mucho; porque si no, no te dá el diámetro que tenés que mantener siempre, ya sean en treinta metros o en sesenta metros. El diámetro del rollo es estándar, en eso no podés variarle. Entonces los que lo fabrican tienen que cuidar mucho la calidad. Hay uno que es ecológico, que es 100% recorte, pero los que tienen más de 80% de blancura son todo pasta.

En mi caso, el 80% de lo que yo almaceno viene de la calle. A la mayoría de las grandes editoriales ya las asisten las fábricas. Yapur le saca a Atlántida como quinientas toneladas por mes. Por lo que me estaban diciendo, sacan entre dos y tres camiones por día (cada camión transportaría quince mil kilos), que los llevan directamente a Beccar. Cuando yo estaba, habíamos hecho todo un sistema de aspiración de refiles (restos de producción) por conductos que iban al fondo y ahí los enfardábamos. Si a mí hoy me pagan veintiocho o treinta centavos por lo que entrego, a ellos les deben dar veintisiete centavos por lo que retiran. Yo no puedo pagar veintisiete centavos y venderlo a veintiocho. Lo que las fábricas les pagan a las editoriales es prácticamente lo mismo que lo que nos pagan a nosotros. Vos no podés competir con ellos.

Papelera del Plata tiene todas las gráficas y editoriales que están en Pilar. Tiene a Adi, que hace todas las revistas para los diarios del interior. Después está Antártica, que es otra editorial muy grande que es chilena y canadiense y que está en Pilar también.

El miedo de las fábricas es que les falte volumen de recortes. Por ese motivo se meten en este negocio, pudiendo simplemente dedicarse a pagar por lo que le llevan y no ponerse a retirarlo. Hoy por hoy, no siendo papel blanco, recortes sobran. Un poco cayó el consumo, y otra es que en lo que es la línea de marrones, dejó de comprar Papelera Tucumán. El bagazo siempre lo tenían y mezclaban un poco. Yo calculo que en algún momento deben haber tenido faltante de bagazo y entonces con los volúmenes que tienen de producción se tienen que asegurar con recortes, y así habrán estockeado y por eso ahora no compran. Compran blanco para la fábrica que tienen en Pacheco cerca de Santa Ángela, y ahí hacen higiénico. Para esa compran; pero después, diarios o papeles marrones, no compran más.

Algunos carritos recibo en mi depósito, los que son del barrio. Claro que los carritos te traen diez kilos, veinte kilos, un kilo. El otro día uno me trajo diecisiete kilos de planilla y un kilo de cartón. Pero la mayoría de los que re-

cibo son depósitos que me lo traen, porque yo a los que voy a buscar son pocos. Después, hay muchos supermercados que también lo traen, que antes lo tiraban y ahora ya no lo tiran más. Me lo mandan una vez por semana. Los tipos sacan la cuenta y con mil quinientos kilos se llevan doscientos o trescientos mangos cada quince días. Así se pagan un empleado.

Para mantenerte con lo que tenemos nosotros, mínimo tenés que tener trescientas toneladas por mes; si no, no te sirve. Ponele a treinta centavos, son cien mil pesos; de eso me quedan veinte lucas, a las que le tenés que sacar los empleados que tenés, todo. Yo te digo para que sea rentable. Bueno, está bien, rentable es si ganás para vivir.

Mi hijo trabaja por un sueldo. Le doy mil mangos. No gasta nada. Si necesita, va y agarra, pero supuestamente gana un sueldo. Antes tenía también a mi hija, pero como ahora está en un estudio de abogados, se fue. También está mi señora. Nos vas a ver, laburamos como cualquiera, andamos con ropa de combate.

Hoy no es el momento brillante del recorte. Pero hay momentos en los que por ahí pica y hacés la diferencia. Lo que pasa es que hay que mantenerse. Nosotros hace veinte años que estamos en esto. Ahora como está bajando, ya empezaron a desaparecer un montón.

Nunca me metí con otro material. A este lo conozco, sé quien paga, quien no paga. Lo otro es complicado, con los cirujas todos tienen problemas. Los metales hace poquito valían un montón, ahora bajaron el 50%. En la esquina de donde estoy yo hay un depósito grande que compran metales, y lo que valían nueve pesos con veinte centavos hace un mes y medio atrás, hoy está seis pesos. Además es muy competitivo.

Yo en la zona soy el que a la planilla la pago más caro que todos; y, en general, la vendo bien. El otro día vino un tipo de un depósito sólo con planilla, cuando yo sé que compra de todo. Le dije, nosotros también compramos de todo, así que no me traigas sólo la planilla, sino llévaselas al que te compra el cartón y el diario.

También retiro de la localidad de Roque Pérez, porque la Municipalidad organizó todo un sistema de reciclaje. Cada dos o tres meses me avisan y voy, cuando tienen una carga entera de cinco o seis mil kilos. A veces tengo que traer ese material a mi depósito porque no todas las fábricas te quieren tomar fardos chicos.

La medida del fardo es estándar y las fábricas tienen calculado. Para el higiénico, ponele, más o menos en diez mil litros de agua le meten ochocientos kilos de recortes. Entonces los tipos saben lo que echan por la cantidad de fardos. Los míos son de quinientos kilos el de diarios. El blanco no; si están desesperados, te lo reciben como sea, en lienzo, cualquier cosa. Pero con los otros tipos de papeles, no: quieren que se los lleves de una determina forma".

CAPÍTULO 17

COMPRADORES DE OTROS MATERIALES

No fue posible encontrarnos con todos los compradores de materiales para entrevistarlos, y los que accedieron no fueron siempre solícitos. Aun así, los testimonios obtenidos se ordenaron para que las trayectorias laborales de sus protagonistas permitieran destacar ciertas características exclusivas de estos materiales en el circuito de reciclaje, junto con otras transformaciones operadas a nivel macro que han incidido en ellos. Se expondrán los casos de Bruno y Fernando.

Botellas

A través del vecino que había sido depositero, Pepe consiguió las referencias de Bruno. La cooperativa comercializó con él las botellas durante varios meses, hasta que fue reemplazado por Fernando, quien ofreció mejores precios y compraba la botella de sidra lisa oscura como *lisa*, mientras que Bruno la llevaba como *marcada*. La diferencia era de trece centavos. Fernando se acercó a Nuevo Rumbo cuando en julio de 2002 leyó en un boletín que la Municipalidad de Lomas de Zamora anunciaba una campaña de separación domiciliaria en la que intervendría la cooperativa (el Plan Piloto).

En enero de 2003, cuando Fernando estaba de vacaciones, Lencina –el comprador de vidrios– le presentó a Pepe otro comprador de botellas.

Casualmente para esa fecha el depósito de la cooperativa estaba atiborrado de botellas por las recientes fiestas de Navidad y Año Nuevo, y por mayor consumo de líquidos debido al calor del verano. Pintos ofreció mejores precios y un inmediato retiro. Cuando Fernando regresó de sus vacaciones, le informaron la nueva situación. Aunque al comienzo se ofendió, después igualó los precios de Pintos y la cooperativa volvió a venderle.

Pero al poco tiempo Pintos ofreció mejores precios y desplazó nuevamente a Fernando. Pepe explica:

> "Fernando nunca nos comentaba los aumentos de precios, sólo los igualaba cuando se lo decíamos. En cambio, hay otros que inmediatamente nos dicen cuándo sube y cuándo baja".

Pintos se lleva todas las botellas, incluso las de Ananá Fish y champagne blanca, que antes se destinaban al vidrio. Este comprador solicitó también que le separen las botellas de vino marca Valderrobles, que de lo contrario hubieran corrido el mismo destino que el vidrio. Es importante destacar que muchas de las botellas que antes se rompían porque iban al vidrio se siguen comprando a los cartoneros por kilo, no por unidad como correspondería.

En octubre de 2002, el ingeniero que había sido asesor municipal le presentó a Pepe las referencias de la fábrica Cristalux, una de las que había sido "recuperadas" por sus empleados, y comenzaron a llevarles las botellas blancas que antes iban al vidrio en la camioneta adquirida con el crédito de FONCAP S.A. No obstante, interrumpieron las entregas cuando se acumuló una deuda, que finalmente fue cobrada en vasos y copas que aún adornan los estantes de la cooperativa.

Campos, un pequeño fabricante de *souvenirs* y botellas para termos, compraba el mismo tipo de botellas que Cristalux, pero se las vendían lavadas y con una diferencia a favor de la cooperativa de cinco centavos por kilo. Tiempo después, abrió un local para bailar tangos y abandonó su anterior oficio.

En octubre de 2003 se incorporó otro comprador de botellas blancas que antes estaban destinadas al vidrio. Se trata de otra empresa "recuperada", la Cooperativa de Avellaneda COTRAMA, que fabrica vasos, termos y jarras.[114] Juan (el hermano de Pepe y chofer) y Marcelo (operario) fueron quienes la contactaron, recorriendo esa zona del conurbano.

---

114. Esta cooperativa se inició en noviembre de 2002. Antes había sido una empresa particular, denominada Arco Iris, que se declaró en quiebra en el verano de 2002. Los empleados intentaron tomarla, pero finalmente fueron desactivados. Sin embargo, un grupo de

248

- Bruno (2002)

"Hace cuarenta años que estoy en esto. Mi hijo recién desde 1994 que se está enganchando. Comencé con mi cuñado [el marido de su hermana, quien a su vez habría comenzado con un carro y un caballo]. Yo tuve la suerte de que arranqué ganando la moneda [quiso decir que él no entró de cero al negocio, sino sabiendo a quién comprar y vender, debido a que su cuñado ya estaba en el rubro]. A los treinta y tres años de trabajar juntos, mi cuñado se retiró y yo incorporé a mi hijo.

En este oficio tenemos un piso que es el vidrio y un techo que es la botella nueva .Nosotros estamos en el medio, haciendo equilibrio, y desde hace dos años estamos perdiendo, aunque en los dos últimos meses hubo una pequeña recuperación, producto de la falta de importación, pero recién comienza a verse. El vidrio es el piso, porque si nosotros pagamos menos de lo que vale el vidrio, los depósitos rompen las botellas para tener vidrio. El techo es la botella nueva, porque si al envasador le sale lo mismo una usada que una nueva, va a preferir esta última".

Según su punto de vista, los cambios en el mercado inciden sólo parcialmente en el descenso de la importación después de la crisis de diciembre de 2001, que se relacionaría más con la imposibilidad de hacer transacciones a largo plazo. Afirma que antes Cattorini imponía los precios, pero con cheques que se cobraban a diez meses. Hoy, debido a la inestabilidad reinante, nadie acepta plazos mayores que los tres meses.

Bruno también explicó que su actividad es diferente de la del chatarrero, de la del papelero o de la del vidriero, porque en esos casos "se funde" el material para transformarlo en materia prima. Por el contrario, las botellas se reutilizan como tales. Consecuentemente, el botellero debe tratar con cuidado y delicadeza a sus materiales, porque las botellas astilladas quedan inutilizadas.

Durante la charla, insistió en que en esa actividad "no hay secretos", y destacó la necesidad de cumplir los compromisos asumidos y de no estafar a nadie. Además, "donde vas a comprar, tenés que ir vos; porque a la gente le gusta que vaya el interesado".

Explicó que las botellas se graban con los nombres de las marcas, porque de esta forma, "Cattorini garantiza que sus botellas son de uso exclusivo y puede poner el precio que quiera por ellas, porque no habrá otro comprador". Por otro lado destacó que, si esas botellas se rompen, la empresa debe volver a fabricarlas, ya que no puede usar otra.

---

personas pactó con el propietario un alquiler. Llamaron a Serafín, un hombre que durante cuarenta años había trabajado en una industria semejante, pero desde hacía siete que estaba desocupado. Serafín se encargó de poner en marcha la parte productiva de la nueva cooperativa. La industria emplea alrededor de treinta personas por turno y produce las veinticuatro horas. Según Serafín, utilizan diariamente cerca de una tonelada de vidrio blanco, que representa el 50% de la materia prima que se funde.

Le pregunté cómo se ubicaría él en relación con otros depósitos, es decir, si se considera chico, mediano o grande. "Mediano –me respondió–; acá no hay grandes. Podrá haber quien tenga un camión más o dos, pero la botella vale lo mismo en todos lados. Hay que trabajar mucho, pero no te vas a hacer rico".

También indagué si había incursionado en otros rubros, pero me contestó que siempre se había trabajado exclusivamente con botellas.

• Fernando (2003)

Fernando vive en Lanús, en un lindo chalet. Nació en el año 1948, aunque aparenta más edad. Dice que el suyo "es un trabajo duro, para animales, porque hay que acarrear mucho peso en la espalda". Está casado y tiene tres hijas. La mayor es contadora; la siguiente, administradora de empresas y la menor estudia nutrición en el nivel universitario.

"EL 80% de los que estamos en este rubro somos italianos: Caraziolo, Corso y Bruno, Piso, Bruno (de Podestá)".

Cuando su suegro lo inició en el trabajo de compra y venta de botellas –oficio que denomina como "proveedor de empresas"– tenía treinta años, y había trabajado para Nobleza Piccardo y en un lavadero de autos.

Al igual que Bruno, siempre trabajó exclusivamente con botellas, aunque en su caso se especializó en las de sidra. Este año incorporó también las de litro y las de 3/4.

"Cuando empecé no había marcadas. Las marcadas son la contra nuestra; porque si todas fueran lisas, las podríamos vender a cualquiera. Pero alrededor del 80% de las botellas están marcadas".

Según Fernando, Real y Victoria son las dos empresas líderes en el rubro de las botellas de sidra, y Cattorini forma parte del negocio. Aparentemente, las empresas fueron vendidas a Cattorini por deudas contraídas con este fabricante de botellas. Existen cuatro fábricas que compran las lisas: Tropan, Del Valle, La Quintana (en Buenos Aires) y Rama Caída (en Mendoza). Me cuenta que, según un rumor, todas las empresas se van a trasladar al sur.

Fernando me explica que en la sidra, el botellero vende directamente a la embotelladora; no existe un actor que se dedique a lavarlas.

Él cree que la actividad ha ido disminuyendo:

"Hace diez años se arrancaba en febrero y se extendía hasta diciembre. Enero era el único mes en el que las embotelladoras paraban, en cambio ahora todavía no se arrancó y ya estamos en el mes ocho".

Fernando vende la lisa a catorce centavos y la marcada a diez[115] (agosto de 2002). A su vez, comenta:

"El kilo de vidrio cuesta un 25% menos de lo que vale la botella, y la producción de una botella nueva cuesta cuarenta centavos". Sólo podemos pelear por la lisa, que vale diez centavos para mí y para todo el mundo. El valor de las marcadas lo determina el comprador".

Hoy [noviembre de 2003] Victoria y Real están comprando cada botella grabada a catorce centavos (más IVA), y las pagan recién a los ciento cincuenta días. Te dan un papelito a ciento cincuenta días. Ni siquiera es un cheque".

Las botellas lisas se cotizan a veintidós centavos y se pagan a los diez o quince días.

Las empresas comienzan a comprar en marzo para poder tener stock. "En enero, febrero y marzo hay abundancia de botellas por los carritos". Calcula que compra aproximadamente entre treinta y cuarenta mil envases por semana durante todo el año.

Fernando no vende el aro plástico de las botellas de sidra, pero sí lo hacen sus empleados, al igual que los de Bruno.

"Dicen que los aros son de un material virgen. El cajón de gaseosas y las sillas tienen un valor impresionante. El negocio hoy son los plásticos", comenta varias veces durante la charla.

"Hace catorce años atrás las botellas eran todas lisas y tenías diez fábricas para vender. Podías pelear el precio. Hoy, hay como seis centavos de diferencia entre la grabada y la lisa, cuando en realidad se trata de la misma botella. Y cada año hay menos lisas. Truyán, del Valle y Farruca también graban. Sólo el 15% del mercado de hoy es lisa".

Fernando compra a seis o siete proveedores, con la mitad de los cuales mantiene una relación desde hace más de diez años. Uno en ellos vive en Ranchos y otro, en Mar del Plata. Aproximadamente, retira de los depósitos cada quince días. A su mejor proveedor, le retira durante cinco

---

115. Nuevo Rumbo recibe de Fernando doce centavos por cada lisa y seis centavos por cada marcada, y a su vez las compra a los recolectores a cuatro centavos, sin distinción.

meses distribuidos durante todo el año. "El trabajo fuerte es diciembre, enero y febrero, pero cada año se consumen menos bebidas".

Fernando se identifica como "chico". Entrega entre cuatrocientos y quinientos mil envases en el año de botellas grabadas con Real y Victoria. Existen diez proveedores como él. Después se encuentran los "medianos", que entregan setecientas mil botellas y son aproximadamente unos doce proveedores. Finalmente, están los cuatro o cinco "grandes" proveedores que entregan un millón y medio de envases anuales.

"Lo que no cobraste hasta el 20 de diciembre, no se cobra hasta marzo. Los cheques rebotan hasta que se vuelve a armar la cadena. Antes era otro trato, ahora no te dan ni la hora, no existís. Un colega es más confiable que la fábrica",

comenta en relación con una venta que realizó recientemente a un colega que le paga al contado y que después revende a la empresa.

"Este año [2003] se mantuvo un precio razonable en el mercado. Además, me amplié de rubro. Hace diez años no trabajaba los sábados, y desde hace cuatro meses, sí. Canjeé mucha mercadería: cargo 3/4 y pago cuatro centavos y/o las cambio por las de sidra".

En este tipo de relación de intercambio de botellas no tiene muchos antecedentes.

Vidrios

A pesar de las referencias suministradas por el mismo ex depositero vecino de Pepe, la cooperativa sólo logró contactar a Rufino diez meses después de haber comenzado a funcionar, y nunca dejó de comprar a los cartoneros proveedores las botellas que iban al vidrio. Después de algunas entregas, la relación con Rufino se deterioró porque, según los cálculos de Nuevo Rumbo, "mentía en el peso", esto es, declaraba menor peso del que realmente retiraba. La sospecha se sostenía básicamente por el hecho de que este vidriero contaba con una balanza en su propio galpón y, por lo tanto, no utilizaba la balanza municipal como el resto, a la que se estima neutral u objetiva.

A Rufino lo sucedió Sanco, primo del que compra los cartones, quien también tiene camión con pulpo y con volquetes, y es uno de los principales proveedores de Cattorini en la zona sur del conurbano. Retiró hasta principios del 2003, cuando apareció Lencina que mejoró los precios y lo reemplazó.

En la actualidad, Sanco y Lencina compiten constantemente. Para asegurarse a Nuevo Rumbo como proveedor, pagan incluso la mercadería treinta días por adelantado. Si uno mejora el precio, el otro se entera y lo iguala.

También debe mencionarse a un último comprador denominado Parrocha, que apareció por referencias del botellero Fernando, pero realizó un solo viaje con vidrio blanco.

Plásticos

- Empresa Reciclar S.A., comprador de Pet. Entrevista a Erwin, Gerente (Julio de 2003)

En octubre de 2001, durante la primera jornada sobre la problemática de los cartoneros que organizó el entonces diputado de la ciudad, Eduardo Valdés, en la Legislatura de la Ciudad de Buenos Aires, representantes de la empresa Reciclar S.A. tomaron contacto con Pepe. Meses después de que la cooperativa comenzara a operar, Reciclar adquirió varias entregas de botellas de plástico de gaseosas.

En los años sesenta, el dueño y principal accionista de esta empresa comenzó a dedicarse a la compra y venta de botellas de vidrio y hacia finales de esa década era, de acuerdo con su principal gerente, el más grande comprador de botellas de sidra, champagne y vino del país. Contaba en ese entonces con seis depósitos, cinco distribuidos en el conurbano bonaerense y uno en Mendoza. Básicamente, la actividad consistía en comprar botellas, clasificarlas, lavarlas y venderlas finalmente a las bodegas. Los profundos cambios ocurridos en el sector de las botellas en la década del setenta y del ochenta –la reducción de los insumos necesarios para fabricarlas y la aparición de botellas (grabadas) identificadas exclusivamente con una marca– incidieron desfavorablemente en esta empresa que, como consecuencia, cerró todos sus depósitos excepto uno, en el que se dedicó al acopio y lavado sólo para dos o tres productos de un par de bodegas. A una de ellas le brindaba específicamente el servicio de lavado, pero no el de provisión de botellas.

El gerente explicó ese proceso del siguiente modo:

"La empresa desarrolló una estrategia comercial dirigida a grandes empresas. Fuimos proveedores de servicio específicos para Gancia, Quilmes y otras industrias de relevancia, y lo hacíamos de una forma tal que difícilmente alguna otra empresa pudiera brindarles lo mismo. Tal es así que la parte de

*lavado de vidrio lo fuimos conservando a medida que nos fuimos desactivan-
do como compradores y vendedores en general y a medida que fuimos cerran-
do los depósitos de compra que habíamos tenido, en la medida en que también
cerramos el depósito y lavadero que teníamos en Mendoza que era muy grande. Nos quedamos sólo con este local (en la zona sur del conurbano) y dirigi-
do exclusivamente al servicio del lavado, no ya a la compra-venta. Es decir,
fuimos achicando el negocio. Ya no comprábamos para cualquiera ni cualquier
botella, sino que ofrecíamos el servicio de lavado para la botella de Termas y
para Gancia, botellas de litro y todas iguales. Hacíamos dos cosas ahí: Gancia
nos mandaba la botella que ellos recogían en el mercado, se las lavábamos y
les cobrábamos el servicio, y además comprábamos esa botella y ninguna otra,
y se las vendíamos lavadas a Gancia. O sea que había una doble entrada que
terminaba en el mismo lugar. Estos fueron los años noventa.*

*Con el correr de los años, este negocio también se fue complicando. Yo
diría que si hemos tenido una virtud es haber visto esto con tiempo. Estar aten-
to a los cambios y preverlos es fundamental, pelear contra los cambios o no
verlos es fatal.*

*Todavía era un momento en el que teníamos una buena facturación y
ganábamos dinero, y la empresa funcionaba normalmente, ya reducida a solamente estos servicios con estos dos o tres clientes que atendíamos. Veíamos que
ese negocio también iba a caer, hubo incluso algunas complicaciones comerciales. El hecho concreto es que nos planteamos que necesitábamos hacer otras cosas distintas a las que estábamos haciendo. Esto fue a principios de los noventa,
y a partir de ese momento perfilamos hacia el plástico. ¿Por qué? Porque Marcelino, el dueño, había tenido incursiones en ese rubro muchos años atrás. Junto con su hermano fue el fundador de una empresa que se llamó Inforplast (ahora Bandex) y de la que ya no participa. Hacían las bandejitas de poliestireno ex-
pandido en las que se venden las medialunas o la carne en el supermercado. Uno
de los fundadores de esa empresa hace muchos años atrás fue Marcelino Casella. El desarrollo de esa empresa fue simultaneo con lo de las botellas".*

En 1992, la empresa inauguró una fábrica de vasitos de plástico,
que fue vendida hace tres meses a un competidor. Pertenecía exclusivamente a Marcelino, y la materia prima utilizada era virgen, no provenía
del circuito informal. En 1995 comenzaron a desarrollar la actividad que
continúa hasta el presente: el reciclado del Pet.

*"A principios de los noventa se hizo entonces aquí una empresa que
funcionó bajo este techo hasta hace unos tres meses y que se llamó M. Casella
y Cía. S.A., que estaba dedicada a la fabricación de vasos de poliestireno ex-
pandido. Para visualizarlo, son los vasitos de café de Mc Donalds. Esta fue una
actividad que la empezamos en 1992 o 1993 y que la tuvimos hasta principios
del 2003, cuando la vendimos a un competidor nuestro, la firma Estisol.*

Hacia fines del año 1995 recién comenzamos a hacer lo que hoy es la actividad principal de la empresa. A partir de ahí estamos en el tema del reciclado del Pet, y desde unos años después, 1999, creo, ampliamos la actividad a polietileno y polipropileno. En estos productos tenemos como dos ramas de servicios. Una es un servicio externo que estamos dando a empresas. Personal nuestro está actuando en Femsa Coca-Cola, que es la embotelladora de Buenos Aires; en AluSud, que es una planta que fabrica tapitas; en ex Eastman Chemical que ahora se llama Voridian, que es la planta productora del Pet virgen que existe en el país pero que es norteamericana y que ha hecho una inversión importante y que produce alrededor de ciento treinta mil toneladas año de PE;, y finalmente, en Cervecería Quilmes también tenemos gente. Ese personal se ocupa de los scraps (desperdicios, sobras o desechos de producción). Coca- Cola, por ejemplo, tiene distintos scraps. Tiene Pet en las botellas que salen falladas, más cartón, aluminio; como diez o quince productos distintos que ellos desechan por diferentes motivos. La labor que nuestra gente tiene allí es recibir esos productos, clasificarlos, acondicionarlos, y dejarlos listos como para sacarlos de la planta. Después terminamos siendo los compradores de lo que hacemos, pero esa es otra operación. Nosotros les facturamos el servicio por hacer todo esto y después están libres de vendernos a nosotros o a quien quieran. En la práctica mayormente nos venden a nosotros. El Pet sacado de la planta de Femsa nos sirve como parte del material de la mejor clase con la que trabajamos. Por eso, la procedencia determina la calidad, por ahora, del producto final.

El otro sector es el de la recepción desde la calle. También podemos subdividirlo en otros subsectores. Uno lo conforman plantas separadoras de residuos que dependen, en general, de las municipalidades directamente, o bien que están tercerizados por ellas. Y, finalmente, los cartoneros, cirujas o como quieras llamarles, que vienen aquí con su mercadería y se les compra.

Esto es lo que nosotros hacemos como actividad y como ingreso de materiales. Falta decirte, qué hacemos con estos materiales. En el Pet por el momento, lo que hacemos es moler, lavar y secar. Nosotros terminamos produciendo lo que en inglés se denomina fleix, que es escamas, y le llamamos clase A y clase B. En el mundo, la mayor aplicación de este producto, un 80%, es para hacer fibras textiles. Pero el Pet tiene muchas aplicaciones, se usa para otro tipo de botellas, para láminas, para filamentos, para fibras, para resinas. Entre las tantísimas dificultades que ofrece, se destaca que es un producto de muy difícil descontaminación, y la descontaminación en los plásticos es absolutamente esencial. No es suficiente con ver un producto limpio. Esa descontaminación es fundamental. Lo ideal, el punto máximo que recién se está logrando en el mundo en algunos pocos lugares, y acá en la Argentina estamos lejos, sería lograr un producto reciclado apto para volver a ser botellas de gaseosas, que es la mayor demanda de calidad de todos los productos de Pet que existen. Para las otras aplicaciones, no se demanda tal elevado nivel de calidad.

La parte más masiva es también la de calidad más baja. Esos grandes volúmenes mayormente se exportan, y el principal mercado es China. Tam-

bién va a Brasil y a Estados Unidos. Una menor parte de esto, que es una calidad mejor, la vendemos a mercados locales. Pero es mejor, principalmente, por la procedencia del tipo de material. Pretendemos mejorar por procesos internos el material masivo, que es el de peor calidad, para obtener uno de mejor calidad y que por ende podría tener otro tipo de aplicaciones. Cuando lo logremos, y en eso está puesta toda la energía de esta empresa, seguramente cambie el ángulo comercial. Seguramente dejemos de exportar tanto y vayamos a atender mercados locales que están ávidos de ese producto, pero que exigen una calidad que nosotros todavía hoy, masivamente, no podemos atender.

Hoy, nuestro producto de mejor calidad parte de una buena materia prima, seleccionada. Lo que pretendemos es obtener esa mejora de calidad a partir de la mala materia prima. Ese es el proceso en el que estamos inmersos y en el que ya estamos logrando algunos resultados.

Hoy en día, el reciclado en Argentina del Pet no sirve para hacer botellas, ni mezclando material reciclado con un importante agregado de material virgen. Este es un procedimiento que recién está aprobado en Estados Unidos, Suiza, Alemania y Australia, y apenas está comenzando. Son muy exigentes, extremadamente exigentes. En Estados Unidos existe una Comisión que se llama Food and Drug que aprueba todos los productos que salen al mercado. Bueno, la Food and Drug todavía no ha dado su aprobación al Pet reciclado para ese fin. Sí emitió lo que ellos llaman una letter of not objections, o sea que no lo objetan, pero tampoco lo aprueban. Recién están en Estados Unidos en ese punto y con una tecnología que nosotros no podemos ni siquiera soñar.

Del Pet, lo que no se exporta se utiliza acá para fabricar monofilamentos, resinas, láminas, fundamentalmente eso. Láminas son las que se usan, por ejemplo, en un supermercado para tapar las tortas, se hace una plancha y después se termoforma, o sea, se le da la forma. Después, los filamentos con los que se hacen escobas, resinas para pintar barcos; en fin, la aplicación es muy amplia pero esos tres serían los principales. Quien nos compra es el que fabrica esos productos. El mercado es muy chico todavía, los revendedores no funcionan. Algún día, tal vez si se expande esto, se convierte en un commodity y aparecerán, como en todos los circuitos comerciales, otros actores.

Hasta acá estuvimos hablando de Pet, pero también compramos otros plásticos que, como te decía antes, tenemos un sector dedicado al polietileno de alta y baja densidad, y prolipopileno. Obviamente que también compramos a los carritos y a algunas industrias también. Sillas, cajones, envases de lavandinas, detergentes, el plástico tiene infinidad de aplicaciones. No compramos todo, hay otros plásticos que no compramos, como el PVC (Polivinilo de Cloruro), poliestireno, toda una familia de plásticos que por el momento no compramos. Por el momento compramos Pet, polietileno y polipropileno.

Creemos que Reciclar S.A. es el líder en este sector. Creemos que lo somos en tecnología, pudiera ser que algún colega estuviera más o menos igual que nosotros, pero claramente en la cantidad de materiales que movemos (mil toneladas mes) y en la cantidad de gente que empleamos (arriba de ciento *veinte personas), el espacio físico que ocupamos (veinticuatro mil metros cuadrados), indica que claramente somos uno de los principales.*

La recolección del Pet es algo que estamos lejísimo de tener resuelto, y ese es otro problema, es un problema que se nos escapa. El tema grueso, ahí, es lograr una recolección diferenciada desde origen y que se mantenga diferenciada hasta el final. Lo poco que se hace hoy diferenciada deja de tener valor porque al final va al mismo camión de basura y termina toda mezclada. La inmensa mayoría de los envases de gaseosa, que sería nuestra materia prima y por la cual nos desvivimos, termina en el basural, enterrada. Y esto nosotros no lo podemos evitar, no está en nuestras manos poder evitarlo. Ese en un tema gravísimo en toda esta cuestión para el Pet y para todos los otros plásticos también. Eso ya son las autoridades, y no sólo ellos, no es sólo un problema de ellos, nosotros todos tenemos mucho que hacer, tenemos que cumplir como operadores de una parte de la demanda, pero habría que tener un apoyo y una política muy clara de parte de las municipalidades y del Estado.

El tema impositivo es verdaderamente complejo. Hace muchos años atrás, cuando estábamos con la botella de vidrio, esta empresa hizo una presentación ante la DGI manifestando una realidad que era que, en ese momento, no se podía comprar con boleta porque la gente que vendía no podía tenerla. No hubo una resolución muy clara, pero sí un documento escrito de la agencia de la DGI aquí en Avellaneda asumiendo esto, porque en definitiva se entendió que cuando nosotros vendemos el producto pagamos el IVA, o sea que no hay evasión. Lo que hay es el salto de un escalón. Hoy, nosotros le pedimos factura o boleta a todo el mundo.

*Nosotros estamos entre novecientas y mil toneladas mes, contando todas las clases de plástico que trabajamos. De ese total, un 70% es Pet y un 30%, el resto de los plásticos. **Compramos al circuito informal aproximadamente un 35% o 40% del total de materiales** (mi destacado).*

Pero esto depende de la estacionalidad también: en estos momentos está cayendo, en el invierno en general la cosa cae y en el verano sube. La producción del Pet en el país es de ciento treinta mil toneladas al año de Pet virgen, que es una cifra que aproximadamente coincide con el consumo. Ahora, no necesariamente la producción va al consumo, hay cuestiones cruzadas, parte se queda acá, parte se exporta y por ende también parte se importa para compensar. Es un problema comercial".

- Mauricio, comprador de Plástico (agosto de 2003)

"Nací en Italia. Cuando tenía cuatro años mi papá se vino a la Argentina y yo quedé al cuidado de mi abuelo. A los doce años nos vinimos de Italia, pero igual yo acá continué viviendo con mi abuelo, mientras que mi hermano mayor vivió con mis padres.

Este abuelo se hace cargo de la recuperación de un cargamento con materia prima para hacer poliestileno que se había echado a perder, porque el barco en el que era transportado queda varado en una zona tropical. Recuperan el material y dejan estructurada una organización de venta y un sistema con maquinaria instalada. Comienzan a fabricar entonces a partir de la materia prima monómeno de estileno, el poliestileno virgen.

Yo no tenía nada que ver con el plástico. Me fui metiendo por mi abuelo. Pero al principio yo trabajé con mi padre que tenía una de las fábricas metalúrgicas más importantes de Argentina en motos y motonetas, motores a inyección, equipos de bombeo y las primeras ordeñadoras mecánicas que se hacen en el país con partes importadas. Las motonetas eran 100% argentinas.

Me pongo en contacto con la mecánica. Mi hobbie era la aeronáutica y el aeromodelismo. Soy aviador. Me gusta la náutica también. Soy marino. Las practico a las dos. Siempre estuve en contacto con lo que son las máquinas, los fierros, y por otro lado con los plásticos.

Cierro una fábrica de fósforos en Ezpeleta porque entre Mondellli, Rodríguez y Martínez de Hoz perdí casi todo lo que tenía. Me acostaron. La devaluación me sacaba más de la mitad, y de la otra mitad no la cobraba, porque el resto tenía el mismo inconveniente que yo.

Compré una máquina vieja, usada, manual, para hacer inyección de plástico y empecé en el fondo de mi casa inyectando plástico para terceros. Son piezas hechas de plástico por un sistema a inyección. Fabricaba las palomas mecánicas para el tiro deportivo de escopeta. El fabricante me dio la matriz y me enseñó a trabajar. A partir de ahí me independizo con un taller de inyección. Hasta el año 1994, que me vuelvo a fundir.

Me dedico a reparar máquinas a domicilio. Eso fue creciendo hasta que ya directamente me traían las máquinas a mi tallercito donde las arreglaba. Compré unas máquinas, las arreglé y las vendí. Hice buena diferencia. Empezó a haber más trabajo. Fabriqué tapas para envases y unos tapones terminales que se colocan al final de las mesas y sillas de caños. Llegué a hacer más de un millón y medio por temporada. También fabriqué el tanque para alojar la tinta de los cartuchos. Hasta que la firma que me los compraba se fue del país y se me vino la noche.

Entro a trabajar para el Club del Trueque.[116] Especialmente me contratan para un emprendimiento del Club del Trueque para recuperar plástico. Les organizo todo y empiezo a reciclar con doce personas a cargo, gente humilde y de capacidades restringidas, mental y física. Igual procesábamos mil doscientos kilos de plástico por día. Seleccionábamos el material por tipo, que es el trabajo más engorroso del proceso. Ese material lo intercambiaba a los fabricantes. Cambiaba materia prima por productos, plástico por bolsitas para la basura o caños de agua que después se vendían en el Trueque. Lamentablemente eso duró unos pocos meses.

116. Organización donde los productos y los servicios se trocan; no media la moneda oficial.

Después, una planta me da para vender el rezago de plástico de su producción. En ese momento vamos a ver un material y junto con el material aparecen unas máquinas oxidadas, semi abandonadas en un galpón gigantesco. Son las máquinas que estoy usando yo ahora. Era una ex planta de recuperado que fabricaba la guata, el vellón sintético. Esas máquinas las compré y las reciclé, y logré ponerlas en marcha hace poquito. Ahora estoy fabricando material plástico en un pequeño galpón que tengo yo.

Vendo el material reciclado por un lado, es decir el grumo del plástico, y fabrico hilo para uso textil y para las máquinas bordeadoras. Mi hijo trabaja como distribuidor de una gran ferretería y acopló artículos que yo fabrico a muy pequeña escala.

En este momento, tengo dos fuentes de abastecimiento. Una es Nuevo Rumbo y otro depósito de Quilmes. También compro un material semielaborado que yo termino de elaborar.

Mis hobbies fueron las máquinas, los fierros, la mecánica. En este aspecto fui autodidacta, me enseñaron los mecánicos que tenía mi padre. Yo hice sólo hasta tercer año nacional que, aunque no tuviera nada que ver con los fierros, me dio una apertura para otro trato con la gente y para la parte comercial. El tema de los plásticos de mi abuelo lo heredó mi tío, no mi papá. Pero yo siempre estuve relacionado. En épocas duras, yo trabajé en la fábrica de mi tío.

Acá, en Nuevo Rumbo, compro prolipopileno y poliestileno de soplado de alta densidad; es un material que se usa en los envases de champú, detergentes, es un plástico que se hace agua cuando se derrite. Además están los baldes, palanganas, que en general son de prolipopileno, que es el primo hermano del poliestileno. Tengo en mente procesar el Pet, pero, por ahora, no tengo los medios.

En este momento se consigue prolipopileno virgen de fábrica, por derecha, es decir no es un material de barrido, sucio, etc., a dos pesos con veinte centavos el kilo. Yo lo pago un peso, pero tengo costos de clasificado, gente, etc. y casi no conviene reciclar".

- Entrevista a Pablo (noviembre de 2003)

Pablo es pariente de Enrique, el comprador de metales de la Cooperativa. Tiene aproximadamente treinta y cinco años y la secundaria completa. Comenzó a trabajar en el procesamiento de datos para una consultora que se dedicaba al análisis del sector azucarero. Luego se incorporó a una empresa que brindaba el servicio de limpieza y que tenía entre sus clientes a una fábrica de jugos. El dueño de esa fábrica lo estimulaba a comercializar el nylon que le retiraban en la limpieza como residuo, y así comienzó su relación con el negocio de plástico, hace ya doce años. Con respecto a sus inicios, confiesa que "para mí todo era plástico".

Si bien el negocio resultaba más rentable y con mayores posibilidades de expansión que el servicio de limpieza que brindaba originalmente, la segunda mitad de la década del noventa fue bastante dura. El plástico virgen llegaba de Brasil casi al mismo precio al que él ofrecía el suyo, que provenía del reciclado. Incluso en este período tuvo que cerrar las puertas de la compra directa a proveedores que realizaba en su depósito (identificados como minoristas), y se dedicó prácticamente en forma exclusiva a retirar los rezagos de nylon de las fábricas. A partir de la devaluación de enero de 2002, su negocio comenzó a evidenciar signos de recuperación y extendió su actividad a todos los tipos de plásticos. Desde entonces adquirió la denominación de "Centro de clasificación para reciclaje", mientras que antes sólo recibía otro nombre que simplemente su identificación como depósito.

En la actualidad, Pablo compra plásticos a más de quince depósitos de la zona sur y también los retira como *scraps* de algunas industrias. Los lleva a su depósito en Villa Domínico,[117] donde los acopia, muele, lava y embolsa para venderlos a las industrias que lo consumen como materia prima. No muele las botellas de Pet, sino que las enfarda y las vende a Reciclar S.A., a quien identifica como uno de los principales compradores del Pet y como su gran rival en el mercado de los plásticos. Las botellas de Pet son enfardadas en dos prensas manuales y adquirirá inminentemente una prensa hidráulica. Aunque está encargado de conseguir nuevos clientes –depósitos "proveedores" y "clientes" compradores– también recibe material en su depósito.

Después de la crisis del 2001, el depósito de Pablo volvió a abrir sus puertas a los proveedores directos (minoristas). Allí trabajan seis personas y se muelen entre veinticinco y treinta toneladas mensuales de plásticos. Según su propia definición, ese nivel de trabajo le permite identificarse en el mercado como un actor "chico, llegando a los medianos".

Destacó la confianza y la calidad del material que se vende como secretos del éxito en la actividad. "Si entregás una sola vez un material con impurezas, podés llegar a perder un cliente para siempre". Entre sus clientes mencionó a una fábrica de Lanús que se dedica a elaborar los asientos para bebés de las bicicletas.

Con respecto a las formas de pago, indicó que, generalmente, todas las ventas se realizan al contado, aunque paulatinamente ha sido reemplazada por cheques a muy corto plazo. En general, tanto la compra como la venta se realizan en negro. Aunque él puede ofrecer facturas, muchas veces sus clientes las rechazan y lo miran con desconfianza.

---

117. Localidad del Gran Buenos Aires.

- Entrevista telefónica a Oscar (noviembre de 2003)

Oscar (cincuenta años) tiene en Castelar[118] (barrio San Juan) una fábrica de envases de plástico –fundamentalmente de lavandina– con dos máquinas sopladoras y una máquina recuperadora. Originalmente se dedicaba a fabricar lavandina y distintos tipos de detergentes, pero advirtió que, entre sus costos, el precio de los envases era uno de los rubros más elevados. "Me di cuenta de que prácticamente me dedicaba a vender envases y no lavandina. Era más caro el envase que el producto que tenía adentro".

En 1997 incursionó en la fabricación de los envases y, durante un tiempo, mantuvo las dos actividades. No obstante, ante la imposibilidad de dedicarse plenamente los dos rubros –fabricación de envases y de detergente– abandonó la fábrica de lavandina y se dedicó sólo a los envases de plástico.

En un primer momento, prácticamente la totalidad de la materia prima empleada era virgen, de origen nacional o importado. Entre sus productores menciona a Polisur, que constituye un monopolio junto con algunas otras empresas. Entre los importadores señala a Sorway de Brasil, aunque no recuerda el nombre de una empresa China.

"Durante la época de Menem, no convenía recuperar. El kilo de virgen costaba un peso con diez, mientras que el recuperado estaba a noventa centavos. En cambio ahora, desde la caída de De La Rúa, la diferencia es importante. Hoy el kilo de virgen está a cuatro pesos, y el recuperado a dos pesos con ochenta centavos. Con ese margen, sí conviene recuperar".

Explica que el circuito del reciclaje comienza en los depósitos que lo acopian. El recuperador lo muele, y algunos lo lavan y peletizan. Ese material es vendido luego a los sopladores, que fabrican un envase nuevo.

Oscar se identifica como un productor mediano o chico. Sus máquinas tienen una antigüedad de treinta años y un nivel de producción que las nuevas duplican. "Hay fábricas que son monstruos de grandes".

Como los envases que produce son de mediana calidad y de color amarillo, él utiliza un 80% de materiales recuperados. Otros fabricantes no pueden llegar a ese porcentaje, porque fabrican un producto cristalino que sólo se logra con materia prima virgen. Comenta que los fabricantes de juguetes emplean el 100% de materiales recuperados, y los fabricantes de sillas y cajones de cerveza, aproximadamente un 50%.

118. Localidad del Gran Buenos Aires.

Chatarra

Desde los comienzos hasta la actualidad, el principal comprador de chatarras de la cooperativa ha sido Pascualito –que se negó a ser entrevistado– conocido de Domingo Fresco. En los volquetes que enviaba sólo retiraba la chapa, porque estipulaba muchas condiciones para el fierro (no debía tener fundición, ni amortiguadores, ni matafuegos). Después mejoró la oferta y redujo las condiciones, por lo que en la actualidad recibe el fierro y la chapa de la cooperativa. No obstante, no recibe algunos elementos, como las sillas y los termotanques, porque sostiene que son livianos y ocupan mucho lugar.

Durante un breve tiempo aparecieron Rufino –que llevaba lo pesado y la chapa en un camión con pluma– y Fusaro –que recogía el fierro pesado en volquetes–.

Luego apareció Jorge, que se contactó a través de Lencina. Mejoró el precio e incluyó todo en el fierro, pero no trabajaba la chapa. El inconveniente residía en que demoraba mucho en el retiro. La relación comercial se prolongó durante cinco meses.

Metales

El principal comprador de metales es Enrique. Pepe lo conoce, porque le entregaba con su carro. Su pequeño depósito –de aproximadamente cuatro metros de frente por diez de fondo, con un entrepiso de madera– está ubicado en Monte Chingolo. El espacio para circular es muy reducido, porque el piso está atestado de tachos y metales. La puerta de la pared del fondo conduce a su vivienda.

Enrique nació en 1958. A los trece años comenzó a trabajar como chofer en la metalera de su tío, que quedaba en Avellaneda. En la actualidad, uno de sus hijos (tiene dos varones) posee también un depósito de metales en el barrio de Barracas, en Capital.

Enrique denomina "mayorista" a la persona que le compra. Debido a las diferencias en las cotizaciones por cantidad, él y su hijo venden juntos.

Enrique se ausentó durante un tiempo, porque tuvo que viajar al Paraguay por un problema familiar. Durante su ausencia, la cooperativa recurrió a Viamonte Metales, también conocido de la época en que Pepe cartoneaba. El precio era mejor que el de Enrique, pero debían llevar el material hasta su depósito. La relación comercial se extendió durante cinco meses, hasta el regreso de Enrique. Cuando éste volvió al depósito a buscar una balanza que les había prestado, mejoró los precios. Pepe comenta:

> "Cualquier mejora nos llama y nos dice. Viene a buscar el material una vez por semana a valor de casi dos mil pesos. Es una garantía en el peso, porque lo pesamos nosotros".

Trapo

El Paraguayo –a quien Pepe le entregaba con su carro en sus tiempos de cartonero– no recibía toda la mercadería; por ejemplo, no estaba interesado en los tejidos de punto. Después apareció Finamore, quien se contactó con Pepe luego de leer una nota en el Clarín zonal en la que lo mencionaba, y ofreció mejorar el precio. La cooperativa le vendió a él hasta que se mudaron al depósito actual sobre Venezuela. En su depósito trabajan aproximadamente doce personas.

También surgieron otros compradores, como Jorge Canejo, Rubén y Daniel. El primero en llegar era el que se llevaba el material. Algunos incluso son proveedores de Finamore que, según comentarios, es "el Cattorini del trapo", ya que es proveedor de Aerolíneas, Edesur y otras grandes empresas. Finalmente, reapareció Finamore, mejoró el precio y agregó la compra del tejido de punto que antes no recibía.

Otro comprador es Anselmo que lleva elegido el algodón y paga el doble que el resto. Tiene un lavadero casero.

CONCLUSIONES

1. La búsqueda entre los residuos de materiales susceptibles de ser reutilizados o consumidos como materia prima tiene, en nuestro país, antecedentes que se remontan a la época colonial. Se trata de una práctica que ha coexistido, con diferentes niveles de rechazo, reconocimiento e integración, con los distintos mecanismos empleados por el Estado para la disposición y eliminación de las basuras. Precisamente, la historia de las políticas públicas dirigidas al tratamiento de los residuos muestra diferentes concepciones sobre el reciclaje y exhibe tendencias dispares hacia los actores que participan de esta actividad. Pueden identificarse períodos en los que predominaron medidas concretas que buscaron estimularla y promoverla, y que la concibieron como parte indispensable del tratamiento de los residuos. Asimismo, también es posible hallar momentos de clara colisión y directa represión hacia los actores protagonistas de la actividad del reciclaje. Como una instancia intermedia entre uno y otro tipo de gestión, también es posible identificar períodos de absoluta indiferencia, de invisibilidad del fenómeno.

Cabe destacar que estas distintas perspectivas generalmente han convivido durante un mismo período histórico, aunque en éste haya predominado alguna de ellas. No obstante, independientemente de las características o estilos que adoptó la gestión pública de los residuos, es posible hallar vestigios de la industria de su reciclaje en todos ellos.

2. El sistema de rellenos sanitarios como única forma de disposición y tratamiento de los residuos del conurbano bonaerense atraviesa un

265

período de transición hacia la adopción de algún otro mecanismo o a la complementariedad del actual con otros.

Resulta improbable que los municipios involucrados bajo la gestión del CEAMSE[119] estén dispuestos a ceder parte de su territorio para la habilitación de nuevos rellenos. Tal como lo había indicado Guillermo Laura, el sistema requiere una intervención centralizada que coordine las jurisdicciones municipales involucradas. Ello pudo lograrse durante la época del gobierno militar, cuando la autonomía municipal quedaba relegada y la sociedad civil tenía escasas posibilidades de manifestar sus reclamos. Por el contrario, en la actualidad resulta poco viable políticamente que un municipio se subordine pasivamente ante un mandato provincial o nacional para ceder de su espacio a la recepción de basura ajena. El fenómeno conocido como NIMBY ("no en mi patio trasero", traducido del inglés *not in my backyard*) respecto a la instalación de actividades que son percibidas por la comunidad como de fuerte impacto para la salud y el ambiente, constituye un alto costo político que, en democracia, los referentes políticos municipales seguramente intentarán evitar.

3. Desde hace varios años, ha adquirido un amplio consenso la noción medioambientalista que propugna alternativas orientadas, en primer lugar, hacia la minimización o reducción de la generación de residuos y, en segundo lugar, hacia su reutilización y reciclado, tanto por su valor como práctica en sí misma como por las estrategias para prolongar la vida útil de los rellenos. Aunque en menor medida, esta tendencia también descansa en criterios que justifican los beneficios económicos del reciclaje.

En este contexto, la visualización colectiva de la presencia de los cartoneros en la actividad que culmina con el reciclaje reforzó, a nivel local, la incorporación de ese debate en la agenda. Sin embargo, aún no está socialmente consensuado el rol que desempeñarían los cartoneros ni en qué términos lo harían.

4. "¿Hay remedio para los cartoneros?", planteaba la tapa de la revista *Viva* del diario *Clarín* el 9 de noviembre de 2003. La crónica no aclara en qué consiste la enfermedad que padecen o si son ellos la misma enfermedad. De todos modos, históricamente, en diferentes momentos y simultáneamente, existieron varios argumentos que consideraron al cirujeo como un problema o enfermedad. Las condiciones de extrema marginalidad de la actividad, la explotación a la que son sometidos quienes lo practican y los riesgos a sufrir accidentes o contraer infecciones caracterizan

119. Cinturón Ecológico Área Metropolitana Sociedad del Estado.

al cirujeo como problema por "razones humanitarias". El entorpercimiento del tránsito que provocan los carros y el desparramo de basura en la vereda se refieren al cirujeo como problema por "razones de convivencia" urbana. La disminución de la carga de las empresas de recolección que cobran por el peso del material que recogen constituye el eje de la perspectiva que entiende al cirujeo como un problema por "razones económicas".

Es "obvio", por ejemplo, que actúan bajo pésimas condiciones laborales y que corren altísimos niveles de riesgo a sufrir accidentes o a contraer innumerables infecciones producto de la manipulación de las basuras. También resulta "evidente" que afean el espacio urbano, desparramando los residuos en las veredas o interrumpiendo el tránsito con sus carros. Quizás sea menos transparente el ahorro que su trabajo significa a los municipios que pagan por el peso del material enterrado o el hecho de que su intervención asemeja los porcentajes reciclados en los países emergentes con los del primer mundo. De este modo, los cartoneros ponen en marcha una cadena de recuperación de proporciones relevantes, y reinventan la mercancía y el trabajo donde existían basuras y desempleo.

Los "remedios" y las "soluciones" propuestas por la nota señalada se refieren a la creación de lugares cerrados, plantas de reciclaje o centros verdes, donde los cartoneros podrían realizar su trabajo sin padecer ni generar los inconvenientes mencionados. El problema "estético" y de "insalubridad" quedaría eliminado, puesto que la recolección estaría a cargo de modernas empresas contratadas para tal efecto. De este modo, algunos cientos de los más de diez mil cartoneros que en la actualidad recorren las calles de la Ciudad de Buenos Aires podrían emplearse como operarios de los lugares cerrados previstos. ¿Y el resto? Tal vez se preciso entender que su trabajo, además de la selección, también implica la predisposición para la búsqueda, la recolección, clasificación y venta de reciclables. Sería por lo menos injusto que la mejora de esas condiciones se traduzca en intentos por eliminarlos. La modernización en la recolección no debería agudizar la situación de exclusión social y económica de quienes, desde los márgenes y la informalidad, reingresan los residuos a la cadena productiva. Así, la coyuntura ofrece una excepcional oportunidad para que en la tendencia global favorable al reciclaje se introduzcan también los beneficios vinculados a la generación masiva de empleos.

5. La composición actual de los individuos que se dedican a la recolección es sumamente heterogénea. La practican hombres y mujeres con una relativamente amplia distribución de frecuencias por edad y de años en el ejercicio de este oficio. De todos modos, recientemente se ha

podido observar un incremento en la inserción de jóvenes y mujeres que encuentran en este oficio su primera actividad generadora de ingresos.

Existe una distinción en la dedicación al desarrollo de la actividad: por un lado se encuentran los "exclusivos", que viven sólo de la recolección, y por el otro hallamos a los "parciales", que se dedican a esta actividad de manera intermitente o discontinua, y combinan paralelamente distintos tipos de estrategias de supervivencia, como la venta ambulante, las changas ocasionales para los sectores de clase media o algunos trabajos de albañilería.

El tipo de transporte utilizado merece también una consideración especial, ya que habilita o restringe posibilidades en el desarrollo de la tarea, tanto en relación con las distancias que pueden recorrerse como por la capacidad y tipo de carga que puede transportarse.

6. El aumento de recolectores observado en la mayoría de los grandes centros urbanos del país durante la década del noventa y fundamentalmente desde el inicio del año 2002 se produjo simultáneamente con la aparición de nuevos depósitos polirrubros. Ambos aspectos están vinculados a un contexto macro económico muy favorable para la actividad del reciclaje, debido a la fuerte demanda de este tipo de materiales por parte de la industria, consecuencia de la caída de las importaciones después de la devaluación.

7. El desarrollo de "clientes", esto es, el establecimiento de una relación de entrega habitual a un determinado recolector por parte de vecinos, comercios o empresas resulta fundamental para una buena performance en el trabajo. Es en función del hallazgo y mantenimiento de relaciones clientelares como los recolectores establecen sus recorridos.

8. Los recolectores no levantan todos los materiales susceptibles de reciclaje o reuso ni suelen especializarse exclusivamente en la recolección de un determinado tipo de ellos. Seleccionan aquello que tiene valor de comercialización en los depósitos donde habitualmente venden, evalúan si consideran que el pago que obtendrán compensa el esfuerzo de la clasificación y el acarreo.

9. Las industrias y los depósitos que se especializan en el trabajo con un determinado tipo de material pueden establecer una serie de subdivisiones de calidad que no observan los depósitos más chicos ni los cartoneros. Generalmente, sólo los depósitos especializados cumplen con los requisitos que demandan las industrias que reciclan.

10. Los tres actores que protagonizan el circuito del reciclaje son cartoneros, depósitos e industrias. Aunque independiente y formalmente autónomos, se encuentran interconectados, y los condicionamientos y

transformaciones en alguno de ellos incide necesariamente en el resto. Cualquier política pública que pretenda introducir modificaciones sustantivas favorables a la actividad que realizan los cartoneros debe también intervenir con políticas dirigidas al resto de los actores.

Una gestión integral de los residuos que busque la integración de recolectores informales, también debería contemplar medidas favorables a la inclusión de los depósitos. Facilitar la adecuación de los depósitos existentes a las normativas para este tipo de establecimientos (habilitaciones pertinentes, instalaciones sanitarias, medidas de seguridad laboral, inscripciones impositivas, etc.) contribuirá a mejorar y potenciar las condiciones y modalidades en que operan los circuitos de recuperación de residuos. Así no sólo se aprovecharía la capacidad existente en los circuitos informales, dándole reconocimiento y dignificación social y económica a los actores participantes, sino que también se minimizaría la erogación de fondos públicos para este tipo de emprendimientos. Con el mismo propósito, la promoción industrial que incentive la instalación de empresas dedicadas al reciclaje de materiales, agregará valor a los insumos que se acopian localmente.

11. Lejos de ser un agente pasivo o sobrante en el circuito del reciclaje, los depósitos, como instancia de intermediación, representan un rol clave, como lo demuestra el hecho de que las industrias busquen generar sus propias empresas de acopio, mientras que los recuperadores y promotores de cooperativas aspiran a trascender este eslabón.

12. El reciclaje, independientemente de los beneficios que pudieran implicar las políticas públicas vinculadas a la protección del medioambiente, es una actividad eminentemente económica. Su existencia se justifica sólo si las industrias pueden adquirir, a menor costo, un insumo recuperado de entre los desechos, que sea capaz de reemplazar a la materia prima virgen. En sí mismo, el material reciclado no tiene ninguna cualidad superior al material virgen, por lo que su precio nunca supera el del material que reemplaza. Descontando el costo de su procesamiento en el consumo industrial, que a su vez es superior al que demanda este otro tipo de elemento virgen, nos encontramos ante un valor que actuaría como "techo" o tope. Consecuentemente, si el material virgen es costoso y escaso, se incentivará el reciclado, pero si es barato y abundante, no habrá mayor demanda de los residuos sustitutivos. Este lógico establecimiento de precios actúa verticalmente hacia el resto de los actores de la cadena.

13. Los promotores de las organizaciones cooperativas de cartoneros que para avanzar en la concreción de su proyecto buscan disponer de

un galpón y contar con capital de trabajo inicial, no suelen incluir, en la lógica organizativa del emprendimiento, una reivindicación corporativa de la actividad de recolección y clasificación que los cartoneros realizan.

14. Más allá de su reconocimiento formal y de su difusión a través de medios de comunicación masiva, la mayoría de las cooperativas de cartoneros se encuentran en una etapa de gestación, procurando obtener subsidios o donaciones gubernamentales y/o no gubernamentales que les permitan disponer de los recursos mencionados. Por este motivo, la mera existencia de cooperativas oficialmente reconocidas no debería ser entendida como un indicador de una nueva tendencia organizativa del sector de los cartoneros.

15. Durante el desarrollo de este trabajo no he podido conocer una sola organización cooperativa integrada mayoritariamente por cartoneros que acopien el producto de su recolección en forma conjunta y que obtengan, como consecuencia, una mejora en las condiciones de comercialización sobre las oportunidades individuales.

16. La actividad que los cartoneros realizan se halla fuertemente basada en estrategias individuales de recolección y comercialización que, en muchos casos, persiguen intereses distintos a los del cooperativismo. Una gran cantidad de personas se dedica a esta actividad en forma intermitente, buscando un refugio, marginados de otras posibilidades laborales. No abundan las experiencias asociativas en sus trayectorias, pero existe un descreimiento generalizado detrás de toda propuesta de mejora.

La formación de cooperativas alentadas desde el gobierno o desde las ONG deberían comprender la realidad existente, sin buscar imponer una racionalidad pretendidamente superior a ésta. Muchas veces, a través de esas instituciones, se obtienen créditos para cooperativas y, en consecuencia, se crean rápidamente algunas que no existían. Consecuentemente, esas cooperativas sólo existen mientras dura el financiamiento del que viven sus gestores, pero pocas veces logran autosustentarse.

Cualquier forma organizativa que busque introducir mejoras en las condiciones en las que se ejerce la recolección informal no debería olvidar cuál es la actividad que se realiza. Los cartoneros no reciclan, no acopian, no compran, sino que **recolectan**. Si hay algo que el heterogéneo mundo de los cartoneros tiene en común, es que recolectan materiales reciclables.

Finalmente, cualquier política pública que persiga integrar a los recolectores informales en la gestión de los residuos reciclables debería considerar que se trata de una actividad independiente, y que si "política o ideológicamente" interesa que se ejerza en forma cooperativa, el esfuerzo debería dirigirse a crear las condiciones para que éstas existan, no sólo suponerlas.

17. Gobiernos y organismos internacionales de crédito promueven como "solución" al "problema" de la recolección informal o como paliativo laboral ante la eventual clausura de basurales a cielo abierto, la reconversión laboral de los cartoneros como operarios de futuras plantas de clasificación y reciclaje de residuos que se construirían en el marco de políticas que buscan evitar el entierro indiscriminado de éstos. Si bien puede ser una alternativa viable en algunos casos, resulta necesario advertir que sólo en ciudades de muy pequeña escala constituiría una "solución" de reinserción laboral colectiva. En ciudades grandes, donde el número de recolectores supera centenas, este tipo de propuestas no parece sostenible, ya que la optimización de la gestión de las plantas sería contraria a la demanda masiva de mano de obra.

Personalmente, creo que las intervenciones hacia los cartoneros deberían estar regidas desde una concepción integral de gestión de residuos, que involucre acciones de un proceso que se inicia con su generación y que culmina en su disposición final o eliminación. En este sentido, una concepción basada en el reuso y el reciclaje debería orientarse a minimizar los residuos que se generan y a reusar y/o reciclar todos los que puedan reaprovecharse, para que se disponga para su entierro o eliminación la menor cantidad posible. Dado el incipiente e incluso nulo avance de políticas con esta orientación en los municipios que componen el conurbano bonaerense (tanto como en otras geografías), las acciones que se han de inaugurar para su concreción podrían dirigirse como emprendimientos destinados a la reconversión laboral de los cartoneros. Probablemente, de este modo se logren establecer alternativas colectivas.

18. La cooperativa Nuevo Rumbo nunca estuvo decididamente orientada a identificar compradores para los productos que comercializa. Aunque tuvo que hacerlo cuando comenzó a funcionar como depósito, el propio devenir de la actividad y la difusión del emprendimiento proveyeron nuevos interesados. Las mejoras en las condiciones de venta de los materiales acopiados han sido consecuencia de iniciativas propuestas por los nuevos compradores como una estrategia para reemplazar a los antiguos, no como una búsqueda de crecimiento y expansión de la propia cooperativa.

La cooperativa podría incrementar los niveles de materiales reciclables con los que trabaja mediante la puesta en marcha de dos estrategias paralelas. Por un lado, en una suerte de reedición del Plan Piloto desarrollado durante algunos meses del año 2002, se buscando generar un mecanismo de integración a algunos de los recolectores que habitualmente entregan en la cooperativa, y por otro, se estableciendo contactos y gestiones con instituciones públicas (escuelas, universidades, oficinas) y privadas (comercios, industrias) con la intención de generar acuerdos para que la cooperativa retire materiales reciclables de dichas instituciones. Para el adecuado desarrollo de esta iniciativa, resulta de primordial importancia que la cooperativa cuente con la organización y la logística necesaria para poder cumplir con los acuerdos que se pauten. Esta previsión es de vital importancia para el éxito de esta expansión. En este sentido, se estima conveniente la elaboración de una cartilla con una presentación institucional, la adquisición de un número importante de recipientes que serán dejados en las fuentes generadoras de residuos con las que se logren acuerdos, y el entrenamiento al personal de la cooperativa afectado a esta tarea.

19. En un mercado donde la especialización en un determinado tipo de material es prácticamente una condición para poder abastecer a las industrias que reciclan, la opción por constituirse en un depósito polirrubro y, principalmente, el haber mantenido esta alternativa con continuidad, detuvo un mayor crecimiento económico de la cooperativa. Sin embargo, esta decisión coincide con el hecho de tener a los cartoneros como principales proveedores de los materiales que se comercializan. Es decir, el camino a la especialización implica contar con proveedores de mayor envergadura que la que pueden ofrecer los cartoneros con sus carros. La cooperativa no ha desarrollado este aspecto vinculado a la captación de grandes generadores de materiales reciclables o de otros depósitos polirrubros.

20. Trasladar los aumentos de precios de venta a los de compra es una actitud valorada en la relación comercial y, como en el caso del desplazamiento de Fernando por Pinto, uno de los factores que incidió en el cambio de comprador de botellas de la cooperativa. Asimismo, este aspecto es uno de los más apreciados en la relación con Enrique, el metalero. De todos modos, el traslado de los aumentos a los precios de compra lejos está de ser un modo de integración de los cartoneros proveedores como socios integrantes de la cooperativa.

BIBLIOGRAFÍA

Sobre el origen etimológico y el contenido figurativo del término "cirujas"

BAIGORRIA, Osvaldo, *En Pampa y la vía. Crotos, linyeras y otros transhumantes*. Libros Perfil, Buenos Aires, 1998.

CAMMAROTA, Federico, *Vocabulario familiar y del lunfardo*. A. Peña Lillo Editor, 1970 (1963).

CONDE, Oscar, *Diccionario etimológico del lunfardo*. Perfil Libros, Buenos Aires, 1998.

CHUCHUY, Claudio (coord.), *Diccionario del español de Argentina, español de España*. Gredos, Madrid, 2000.

ESPÍNDOLA, Athos, *Diccionario del Lunfardo*. Planeta, Buenos Aires, 2002.

GOBELLO, José y BOSSIO, Jorge, *El atorrante*. Ediciones del Candil, Buenos Aires, 1968.

GOBELLO, José, *Nuevo Diccionario Lunfardo*. Corregidor, Buenos Aires, 1999.

SUÁREZ DANERO, E. M., *El atorrante*. CEAL, Buenos Aires, 1970.

TERUGGI, Mario E., *Diccionario de voces lunfardas y rioplatenses*. Alianza, Buenos Aires, 1998.

Sobre la reconstrucción histórica de la gestión de los residuos y su articulación con el circuito del reciclaje en la Ciudad de Buenos y el área metropolitana. Arqueología del cirujeo (ordenados según tipo de fuente y cronología)

MEMORIAS Y BOLETINES MUNICIPALES

Memoria de la Municipalidad de la Ciudad de Buenos Aires, Actas del Concejo Municipal de 1858.

Memoria de la Municipalidad de la Ciudad de Buenos Aires, 1858. Adopción de la quema, págs. 27-28.

Memoria de la Municipalidad de la Ciudad de Buenos Aires, 1861. El 1 de julio se firma contrato con Francisco Bellville, quien paga dos mil quinientos pesos por las basuras. Se incluye el contrato.

Memoria de la Municipalidad de la Ciudad de Buenos Aires, 1869. Acta de sesión del Concejo del 3 de febrero. Se ordena hacer saber "a los contratistas de la limpieza pública y privada de la ciudad, se abstengan de extraer de las basuras residuo alguno, cualquiera sea su naturaleza, debiendo proceder a su quema diariamente".

Memoria de la Municipalidad de la Ciudad de Buenos Aires, 1872. Comienza el uso de hornallas a cielo abierto.

Memoria de la Municipalidad de la Ciudad de Buenos Aires, 1875. Contrato con Bondenari y Cía. Creación de Comisión administradora de la limpieza.

Memoria de la Municipalidad de la Ciudad de Buenos Aires, 1876. Contrato con Soaje. Reglamentación del retiro por parte de vecinos. Huelgas de peones que no cobraban.

Memoria de la Municipalidad de la Ciudad de Buenos Aires, 1877. Memoria del Presidente de la Comisión Municipal al Consejo, Tomo I. Residuos, pág. 300. Menciona a los rebuscadores de residuos. Limpieza Pública, pág. 128, Tomo II. Anexos – Contratos, pág. 25.

Memoria de la Municipalidad de la Ciudad de Buenos Aires, 1878. Contrato.

Memoria de la Municipalidad de la Ciudad de Buenos Aires, 1879. Contrato y Observaciones. Anexo 8. Informe de la Administración General de Limpieza Pública. Quema de basuras.

Memoria de la Municipalidad de la Ciudad de Buenos Aires, 1880. Contrato.

Memoria de la Municipalidad de la Ciudad de Buenos Aires, 1881. Contrato y Observaciones.

Memoria de la Municipalidad de la Ciudad de Buenos Aires, 1883. Se menciona a los "Empresario de la quema de basuras".

Memoria de la Municipalidad de la Ciudad de Buenos Aires, 1884. Vaciadero de Basuras.

Memoria de la Municipalidad de la Ciudad de Buenos Aires, 1886. Vaciadero de Basuras: "se mandó cercar el terreno del Vaciadero con duelas para evitar la entrada a las gentes que se introducían a extraer los residuos de las basuras".

Memoria de la Municipalidad de la Ciudad de Buenos Aires, 1887. Limpieza Pública. Ensayos.

Memoria de la Municipalidad de la Ciudad de Buenos Aires, 1888. Clausura del Vaciadero.

Memoria de la Municipalidad de la Ciudad de Buenos Aires 1889. Nombramiento de nueva comisión que propone enterrar las basuras. Intendente Seeber.

Memoria de la Municipalidad de la Ciudad de Buenos Aires, 1890-1892. Intendente Bollini. Mención a la presencia de cirujas en el vaciadero de Flores.

Memoria de la Municipalidad de la Ciudad de Buenos Aires, 1893 y 1894. Federico Pinedo. "Limpieza Pública:...La quema y la explotación de las basuras fue licitada.

Memoria de la Municipalidad de la Ciudad de Buenos Aires, 1895-1896. Imposibilidad de establecer nuevos contratos por conflicto con Rophille y Cía.

Memoria de la Municipalidad de la Ciudad de Buenos Aires, 1898-1901. Adolfo J. Bullrich, (págs. 39, 40, 41). "Cremación de basuras".

Memoria de la Municipalidad de la Ciudad de Buenos Aires, 1912. Se mencionan los vaciaderos habilitados.

Memoria de la Municipalidad de la Ciudad de Buenos Aires, 1915. Subintendencia de Flores hace propuesta para recuperación.

Memoria de la Municipalidad de la Ciudad de Buenos Aires, 1918. Intendente Dr. Joaquín Llambías. Administración de Limpieza. "Vaciaderos" (pág. 470). Depto. de Obras Públicas. "Problema de las basuras" (págs. 577 y 578). "Usina Incineradora de Basuras" (págs. 611 y 612).

Memoria de la Municipalidad de la Ciudad de Buenos Aires, 1925. Se considera altamente satisfactoria la usina de Chacarita recientemente construida.

Memoria de la Municipalidad de la Ciudad de Buenos Aires, 1926. Inauguración oficial de la usina de Chacarita. Proyecto para fabricar ladrillos.

Boletín Municipal del 11 de marzo de 1932, "Eliminación de las basuras de la Ciudad de Buenos Aires". Intendente Rómulo S. Naón.

Boletín Municipal del 4 de diciembre de 1934. Cantidad de residuos que se recolectaban, los volúmenes que se incineraban y lo que se hacía con la diferencia.

Boletín Municipal del 24 de abril de 1942. Intendente Dr. Carlos A. Pueyrredón. Autoriza al Departamento Ejecutivo a organizar y administrar un servicio relacionado con la selección y venta en remate público de los residuos provenientes de la recolección de las basuras de la ciudad. Propone contemplar "la situación de las numerosas personas que hoy se ocupan de seleccionar y vender residuos, comúnmente conocidas con la denominación de "cirujas", quienes tienen en tal actividad su medio común de vida y podrían agravar el problema de la desocupación al quedar sin trabajo".

EXPEDIENTES (ARCHIVO HISTÓRICO DE LA CIUDAD DE BUENOS AIRES)

1869. Legajo 5. Notas donde se plantea el problema de qué hacer con las basuras.

1872. Notas donde se plantea el problema de qué hacer con las basuras.

INFORMES DE COMISIONES ESPECIALES

Eliminación y tratamiento de las basuras. Informe de la Comisión Especial. 1899.

Problema de la Basura en la Ciudad de Buenos Aires. Informe de la Comisión Especial designada para su estudio por Decreto N° 6636/945 (BM 7601). 1947. Publicado en Revista de la Municipalidad de la Ciudad de Buenos Aires: "El problema de la basura en la ciudad de Buenos Aires", año IX, N° 87, 88, 89, enero, febrero y marzo de 1948.

Cap. VI: Eliminación de desechos, desperdicios y basuras, Cap. VIII: Análisis Económico de los distintos métodos de eliminación. Cap. IX: Elección de los sistemas de Eliminación. Resumen.

ORDENANZAS, DECRETOS Y RESOLUCIONES

Resolución del 3 de febrero de 1869. Se resuelve quemar los residuos.

Resolución de 11 de agosto de 1882. Establece formas de retiro de la basura de las casas.

Ordenanza del 11 de Julio de 1893. Se llama a licitación para la explotación y destrucción de residuos por quema.

Ordenanza del 25 de abril de 1894. Autorización al pago a personal de la quema.

Decreto de 29 agosto de 1907. Aprueba la adopción de la incineración.

11 de marzo de 1915. Superintendencia de Flores (Rafael Serrano) pide se autorice concesión para recuperar.

Ordenanza del 14-12-1922. Autoriza relleno de terrenos bajos con basuras.

Resolución N° 1157 del 9 de octubre de 1925. Establece que la basura se debe quemar en su totalidad y se prohíbe el chiffonage.

Resolución N° 3094 del 18 de diciembre de 1928. Resuelve divulgar instrucciones para aprovechamiento y eliminación de basuras.

Ordenanza N° 3093 del 3 de enero de 1929. Incineración de basuras y venta de cenizas.

Decreto N° 6636 de diciembre del 1945, nombra una Comisión Especial para estudiar el problema y buscar una solución. Dicha Comisión elevó su informe con fecha 7 de agosto de 1947.

Proyecto de Ley remitido a la Honorable Legislatura de la Provincia de Buenos Aires en septiembre de 1960.

Ordenanza del 30 de diciembre de 1976. Prohíbe incineradores domiciliarios y condiciona los municipales.

Ordenanza Municipal N° 33581 del 8 de junio de 1977. Reglamenta el uso de bolsitas.

Ley Provincial N° 8782 del 5 de mayo de 1977 y Ordenanza Municipal N° 33691 del 3 de agosto de 1977. Ratificación de preacuerdos para constituir Ceamse.

Ordenanza N° 34523 publicada el 20 de octubre de 1978. Prohibe volcar basuras a cielo abierto en la ciudad.

Decreto N° 1258/02. Campaña de separación de residuos. Instruméntase un proceso de clasificación de residuos para solidaridad con cartoneros en todos los edificios públicos de la CABA.

Ley 992, 12 de diciembre de 2002. Incorporación de recuperadores a la recolección diferenciada en el servicio de higiene urbana vigente.

CRÓNICAS PERIODÍSTICAS

El Nacional, 15 de mayo de 1858: "Se está haciendo el ensayo de enterrar las basuras de la ciudad en zanjas abiertas hasta cierta profundidad, y en cierta extensión, cubriéndolas enseguida de tierra, con un espesor suficiente".

El Nacional, 19 de noviembre de 1858: Nota donde se felicita al empleado municipal Domingo Cabello por haber ideado un rudimentario aparato para incinerar las basuras, dando cuenta de que hasta entonces la municipalidad no sabía qué procedimiento emplear con ellas.

La Prensa, 21 de julio de 1872. "Asunto Basuras".

La Prensa, 17 de agosto de 1872. "Las basuras: Los señores Gamble y Ocampo han propuesto a la municipalidad hacer la extracción de las basuras de aquellas materias que crean útiles".

El Nacional, 27 de febrero de 1877, columna 6. "Quema de basuras: Los señores Davies y Malhall se han presentado a la Comisión Municipal proponiendo un sistema económico para la destrucción de las basuras".

La prensa, 21 y 23 de junio de 1885. Formas de trabajo en basurales

La Prensa, 28 de febrero de 1888, pág. 5, columna 4. "Horno crematorio de basuras".

La Prensa, 2 de marzo de 1888, pág. 5, columna 5. "Horno crematorio de basuras".

La Prensa, 10 de noviembre de 1897, pág. 6, columna 2. "Incineración de basuras. Sus peligros para la Salud Pública".

La Nación, 13 de septiembre de 1913, pág. 13, columna 6-7. "Nuevo Barrio de Las Ranas".

La Prensa, 14 de septiembre de 1927. "El problema de la eliminación de las basuras y la construcción de hornos".

La Prensa, septiembre de 1927. Policías cuidando el vaciadero.

La Nación, 25 de septiembre de 1957, pág. 17. "El sórdido comercio de los basurales deprime la zona de Villa Soldati".

La Nación, 6 de enero de 1961. Se clausura definitivamente un corralón.

Revistas

BERNÁRDEZ, M.: "La Quema de las basuras" en *Caras y Caretas*, año 2, N° 16, Buenos Aires, 21 de enero de 1899.

CORTESE, Luis O.: "Un tren entre las basuras y el vaciadero" en *Historias de la Ciudad. Una Revista de Buenos Aires*, año 2, N° 9, Buenos Aires, mayo de 2001.

LUQUI LAGLEYZE, Julio A.: "Las basuras porteñas" en *Gerencia Ambiental*, año, 1, N° 8, Buenos Aires, octubre de 1994.

Revista PBT, Buenos Aires, 2 de marzo de 1907.

PRIGNANO, Ángel O.: "Basuras, roñas y otras fetideces" en *Todo es Historia*, N° 387, Buenos Aires, octubre de 1999.

Libros

CUTOLO, Vicente O., *Historia de los barrios de Buenos Aires*. El Che, Buenos Aires, 1996.

BIDAU, E., *La quema de basuras. Pleito P. Rophille y Cía. contra la Municipalidad de la Capital sobre cumplimiento de contrato y daños y perjuicios. Buenos Aires, Imprenta Europea de M. A. Rosas*, 1898.

GARCÍA COSTA, Víctor O., *Adrián Patroni y los trabajadores en la Argentina*. Buenos Aires, CEAL, 1990.

GARCÍA VELLOSO, Enrique, *En el barrio de las ranas*. Instituto de Literatura Argentina Ricardo Rojas, Facultad de Filosofía y Letras, UBA, Buenos Aires, 1995. Estudio Preliminar de Raúl H. Castagnino.

MARTÍN, Luis, *El pueblo de las ranas y el barrio*. Ateneo de Estudios Históricos Parque de los Patricios, julio-septiembre de 1973.

PRIGNANO, Ángel O., *Crónica de la basura porteña. Del fogón indígena al cinturón ecológico*. Junta de Estudios Históricos de San José de Flores, Buenos Aires, 1998.

PRIGNANO, Ángel O., *El bajo flores. Un barrio de Buenos Aires*. Junta de Estudios Históricos de San José de Flores, Buenos Aires, 1991.

SCENNA, Miguel Ángel, *Cuando murió Buenos Aires*. 1974, s/d.

SUÁREZ, Francisco, *"Que las recojan y las tiren afuera" en Historia de la gestión de residuos sólidos (las basuras) en Buenos Aires*. Documento de trabajo N° 8, Universidad Nacional de General Sarmiento, 1998.

Sobre la gestión de los residuos

BURIJSON V., ROVERE M., y FOSSATI G., *Reciclado de residuos sólidos urbanos en la Ciudad de Buenos Aires*. Plan Urbano Ambiental, Documento N° 57, Gobierno de la Ciudad de Buenos Aires, Secretaría de Planeamiento Urbano y Medio Ambiente, Subsecretaría de Medio Ambiente, 1998.

DEL VAL, Alfonso, *El libro del reciclaje. Manual para la recuperación y el aprovechamiento de las basuras.* Integra, Barcelona (1991), 1997.

GOBIERNO DE LA CIUDAD AUTÓNOMA DE BUENOS AIRES, Centro de Estudios para el Desarrollo Económico Metropolitano (CEDEM), Estudios Sectoriales, "El sistema de recolección, tratamiento y disposición de los residuos sólidos urbanos (RSU), 2001.

LAURA, Guillermo Domingo, *El Cinturón Ecológico.* CEAMSE (Cinturón Ecológico Área Metropolitana Sociedad del Estado), Buenos Aires, 1978.

MINISTERIO DE DESARROLLO SOCIAL Y MEDIO AMBIENTE, Subsecretaría de Desarrollo Sustentable y Política Ambiental, Plan Nacional de Valorización de Residuos, *Manual operativo de valorización de residuos sólidos urbanos para medianos y pequeños asentamientos de Argentina.* 2000.

OSZLAK, Oscar, *Merecer la Ciudad. Los pobres y el derecho al espacio urbano*, Cedes-Humanitas, Buenos Aires, 1991.

PÍREZ, P. y GAMALLO, G., *Basura privada, servicio público.* CEAL, Buenos Aires, 1994.

RIOFRÍO G., OLIVERA L. y CALLIRGOS J. C., *¿Basura o desechos? El destino de lo que botamos en Lima.* Centro de Estudios y Promoción del Desarrollo (DESCO), Lima, 1994.

SABATÉ, Alberto, *El circuito de los residuos sólidos urbanos. Situación en la región metropolitana de Buenos Aires.* Universidad Nacional General Sarmiento, 1999.

Sobre recolectores, circuitos de reciclaje y gestión de residuos

BERRY BERARD, Luis Alejandro, *Trabajo, pobreza y calidad de vida: El caso de un grupo de cartoneros de la Comuna de Providencia (Santiago).* Tesis de grado de Magister en Antropología y Desarrollo, Universidad de Chile, enero de 2003.

BIRKBECK, Chris: "Garbage, industry, and «vultures» of Cali (Colombia)" en BROMLEY, R. y GERRY, C., *Casual work and Poverty in Third World Cities.* John Wiley & Sons, Gran Bretaña, 1979.

CARLINO S., JAGÜER M. Y SCHAMBER P.: *Informe sobre las encuestas a los depósitos que comercializan reciclables en la CABA*, Programa de Recuperadores Urbanos, Gobierno de la Ciudad de Buenos Aires, noviembre 2004 (mimeo).

DIRECCIÓN GENERAL DE HIGIENE URBANA, *Estudio de calidad de los residuos sólidos urbanos de la ciudad de Buenos Aires*, Subsecretaría de Medio Ambiente, Secretaría de Medio Ambiente y Desarrollo Sustentable, Gobierno de la Ciudad de Buenos Aires, 2001.

GONZÁLEZ, J., CADENA, M., DE SUREMAIN, M., *Estudio sobre los circuitos de reciclaje de desechos sólidos en la Ciudad de Bogotá*, EAWAG-IRCWD (Suiza) y ENDA América Latina, Santa Fe de Bogotá, 1992 (mimeo).

HERMITTE, Esther y BOIVIN, Mauricio: "Erradicación de «villas miseria» y las respuestas organizativas de sus pobladores" en BARTOLOMÉ, Leopoldo J. (comp.), *Relocalizados: Antropología social de las poblaciones desplazadas*. Ediciones del IDES, Buenos Aires, 1985.

KOHES, Jessica, *The participation of cartoneros in the planning and implementation of Law 992*. Tesis de maestría en Políticas Públicas y Gerenciamiento del Desarrollo, Universidad Nacional de san Martín / Georgetown University, 2004.

MEDINA MARTÍNEZ, Martín, *Scavenging on the border: a study of the informal recycling sector in Laredo, Texas, and Nuevo Laredo, México*. Tesis de doctorado de la School of Forestry and Environmental Studies de la Yale University en 1997.

PEREYRA, Fernando, *"Gestión de residuos en el área metropolitana bonaerense: ante nuevos desafíos y escenarios"* en Gerencia Ambiental N° 65, Buenos Aires, julio de 2000.

ONG ECOLOGÍA Y DESARROLLO, *Recolectores Independientes y el reciclaje en Chile*. Santiago de Chile, octubre de 1998

SARAVÍ, Gonzalo, "Detrás de la basura: cirujas. Notas sobre el sector informal urbano" en QUIRÓS, Guillermo y SARAVÍ, Gonzalo, *La informalidad económica, ensayos de antropología urbana*. CEAL, Buenos Aires, 1994.

SCHAMBER, Pablo y SUÁREZ, Francisco (comps.), *Recicloscopio. Miradas sobre recuperadores urbanos de residuos de América Latina*. UNLa. / UNGS / Prometeo, 2007.

SUÁREZ, Francisco, *Actores sociales de la gestión de los residuos sólidos de los municipios de Malvinas Argentinas y José C. Paz*. Tesis de Maestría en Políticas Ambientales y Territoriales, Facultad de Filosofía y Letras, Universidad de Buenos Aires, 2003.

WUCKE, Anja y TREVISÁN, Silvia, *Situación del sector informal en el manejo de residuos de Rosario (Argentina)*. GTZ Proyecto Residuos Rosario, enero de 2001 (mimeo).

Caracterización de recolectores informales mediante encuestas, entrevistas e historias de vida

ANGUITA, Eduardo, *Cartoneros: recuperadores de desechos y dignidad*. Biblos, Buenos Aires, 2003.

RUSQUE, Alcaino J. y BROMLEY, Ray, "The bottle buyer: an occupational autobiography" en BROMLEY, R. y GERRY, C., *Casual work and Poverty in Third World Cities*. John Wiley & Sons, Gran Bretaña, 1979.

MALICIA, Matilde, *Aproximación desde el trabajo social al estudio de las representaciones sociales acerca del trabajo de cartoneo sustentadas por sus agentes sociales: el caso de cartoneros en San Miguel de Tucumán*. Tesis de Grado en la Licenciatura en Trabajo Social, Facultad de Filosofía y Letras, Universidad Nacional de Tucumán, octubre de 2003.

ORGANIZACIÓN INTERNACIONAL PARA LAS MIGRACIONES (OIM) y UNICEF: *Diagnóstico sobre trabajo infantil en la recuperación y reciclaje de residuos*, Borrador preliminar, 2005 (mimeo).

GOROSTIZA, Carlos, *El basural*. Sudamericana, Colección Narrativas Argentinas, Buenos Aires, 1988.

PERINI, Javier, *Grietas sobre el papel*. Stella, Colección Alma y Tiza, Buenos Aires, 2003.

PARISI, Alberto et al., *Nuevo sujetos sociales. Identidad y cultura*. Espacio Editorial, Buenos Aires, 1996.

Sobre cooperativas de recolectores de residuos y asociatividad

CALELLO, Tomás, "Asambleas vecinales y cartoneros: Reflexiones sobre lo que ¿fue?" en SCHAMBER, Pablo y SUÁREZ, Francisco (comps.), *Recicloscopio. Miradas sobre recuperadores urbanos de residuos de América Latina*. UN-La.-UNGS-Prometeo, 2007.

FAJN, Julio Gabriel, *Cooperativa de recuperadores de residuos. Exclusión social y autorganización*. Centro Cultural de la Cooperación, Cuaderno de Trabajo N° 2, Departamento de Ciencias Social, Buenos Aires, 2002.

PAIVA, Verónica, "Las cooperativa de recuperadores y la gestión de residuos sólidos urbanos en el área metropolitana de Buenos Aires, 2003" en *Theomai. Estudios sobre sociedad, naturaleza y desarrollo*, Buenos Aires, número Especial, invierno de 2004.

Sobre el fenómeno cartonero en los medios

ADISI, Grisel, *El fenómeno cartonero en los medios gráficos porteños. La construcción de un nuevo sujeto/objeto histórico*. UNGS, (mimeo).

ANDRADA, Sofía, *Los medios de comunicación y el fenómeno cartonero. Análisis de la cobertura de los medios antes, durante y después del lanzamiento de la campaña de separación de residuos*. Las tesinas de Belgrano N° 182, Departamento de Investigaciones, Universidad de Belgrano, abril de 2005.

SANJURJO, Luis y TUFRÓ, Manuel, *Sujetos en el margen. Desplazamientos en los procesos de subjetivación en la transición de la figura del «cartonero» a la de «recuperador urbano»*, VIII Jornadas de Investigación en Comunicación, Universidad Nacional de La Plata, 16 al 18 de septiembre de 2004.

Sobre aspectos teóricos vinculados con las basuras

APPADURAI, A. (ed.), *La vida social de las cosas. Perspectiva cultural de las mercancías*. Grijalbo, México, (1986), 1991.

RATHJE, W. y MURPHY, Cullen, *Rubbish!. The archaeology of garbage*. Haper Perennial, Nueva York, 1993.

STRASSER, Susan, *Waste and Want. A social history of trash*. Metropolitan Books Henry Holt and Company, Nueva York, 1999.

THOMPSON, M., *Rubbish Theory. The creation and destruction of value*. Oxford University Press, Gran Bretaña, 1979.

Sobre el sector celulósico-papelero

ASPIAZU, Daniel, *La industria celulósica papelera. Su evolución histórica y perspectivas futuras*. Secretaría de Estado de Programación y Coordinación Económica, Instituto Nacional de Planificación Económica, Ministerio de Economía, 1977.

BERCOVICH, Néstor y CHIDIAK, Martina, "Desarrollo y crisis de la producción de celulosa y papel en Argentina" en BERCOVICH, Néstor y KATZ, Jorge (eds.), *Reestructuración industrial y apertura económica. La industria de celulosa y papel en Argentina, Brasil y Chile en los años 90*. CEPAL / IDRC, Alianza Buenos Aires, 1997.

BORELLO, José, *La industria argentina de celulosa y papel: reestructuración, reciclado, calidad y localización*. Informes del Investigación del CEUR 13, Buenos Aires, 1997.

LA ROSA, Liliana y BRANDÁN, Susana, *Mercado nacional de papeles y pastas*. Área de Economía e Información, Dirección de Forestación, SAGPyA, 2001.

REINOSO SUÁREZ, Eulogio, *El papel, la celulosa y el medio ambiente*. Anuario de Ciencia, Tecnología y Medio Ambiente, España, 1996.

SCHVARZER, Jorge, *Evolución y perspectivas de la industria argentina de la celulosa y el papel*. CISEA, 1993.

BANCO NACIONAL DE DESARROLLO, Gerencia de Investigaciones Económicas, Documento de Trabajo N° 26, 1986: *Pastas celulósicas y papel reciclado: caracterización del flujo de producción*.

Secretaría de Planificación, "La industria de la celulosa y el papel en la Argentina, Serie de Estudios Sectoriales, Subsecretaría de Planificación de la Integración, Dirección Nacional de Análisis y Planificación Regional, julio 1991.

Sobre la situación económica y política contemporánea

BECCARIA, Luis, et al., *Sociedad y sociabilidad en la Argentina de los 90*. UNGS / Biblios, Buenos Aires, 2002.

BRODER, Pablo, *La Argentina de la postconvertibilidad*. Libros del Zorzal, Buenos Aires, 2003.

GARCÍA DELGADO, Daniel, *Estado-Nación y la crisis del modelo. El estrecho sendero*. Norma, Buenos Aires, 2003.

GODIO, Julio: *Argentina: luces y sombras en el primer año de transición. Las mutaciones de la economía, la sociedad y la política durante el gobierno de Eduardo Duhalde (enero-diciembre de 2002)*. Biblos, Buenos Aires, 2003.

LINDENBOIM, Javier (comp.), *Trabajo, desigualdad y territorio. Las consecuencias del neoliberalismo*. Cuadernos del Centro de Estudios sobre Población, Empleo y Desarrollo (Ceped) N° 8, Instituto de Investigaciones Económicas, Facultad de Ciencias Económicas, Universidad de Buenos Aires, Buenos Aires, 2004.

MINISTERIO DE ECONOMÍA Y PRODUCCIÓN, Análisis N ° 1, *Crecimiento, Empleo y Precios*, Buenos Aires, abril de 2004.

MINISTERIO DE ECONOMÍA Y PRODUCCIÓN, Análisis N ° 2, *Argentina, el FMI y la crisis de la deuda*, Buenos Aires, julio de 2004.

SCHVARZER, Jorge y ROJAS, BREU, Mariana, *Algunos rasgos básicos de la evolución económica argentina durante las últimas dos décadas vista en el contexto latinoamericano*, Centro de Estudios de la Situación y Perspectivas de la Argentina (CESPA), Notas Técnicas N° 2, Facultad de Ciencias Económicas, Universidad de Buenos Aires, Buenos Aires, Septiembre de 2002.

SVAMPA, Maristella, *La sociedad excluyente. La Argentina bajo el signo del neoliberalismo*. Taurus, Buenos Aires, 2005.

VILLANUEVA, Ernesto (comp.), *Empleo y globalización. La nueva cuestión social en Argentina*. Universidad Nacional de Quilmes, Buenos Aires, 1997.

LA ETNOHISTORIA DE AMÉRICA
Los índigenas protagonistas de su historia

José Luis de Rojas

La Etnohistoria surgió en América para estudiar a los indígenas. En principio, solamente se dedicaba a los indios de las praderas de los Estados Unidos, pero luego fue acogida por los estudiosos del mundo prehispánico y colonial. En los estudios prehispánicos solamente se puede aplicar a los últimos tiempos en los Andes y Meosamérica.

En el periodo colonial tiene un gran campo de acción que ha tenido como consecuencia principal el poder poner a los indígenas en el papel de protagonistas de su historia, tanto a los que vivían al margen de la sociedad colonial como a los que lo hacían dentro de ella.

Este éxito de la Etnohistoria ha extendido su utilidad al estudio de las poblaciones indígenas de otras partes del mundo e incluso puede hacerlo al estudio de distintos grupos que vivían en el interior de la sociedad europea occidental. También se está convirtiendo en una metodología clave para el estudio de sociedades prehistóricas cuyo análisis presenta muchos puntos en común con el estudio de los indígenas americanos. Historia de la etnohistoria, métodos y fuentes, relaciones e investigaciones puntuales contribuyen en estas páginas a la expansión de la etnohistoria en el tiempo y el espacio.

[Paradigma Indicial / 14,5 x 23 cm / 144 pp. / 978-987-1256-23-5]

OTROS TÍTULOS DE LA COLECCIÓN

HISTORIA, PODER Y DISCURSOS
Wilde y Schamber [compiladores]
PERAZZI, ESCOLAR, WILDE, RAMOS Y VALVERDE

SIMBOLISMO, RITUAL Y PERFORMANCE
Wilde y Schamber [compiladores]
CÓRDOBA, BOSSERT, VILLAR, CITRO, CIRIO, LUDUEÑA

**CULTURAS, COMUNIDADES
Y PROCESOS URBANOS CONTEMPORÁNEOS**
Wilde y Schamber [compiladores]
SZULC, SAMMARTINO, DÍAZ, MANZANO, SIRIMARCO Y EILBAUM

COLECCIÓN COMPLEJIDAD HUMANA

COMPLEJIDAD Y CAOS
Una exploración antropológica
CARLOS REYNOSO

ANTROPOLOGÍA DE LA MÚSICA
de los géneros tribales a la globalización
Volumen I · Teorías de la simplicidad
Volumen II · Teorías de la complejidad
CARLOS REYNOSO

AROMAS DE LO EXÓTICO: RETORNOS DEL OBJETO
Para una crítica del objeto antropológico
y sus modos de reproducción
HÉCTOR HUGO TRINCHERO

EXPLORACIONES EN ANTROPOLOGÍA Y COMPLEJIDAD
GRUPO ANTROPOCAOS

**ANTHROPOLOGIAS:
AVANCES EN LA COMPLEJIDAD HUMANA**
RAFAEL PÉREZ-TAYLOR